Die Zeugen Jehovas – Ich klage an

Günther Pape

DIE ZEUGEN JEHOVAS – ICH KLAGE AN

Bilanz einer Tyrannei

Pattloch

Die Orthographie und Interpunktion in den
originalen Zitaten aus der Literatur der Zeugen Jehovas
wurde beibehalten.

Die Deutsche Bibliothek – CIP-Einheitsaufnahme

Pape, Günther:
Die Zeugen Jehovas – ich klage an : Bilanz einer Tyrannei /
Günther Pape. – Augsburg : Pattloch, 1999
ISBN 3-629-00859-3

© 1999 Pattloch Verlag GmbH & Co. KG, Augsburg

Umschlaggestaltung: Hempel/Lankau, München
Satz: Uhl + Massopust, Aalen
Druck und Bindung: Freiburger Graphische Betriebe
Printed in Germany

ISBN 3-629-00859-3

Inhaltsverzeichnis

Vorwort

Mein erstes Buch „Ich war Zeuge Jehovas" von 1961, das bis jetzt in 25 Auflagen erschienen ist und in vier weiteren Sprachen veröffentlicht wurde, wird von Gerhard Besier in seinem Artikel in der *Welt* vom 26. Januar 1999 als ein „scharfes Anklagebuch"[1] bezeichnet. Das war es sicherlich nicht – und so war es auch nicht gemeint.

Darin schildere ich mein Leben und Erleben bei und mit Jehovas Zeugen und den unmittelbaren Folgen, die sich daraus ergeben haben. Unter den Tausenden von Zuschriften, die mich in den letzten 40 Jahren erreicht haben, gibt es nur sehr wenige Menschen, die dieses Buch als Anklage empfunden haben. Sehr viele Zeugen Jehovas und ehemalige Anhänger oder Betroffene bestätigten mir, daß sie gleiche oder ähnliche Erfahrungen gemacht hätten und daß dieses Buch eine Art Hilfestellung für sie war, die richtige Entscheidung zu treffen.

Mit diesem Buch verfolge ich eine andere Intention. Hiermit will ich anklagen, aber nicht um zu verfolgen oder eine Hexenjagd auf die Zeugen Jehovas einzuleiten. In dem Sammelwerk „Die neuen Inquisitoren"[2], das von Gerhard Besier mitherausgegeben wurde, werde ich in einem Beitrag als Ankläger und Verfolger eingestuft. Wenn man vom rein Begrifflichen ausgeht, bedeutet „Inquisitio" das Untersuchen, Erforschen oder Aufsuchen zur Klärung einer Sache oder eines Sachverhalts. So würde ich mich als Inquisitor verstehen können. Besier hat bei der Zusammenstellung seines Beitrags aber mit Sicherheit an die mittelalterliche Inquisition gedacht. Er stellt damit alle Kritiker, Aufklärer oder Mahner der „Sektenszene" unserer Tage auf die gleiche Stufe mit den mittelalterlichen Inquisitoren, die Andersgläubige gnadenlos verfolgt haben, und wirft ihnen „persönliche Verunglimpfung" und „Diffamierung" vor. Damit begibt er sich aber auf eine Ebene mit denjenigen, die er kritisiert.

Konkret bedeutet das: zur sachlichen Auseinandersetzung konnte er offensichtlich nichts Neues beitragen, also griff er meine Person in äußerst diffamierender Weise an.

Was ich kritisch beleuchte, sind nicht die Schwächen oder Fehler einer Person, sondern es geht um die Täuschung, die Unehrlichkeit, die Verdächtigungen, die Falschanklagen, die infamen Herabwürdigungen, die von einer Organisation ausgehen, die sich selbst als „göttliche Organisation" oder „Leitende Körperschaft und deren Gehilfen" bzw. als „Auserwählte" sieht.

Seit über einhundert Jahren gehen von dort die „Anklagen gegen die Geistlichkeit" oder die „Androhung von Vernichtung der menschlichen Ordnung und Organisation" aus. Wüste Beschimpfungen in Wort, Schrift und Bild von Verantwortlichen in Politik, Regierungen oder Kirchen waren bzw. sind an der Tagesordnung.

Wie haben die Zeugen Jehovas in ihrer über hundertjährigen Geschichte ihre Anhänger erreicht und welche Instrumentarien haben sie dafür bemüht?

Moderne Hilfsmittel wurden in der Geschichte der Zeugen zur Verbreitung ihrer Lehren und zur Förderung ihres Ansehens von Beginn unseres Jahrhunderts an eingesetzt. Der erste Wachtturm-Präsident, Charles Taze Russell, benutzte schon vor dem Ersten Weltkrieg den colorierten Farbfilm. Mit Musik-, Chor- und Sprechplatten unterlegt, vermittelte er den

Eindruck, mit einem Farbtonfilm zu arbeiten. Grammophon und Rundfunk wurden unter seinem Nachfolger Rutherford ein weltweit verwendetes Verkündigungsmittel der Botschaft der Zeugen Jehovas. Präsident Knorr setzte schließlich den Farbtonfilm in seinem Schulungs- und Verkündigungsprogramm ein.

Als die Radiorecorder für die Wohnungen und den PKW interessant wurden, produzierte die Wachtturm-Gesellschaft in ihren Studios Hörprogramme von der Bibellesung über die Wachtturm-Belehrung, Kongreßdramen bis hin zu ihren eigenen „Königreichsliedern". Schließlich entstanden die beeindruckenden Videobänder über die „Weltzentrale" in Brooklyn und deren Umgebung, mit ihren modernen und leistungsstarken Druckereien, ihren Lehr- und Wohnbereichen, den Versorgungs- und Verpflegungsbetrieben usw.

Geschichtsdarstellungen, die an die biblische Zeit anknüpfen und praktisch eine moderne Aufarbeitung von Russells Filmepos „Photodrama der Schöpfung" darstellen, werden für die Bildung der Gläubigen bereitgehalten.

Seit Herbst 1996 werden in Deutschland in Hunderten von Veranstaltungen Menschen durch einen Videofilm und die damit verbundene Ausstellung über die NS-Verfolgung der Zeugen Jehovas „informiert".

Die in den letzten Jahren wiederauflebende, intensivere Beschäftigung mit der Widerstands- und Verfolgunsgeschichte unter der Nazidiktatur wird nunmehr auch von der Wachtturm-Führung zum Anlaß genommen, einen angeblich „nicht-religiösen Geschichtsbeitrag" für allgemeine Schulungs- und Bildungszwecke zu liefern. Von „weltlichen" Historikern unterstützt, entsteht hier ein Geschichtsbild der Zeugen, das nicht dem wirklichen Geschichtsablauf entspricht. Die Geschichte meiner eigenen Familie während der Weimarer Republik und der nationalsozialistischen Diktatur spricht hier Bände.

In diesem Zusammenhang stellt sich mir eine Frage: Warum sollen Zeugen Jehovas als Zeitzeugen glaubhafter sein, als ehemalige Zeugen, also sogenannte Abtrünnige? Warum wird gerade jetzt die NS-Verfolgung in den Mittelpunkt der Öffentlichkeitsarbeit der Zeugen Jehovas gestellt?

Die in den letzten Jahren stagnierenden Mitgliederzahlen und das sinkende Ansehen der Zeugen Jehovas infolge ihrer sich als falsch erwiesenen Endzeitrechnungen und Vernichtungsandrohungen, hat die Wachtturm-Führer offensichtlich nach einem „werbeträchtigen" und „unbelasteten" Thema suchen lassen, das jetzt der breiten Öffentlichkeit präsentiert wird.

Im unmittelbaren Zusammenhang mit dieser imagepflegenden Presse- und Öffentlichkeitskampagne der Zeugen Jehovas soll mein Buch ein kritischer Beitrag zur gegenwärtigen Legendenbildung der Organisation sein, indem ich das angeblich „widerständliche Verhalten der Zeugen" in den wirklichen historischen Zusammenhang von Lehre und Praxis der Wachtturm-Führung bringe.

Ich muß die Zeugen auf die Probe stellen, indem ich alle von ihnen bemühten Quellen untersuche, denn nur so kann ich einer Geschichtsklitterung entgehen. Hunderte von Büchern und Broschüren, Tausende von Zeitschriften-Exemplaren der Wachtturm-Gesellschaft seit der Zeit ihres Entstehens stehen mir hier als Material zur Verfügung und sind kritisch zu hinterfragen. Diese alle zu untersuchen, sprengt natürlich

den Rahmen eines solchen Buches. Eine exemplarisch ange-
legte Untersuchung der Schriften der Zeugen Jehovas kommt
jedoch auch zu Ergebnissen, die anwendbar sind auf das
übrige Schriftgut. Tatsache ist, daß sich bislang keiner ernsthaft bemüht, sich wirklich kritisch mit den Quellen auseinan-
derzusetzen, und wenn es einen Ansatz dazu gab, dann wurde
dieser von der Wachtturm-Führung einfach ignoriert.

Zu bedenken gebe ich: Bei allem sogenannten Respekt, den
die Zeugen Jehovas vor der „weltlichen Obrigkeit" haben sollten, bleibt die Vernichtungswürdigkeit dieser Weltordnung
für die Zeugen bestehen als eines der obersten Prinzipien.
Noch immer ist „Satan der Fürst" dieser Weltordnung. So
droht „Der Wachtturm" vom 1. Mai 1999: *„Das scharlachfarbene wilde Tier wird einen verheerenden Angriff auf die Religion
unternehmen"*. Das scharlachfarbene Tier ist in diesem Fall die
UNO. Diese *„Friedensorganisation ist in Gottes Augen abscheu-
lich"* und wird nach der durch sie *„bevorstehenden Vernichtung
der Religion"* selbst als *„das abscheuliche Ding das Verwüstung
verursacht, in der großen Drangsal von Harmagedon"* vernichtet.

Die Vernichtung der Religion sei nahe. „Der Wachtturm"
meint dazu: *„Es ist jedoch beachtenswert, daß in einigen Ländern
bereits eine wachsende Antipathie gegen Religion festzustellen ist.
Einige politische Elemente stehen mit ehemaligen Christen im
Bund, die vom wahren Glauben abgewichen sind, und fördern die
Feindseligkeit gegen Religion im allgemeinen und gegen wahre
Christen im besonderen."*[3]

So auch schon Rutherford 1931 in „Rechtfertigung", Bd. 3,
S. 89: Alle Beteuerungen des bedingten Gehorsams gegenüber den Gesetzen der Regierungen der jeweiligen Länder ver-
blassen gegenüber der schließlich in naher Zeit einsetzenden

Die Geistlichen werden als sogenannte Teufelsanbeter
von den Politikern zu Beginn von Harmagedon erschlagen.

Vernichtung aller menschlichen Ordnung und Organisation, von der angeblich nur die Zeugen Jehovas und ihre Einrichtungen nicht betroffen sein werden.

Die Vernichtung der „gegenwärtigen bösen satanischen Weltordnung" ist nach wie vor das Hauptthema der Zeugen-Verkündigung. Rettung besteht nur dann, wenn die Lehre der Zeugen Jehovas angenommen wird.

Weiterhin gilt, daß alle menschlichen Bemühungen um Frieden, Gerechtigkeit und Freiheit zum Scheitern verurteilt sind. Jehovas Zeugen versuchen darum nicht, die Welt zu verbessern. Sie verkünden ihr nur das Gottesurteil, nämlich die „Vernichtung" in Harmagedon.

Ich klage in diesem Buch an in der Hoffnung auf Besinnung zur Umkehr von diesem Wege der Wachtturm-Führung, zurück zu Christus und seiner Botschaft an die Menschen.

Und ich möchte mahnen mit den Worten des Apostel Paulus im Brief an die Kolosser: *„Ertragt euch gegenseitig und vergebt einander, wenn einer dem anderen etwas vorzuwerfen hat. Wie der Herr euch vergeben hat, so vergebt auch ihr."*

Blankenburg, im August 1999   *Günther Pape*

Wiederbegegnung 1996

Oktober 1996. Der Herbstwind hatte die Bäume entlaubt. Die bunten Blätter des Ahorns, der Buche und der anderen Bäume waren auf den Fußweg an der Straße vor unseren Zaun geweht. Mit einem Nachbarn war ich dabei, das angewehte Laub zusammenzuharken und zu entsorgen. Ein älterer Mann kam auf mich zu und sprach mich an. Höflich und freundlich fragte er, ob ich ein paar Minuten Zeit für ihn hätte, da er mir eine wichtige Mitteilung machen müßte. Seiner Umhängetasche entnahm er einige Schriften und drückte sie mir in die Hand mit der Bitte, sie zu lesen, da diese Schriften über eine Gruppe von Menschen sachlich aufklären würden, die in der letzten Zeit in Zeitschriften und Fernsehen falsch dargestellt und verleumdet würden.

In der Hand hielt ich eine Broschüre mit dem Titel „Jehovas Zeugen – Menschen aus der Nachbarschaft. Wer sind sie?", und je eine Nummer der Zeitschriften „Der Wachtturm" und „Erwachet".

Ehe ich ein Wort erwidern konnte, fuhr mein Besucher fort zu erklären, daß ihn etwas Besonderes zu mir geführt hätte. Jehovas Zeugen würden alle Bewohner einladen, unverbindlich und kostenfrei diese Broschüre zu erhalten und zu lesen. Er nehme an, daß auch ich ein wahrheitsliebender Mensch sei, der doch sicher auch über falsche Anklagen und böswillige Verleumdungen gegenüber fried- und gerechtigkeitsliebenden Menschen empört sei. Diese Schriften würden die Wahrheit über Jehovas Zeugen enthalten. Deshalb würde er sich freuen, wenn ich sie lesen würde, damit ich mir eine eigene unabhän-

Broschüre „Jehovas Zeugen – Menschen aus der Nachbarschaft.
Wer sind sie?", 1995.

gige Meinung bilden könne. Sicher hätte ich mich auch schon
gefragt, wie Jehovas Zeugen ihre Kinder erziehen würden,
warum sie von den Nazis und den Kommunisten verfolgt wurden und woher sie ihr Geld bekämen.

Mit der Bitte, mich wieder bei passenderer Gelegenheit besuchen zu dürfen, verabschiedete er sich. Er hatte sich nicht mit Namen vorgestellt, lediglich nachgefragt, ob ich hier wohne. So sah auch ich keinen Anlaß dazu, ihm meinen Namen zu sagen.

Ich schaute auf die Broschüre in meiner Hand. Das Titelbild! Ein junges Paar mit Literaturtaschen unter dem Arm, schreitet strahlend lächelnd durch eine bewaldete Landschaft. Dieses Bild rief Erinnerungen in mir wach. So waren auch wir vor einem halben Jahrhundert von Dorf zu Dorf gewandert, von Haus zu Haus, um „Menschen guten Willens" für die endzeitliche „biblische Wahrheit der Zeugen Jehovas" und die „Theokratie" zu gewinnen, also für ein Leben, in dem alle sozialen Fragen und Probleme dank einer vermeintlich neuen Weltordnung unter Gottesherrschaft nicht mehr wichtig sein würden.

Inzwischen feierten wir bereits unsere Goldene Hochzeit. Und 50 Jahre später gehen immer noch junge Zeugen Jehovas einer nächsten Generation von Haus zu Haus und verkünden das „Ende dieser Weltzeit und der gegenwärtigen Weltordnung" und das darauf folgende Paradies. Sie haben in die Wachtturm-Führung das gleiche Vertrauen und die Hoffnung, die wir auch damals hatten. Wir glaubten daran, die auferstehenden „Fürsten" in der „Neuen Welt" begrüßen zu können.

Diejenigen, die damals das Hinüberleben in das irdische Paradies im Namen Gottes predigten, sind nun auch alt geworden und sinken enttäuscht ins Grab, wie alle von der Wachtturm-Gesellschaft zuvor „missionierten" Generationen auch. Auch für die jetzige Generation ist nichts anderes zu erwarten. Sie alle werden immer wieder in ihren Erwartungen getäuscht.

Hierzu möchte ich 5. Mose 18,21−22, Deuteronomium, den Zeugen Jehovas zu bedenken geben: *„Wenn du aber bei dir sprichst: Wie können wir den Spruch erkennen, den Jahwe nicht geredet hat, (so wisse:) der Spruch, den der Prophet zwar im Namen Jahwes verkündigt, der aber nicht Wirklichkeit wird und nicht eintrifft, der Spruch ist ein solcher, den Jahwe nicht geredet hat. In Vermessenheit hat ihn der Prophet vorgetragen, vor ihm braucht ihr nicht zu bangen.“*[3]

In der gleichen Stadt, in der ich jetzt angesprochen wurde, gingen auch wir die Wachtturm-Botschaft verkündigen, von der wir glaubten, daß sie die wichtigste der Menschheitsgeschichte sei.

Diese Botschaft vom „Ende dieser alten bösen religiösen und politischen Weltordnung", der Vernichtung aller andersdenkenden und andersgläubigen Menschen und dem Beginn des in wenigen Jahren von Gott errichteten irdischen Paradieses war unser ein und alles. Wir predigten für eine heile Welt, für all die Menschen, die auf unsere Botschaft hören und dafür mit dem ewigem Leben in diesem Paradies belohnt werden würden. In diesem Paradies sollte es dann nie wieder Krieg geben, sondern ewigen Frieden und soziale Gerechtigkeit, frei von Elend, Krankheit und Tod, also ein ewiges Leben in strahlender Jünglingskraft. Das war nicht nur unsere Hoffnung, sondern wir waren uns dieser Prophezeiungen sicher, denn sie galten als biblische Wahrheit von Gott gegeben, durch seinen „Treuen und Klugen Knecht", die „Leitende Körperschaft" der Zeugen Jehovas und der Wachtturm-Bibel und Traktat-Gesellschaft in Brooklyn NY, USA. Eben diese Inhalte wollte mir der Besucher 1996 auch wieder vermitteln, ohne zu wissen, mit wem er eigentlich sprach.

Bevor ich tiefer einsteige, möchte ich zunächst meine Anfangszeit als Prediger bei den Zeugen Jehovas schildern.

Neuanfang in der Nachkriegszeit 1945/46

Blankenburg, die Blütenstadt am Harz. Es war vor fünf Jahrzehnten, als ich als junger Zeuge Jehovas und ordinierter Prediger und Missionar der „Wachtturm-Bibel und Traktat-Gesellschaft", in der Dienststellung eines Sonderpioniers diese Stadt als mein künftiges Missionsgebiet zugeteilt bekam.

Ich erinnere mich an mein Unbehagen, mehr eigentlich an ein gewisses Angstgefühl, das mich die erste Zeit begleitete. Neben diesen Ängsten waren es insbesondere die alten Bibelforscher – so bezeichneten sich die Zeugen Jehovas vor 1931 – und allen voran Schwester Eugenie, die den amerikanischen Gründer der Bewegung, Charles Taze Russell, noch persönlich gekannt hatte, die mich verunsicherten und mich als noch zu „unreif in der Wahrheit" ansahen.

Aber auch die Stadt selber ängstigte mich, in der es so kurz nach dem Zweiten Weltkrieg verständlicherweise noch wenig zu verkaufen und zu kaufen gab, und jeder ums nackte Überleben kämpfte. Die Nebenstraßen im Bereich der ehemaligen, zum Teil noch bestehenden Stadtmauer, wurden überwiegend von Kleinhandwerkern und Arbeitern bewohnt, ebenso wie die Wohngebiete im Nordosten der Stadt. Diese Gebiete waren zunächst mein bevorzugtes Missionsgebiet. Unbehaglich fand ich hingegen die Villenviertel und deren Bewohner, die aus der oberen Mittelschicht und der Oberschicht kamen. Zu ihnen zählten pensionierte Beamte, Professoren, Adelige, Offiziere oder deren Witwen. Sie machten mich unsicher, wenn ich ihnen meine Bibelsprüche vorlas und sie gemäß der Zeugenlehre erläuterte, weil ich das Gefühl hatte, daß sie mir aufgrund ihrer Bildung und Stellung überlegen seien.

Bald jedoch merkte ich, daß viele dieser Menschen meist ohne Hoffnung in ihre Zukunft schauten und auch wenig Vertrauen hatten in die menschliche Kraft, dieses Nachkriegselend zu bewältigen. Auch Blankenburg war von Bombenangriffen nicht verschont geblieben. Noch am Tag der Besetzung durch die US-Armee wurde ein Teil des Stadtgebietes durch einen sinnlosen Bombenangriff total zerstört.

Diese bis in ihr Innerstes erschütterten Menschen erwarteten von den Besatzungsmächten – vor allem den sowjetischen – nur Verachtung und Unterdrückung. Viele ihrer Verwandten waren noch als ehemalige Soldaten in Gefangenschaft oder aber ihr Schicksal war unbekannt.

Die Villenbewohner lebten nun sehr eingeengt, weil sie Flüchtlinge oder Umsiedler aus den Ostgebieten eingewiesen bekamen. Da die Villen überwiegend Einfamilienhäuser waren, gab es über die Nutzung von Bad, Toilette, Küche usw. häufig Spannungen, die zur Belastungsprobe wurden. Manch ein Besitzer hatte seine Villa verlassen und war beim Abzug der englischen Besatzung mit in die Westzonen übergesiedelt. Die Zurückgebliebenen, die ihre Habe nicht aufgeben wollten, bewegte eher die Frage nach der unmittelbaren Zukunft.

Man hörte mir erstaunt, doch offensichtlich ungläubig zu, wenn ich von einem baldigen Reich des Friedens und der Gerechtigkeit sprach. Und so mancher sagte zu mir: „Junger Mann, ich wünschte, Sie hätten recht, und ich könnte Ihnen glauben." Oft hatte ich den Eindruck, daß meine Worte doch Trost spendeten und meine „biblischen Wahrheiten" von den alltäglichen Sorgen ablenkten, auch wenn man nicht an meine „göttliche Wachtturm-Botschaft" glaubte.

Mit der Zeit wurde ich sicherer, suchte Interessierte immer wieder auf und bot Studien mit ausgeliehenen Büchern der „Bibelforscher" – so nannten sich die heutigen Zeugen Jehovas bis Anfang der dreißiger Jahre – an. Mein erster öffentlicher Vortrag im Saal des Hotels „Braunschweiger Hof" schien ein voller Erfolg zu werden. Der Saal war voll besetzt. Es gab eine rege Diskussion über das von uns Zeugen Jehovas angeprangerte Verhalten der Pfarrer und Kirchen während des NS-Regimes. Ich hatte ein erstes Erfolgserlebnis, weil ich mit dem Verweis auf die Standhaftigkeit der Zeugen Jehovas gegen die Nazis und der Verfolgung der eigenen Familie Kritiker zum Schweigen gebracht hatte.

Zur „Versammlung" (Gemeinde der Zeugen Jehovas) waren die ersten Interessierten gestoßen. Es waren fast ausschließlich ehemalige Flüchtlinge oder Vertriebene aus den Ostgebieten, entwurzelte Menschen, die offensichtlich Trost und Hoffnung in unserer „biblischen Botschaft" fanden und sich unserer Organisation anschlossen. Langsam begannen die alten Bibelforscher, die wir jungen Missionare als die alten Brüder und Schwestern bezeichneten, mich zu akzeptieren.

So war ich voller Hoffnung, daß die wenigen Jahre, die diese „alte Weltordnung" noch bestehen sollte, für mich eine erfolgreiche Zeit im endzeitlichen Königreichsdienst für die „Neue-Welt-Gesellschaft" der Zeugen Jehovas sein würde.

Die Macht der Liebe

Doch dann traf mich etwas Unerwartetes, das nicht auf meiner Rechnung stand, als ich Blankenburg und Umgebung als mein Arbeits- und Missionsgebiet von der Magdeburger Führung zugeteilt erhielt: Liebe.

Christa Grashof, eine junge Zeugin Jehovas, und ich kannten uns schon seit Kindesbeinen an.

Unsere Eltern zogen damals im Auftrag der Organisation als Verkündiger durch Dörfer und Städte des Nordharzrandes und trafen sich regelmäßig zu sogenannten Bibelstudien, die mittels der Zeitschrift „Der Wachtturm" oder einem Buch der Wachtturm-Gesellschaft betrieben wurden. Als nach dem Verbot der Bibelforscher 1933 durch die Nazi-Regierung unsere Eltern ihre Verkündigungs- und Versammlungstätigkeit trotz allem fortsetzten, wurden sie verhaftet, vor Gericht gestellt, angeklagt und verurteilt. Inhaftiert in Gefängnissen und später in Konzentrationslagern, überlebten nur unsere Mütter, die Väter waren in der Haftzeit umgekommen.

Mein Bruder und ich kamen in ein Heim, um uns zu brauchbaren Bürgern des neuen NS-Deutschland umzuerziehen. Die Grashofkinder Christa und Horst kamen bei Verwandten unter. So hatten wir uns zunächst aus den Augen verloren.

Nach über 10 Jahren trafen Christa und ich uns wieder und verliebten uns ineinander. Für mich war es allerdings zunächst das Unpassendste, was mir zu diesem Zeitpunkt geschehen konnte. Eigentlich hatte ein Sonderpionier in den Nachkriegsjahren keine Zeit für Liebe. Wir hatten Wichtigeres zu tun. Die religiöse und politische Ordnung und Organisation dieser Weltgesellschaft war an ihrem Ende. Sie stand laut unserer Lehre kurz vor ihrer Vernichtung. Von unserer Tätigkeit des Predigens hing das Leben aller anderen Menschen ab. Unser Auftrag war es, allen Menschen den Weg zu zeigen, der zur Rettung vor dieser Vernichtung durch Gottes „Feldmarschall und Scharfrichter" Jesus Christus, der in der Schlacht von Harmagedon die Hinrichtungskräfte leitet, führt. Nur der Anschluß an die Zeugen Jehovas bedeutete letztendlich Überleben.

Noch ein paar Jahre, dann würden wir in der „Neuen Welt", dem Paradies, leben. Diese kurze Zeit konnten wir mit der Heirat noch warten. Die Wachtturm-Gesellschaft, der „Treue und verständige Sklave", hatte allen jungen Zeugen Jehovas 1941 ein Buch mit dem Titel „Kinder" geschenkt, das uns helfen sollte, in dieser Zeit gemäß dem Willen Gottes zu leben. So taten wir das, was uns in diesem Buch vorgelebt wurde: Wir verlobten uns am 1. März 1947 und versprachen, erst in der „Neuen Welt" zu heiraten, um dann in Frieden und Gerechtigkeit eine Familie zu gründen. Das beinhaltete natürlich auch, die Zeit bis dahin keusch zu bleiben und das „Königreich Gottes" als einzigen Weg zur Rettung der gutwilligen Menschen zu predigen.

Es erschien uns zunächst als kein allzu großes Opfer, die paar Jahre zu warten und treu auf die Botschaft Gottes zu hören, um dann ewiglich im Paradies auf Erden zu leben. Doch mit einem hatten wir nicht gerechnet, und das war die Macht der Liebe.

Am 1. März 1948 war dann der lang ersehnte Tag unserer Eheschließung. Eine Hochzeitsfeier war damals nicht üblich. So etwas wurde als nicht „endzeitgemäß" angesehen, so daß wir nur ein kleiner Kreis waren. Einige unserer Schwestern und Brüder hatten es sich nicht nehmen lassen, uns Geschenke und Glückwünsche zu überbringen. Trotz der Freude, war unser Glück an diesem Tage nicht ungetrübt. Wir hatten ein schlechtes Gewissen, weil es eigentlich unsere Pflicht gewesen wäre, die paar Jahre bis nach Harmagedon zu warten, um dann in der „Neuen Welt" zu heiraten. Immer wieder hatten wir in den letzten Tagen das Buch „Kinder" in die Hand genommen und besprochen. Die Sondernummer der Wachtturm-Zeitschrift „Trost" (heute „Erwachet"; Anm. d. V.) hatten wir von einer Schweizer Zeugin geschenkt bekommen. Sie war wieder und wieder Anlaß zum Nachdenken darüber, ob es in Ordnung war, noch vor dem Ende dieser alten Weltordnung zu heiraten.

In dieser Sondernummer „Trost" befand sich eine Beschreibung der Ereignisse bei der Hauptversammlung in St. Louis 1941 mit seinem Höhepunkt, an dem die anwesenden Kinder und Jugendlichen von Richter Rutherford, dem Präsidenten der Wachtturm-Gesellschaft das Buch „Kinder" überreicht bekamen. Dies war so eindrucksvoll geschildert, daß Christa und ich uns diese Passage immer wieder vorlasen, um uns damit zu ermuntern, die „Interessen der Theokratie" unseren eigenen voranzustellen.

Wenn wir auch nicht Augen- und Ohrenzeugen des Kongreßes gewesen waren, so konnten wir doch jedes Wort des Berichtes sehr gut nachvollziehen:

„Die meisten, die Zeugen dieses Anblickes waren, werden ewiglich im Königreich leben und immerdar den allmächtigen Gott lobpreisen, dem es gefallen hat, sie u. a. durch das Buch „Kinder", das sowohl, für Kinder, wie auch für Erwachsene bestimmt ist, zu erleuchten und zu unterweisen, um ihnen zu helfen, den Weg des Herrn zu gehen, der allein zum Leben führt."[1]

In unserer Vorstellung versetzten wir uns immer wieder unter die über hunderttausend Teilnehmer, wenn wir lasen:

„Es fällt schwer, genau die Empfindungen wiederzugeben, die sich einem aufdrängen, wenn man 15 000 Kinder, Jünglinge und Mädchen, alle an einem Ort vereint, vor sich sieht, erwartungsfroh, in geordneten Reihen, strahlend vor spannendem Interesse und jener Lebendigkeit die der Jugend eigen ist. Jemand mag sagen, es sei „bezaubernd", „hinreißend", „lieblich", „prächtig" oder „herzerfreuend", gewesen, aber Worte sind hierfür zu schwach. In ihrem sommerlichen, farbenfrohen Gewande glich die ganze Arena einem einzigen Blumenbeete, ja, war von noch entzückenderer Farbenpracht. Jetzt aber tritt, hoch und stattlich, eine Gestalt in Graugrün auf die Bühne, und die ganze Arena klatschte wie ein einziges Kind – 30 000 Hände klatschten – und es ist, als ob ein Freudensturm herzlicher Begrüßung den ganzen Ort erfaßt habe. Die hohe Gestalt ist Richter Rutherford. Er winkt mit dem Taschentuch, und 15 000 Hände winken zurück – Kinder, kleine Mädchen und Buben, Jungfrauen und Jünglinge –, und man fühlt sofort, daß der Gemeinschaft unsichtbares Band dieses junge Volk mit dem Mann auf der Bühne verbindet. Erregung und Begrüßung weichen der Ruhe; in wenigen Minuten beginnt der Mann zu sprechen; und wenn vorher Ruhe und Ordnung

herrschte, so ist jetzt der Friede selbst eingekehrt, und alle Anwesenden lauschen begierig und gespannt dem Gesagten. Betrachte einmal die Menge, erforsche die Gesichter – nur ein steinern Herz bliebe ungerührt bei diesem Anblick der Jugend, die hier Gerechtigkeit sucht und in vollem Glauben und Vertrauen auf Jehova Gott der Welt und ihren Schrecken ins Angesicht schaut. Sie alle werden lebhafter, als nun der Mann auf der Bühne das Buch „Kinder" zeigt und ihnen sagt, daß jedes Kind sogleich ein solches Buch geschenkt erhalte ... Richter Rutherford hielt den ergreifendsten Vortrag, den er je gehalten hat. Wiederum verwies der Redner auf die Rückkehr der Propheten (gemeint ist die buchstäbliche Auferstehung Abrahams, Isaaks usw. aus ihren Gräbern; Anm. d. V.) *und das all die Knaben und Mädchen ihrem Rat folgen sollten. Nach Beendigung seines Vortrages sagte er zu den Kindern: „Ihr alle, die Ihr euch einverstanden erklärt habt, den Willen Gottes zu tun, und die Ihr Stellung auf der Seite der Theokratie bezogen und gelobt habt, Gott und seinem König zu gehorchen. S t e h t b i t t e a u f !" Welch ein herzerfreulicher Anblick, die 15 000 Kinder wie ein Mann vor Jehova aufstehen zu sehen, und welcher Beifall erfüllte die Arena! Ihr großer Bruder auf der Plattform rief aus: „Siehe, mehr als 15 000 Zeugen für den König!"... Diese geweihten Kinder, die bald die wirklichen Arbeiter unter der Leitung der „Fürsten", Daniel und anderer werden und den göttlichen Auftrag, sich zu mehren und die Erde zu füllen, auszuführen haben, stiegen nun – während ihr großer Bruder glückstrahlend zuschaute – unter den Freudenliedern des Orchesters zu Tausenden die Treppen hinauf, mitten durch die Palmen, und boten so ein Bild, wie die „große Volksmenge" in das ewige Reich Jehovas einzieht."*[2]

Dieses Buch „Kinder" hatten wir jungen Zeugen als erstes

Endzeitlehrbuch nach dem Krieg 1945 geschenkt bekommen, das wir mit Begeisterung lasen.

Ein weiteres Buch mit dem Titel „Die Neue Welt" (1943 erstmals in Englisch erschienen) beschrieb im Sinne der Bibelbetrachtung der Wachtturm-Zeugen eindrucksvoll das künftige endzeitliche Weltgeschehen, die zu Ende gehende gesellschaftliche Ordnung und Organisation sowie den Beginn der „Neuen Welt" auf Erden. Wir würden sehr bald erleben, wie eine gerechte Regierung gebildet werden würde aus den treuen Männern der alten biblischen Zeit, wie Abraham, David, Jakob usw., die in Kürze aus ihren Gräbern von Gott auferweckt werden würden. Sie allein würden die Macht über die Erde übertragen bekommen und für soziale Gerechtigkeit und ewigen Frieden auf der Erde sorgen.

Im Buch „Die Neue Welt" ist auf der Seite 104/105 zu lesen: *„In dieser Erwartung ist im Jahre 1930 in San Diego, Kalifornien, ein Haus gebaut worden, über welches die religiösen Feinde in der breiten Öffentlichkeit böswillig vieles geredet haben. Es trägt den Namen „Beth-Sarim", was „Haus der Fürsten" bedeutet. Zur Zeit wird es als Wohnstätte für die zurückkehrenden Fürsten verwaltet. Die jüngsten Geschehnisse zeigen, daß die Religionisten* (mit diesem Begriff wurden alle christlichen Kirchen verächtlich gemacht und verteufelt; Anm. d. V.) *der gegenwärtigen, dem Untergang geweihten Welt wegen des Zeugnisses, das durch dieses „Haus der Fürsten" für die neue Welt gegeben wird, mit den ‚Zähnen knirschen'. Diese Religionisten und ihre Bundesgenossen wird es nicht freuen, daß jene treuen Menschen der alten Zeit zurückkehren um nach Recht und Gerechtigkeit über das Volk zu herrschen ... Die Rückkehr jener Menschen wird durch eine Auferstehung aus den Toten, ja durch eine „bessere Auferstehung" erfolgen.*

Jahrhundertelang haben sie in den Gräbern, im Todesschlafe gele-
gen. Ehe der göttliche Auftrag, die Erde zu füllen, unter den
„neuen Himmeln“ in Kraft tritt, werden jene „Fürsten“ aus dem
Tode auferweckt, ins Amt eingesetzt und als die „neue Erde“ zu
amten und nach Recht zu herrschen beginnen.“[3]

Dies war unser Glaube und unsere Botschaft, die wir als einzige Hoffnung nach dem furchtbaren Kriegsgeschehen und der weltweiten Zerstörung verkündeten. Wir waren davon überzeugt, daß 6 000 Jahre Menschenherrschaft der Welt keinen Frieden gebracht haben. Im Gegenteil: es hat nie soviele Tote und soviel Verwüstung gegeben, wie in diesem letzten Krieg. Jetzt würde Gott selbst in die Weltgeschichte eingreifen. In dem in wenigen Jahren anbrechenden göttlichen Friedensreich werde der Mensch nie mehr der Feind des Menschen sein.

Zurück zu den Konsequenzen, die sich aus unserer Heirat ergaben. Ich mußte aus dem Sonderpionierdienst ausscheiden. Damals war die Ehe für Sonderpioniere nicht erwünscht. Irgendwie fühlten wir uns schuldig vor Gott, weil wir unsere Interessen vor die Interessen des Königreiches Gottes gestellt hatten. So wurde es uns von den Brüdern im Zweigbüro Magdeburg der Wachtturm-Gesellschaft auch vorgehalten.

Unter Beobachtung –
Der „Informationsdienst"
der Zeugen Jehovas

Der Besuch jenes Zeugen Jehovas im Oktober 1996 fand im Rahmen der zweiten besonderen Aktion statt, die die Wachtturm-Gesellschaft vom 1.–15. Oktober 1996 ins Leben rief, um mit der Broschüre „Jehovas Zeugen – Menschen aus der Nachbarschaft. Wer sind sie?", die in Deutschland mit über 2 Millionen Exemplaren verbreitet wurde, den angeblich falschen und diskriminierenden Berichten über Jehovas Zeugen in Presse und Fernsehen entgegenzutreten und sachlich zu informieren.

Über sieben Jahrzehnte ist es her, daß die Wachtturm-Gesellschaft zu einer Maßnahme griff, die heute erneut greift, nämlich einen Presse-, Informations- und Beobachtungsdienst einzurichten. Auffällig ist, daß alle über die Öffentlichkeitsarbeit der Zeugen Jehovas erreichbaren Medien immer dann eingespannt werden, wenn die Glaubwürdigkeit der Organisation mal wieder auf dem Spiel steht.

In einer internen Dienstanweisung „Bulletin" für die Bibelforscher – heute heißt sie „Unser Königreichsdienst" (August und Oktober 1925) –, ist folgendes zu lesen:

„Pressedienst Einer seit längerer Zeit bestehenden dringenden Notwendigkeit folgend, ist auch ein Presse-Abwehrdienst für das centraleuropäische Gebiet organisiert worden. Die lieben Geschwister werden nun herzlich gebeten, Zeitungsartikel über die Bibelforscher möglichst bald nach Erscheinen entweder direkt oder durch den Dienstvorsteher ihrer Versammlung freundlichst an folgende

Adresse per Drucksache gelangen lassen: **Pressebüro der I. V. E.**
B.,Bern, Allmendstraße 36/39. «1

Damals waren die Bibelforscher wegen ihrer im Jahre 1925
proklamierten Prophezeiung des Weltendes, die ja bekannt-
lich nicht eingetroffen ist, in der Presse als falsche Propheten
angeklagt und zum Teil lächerlich gemacht worden. Die Angriffe der Bibelforscher gegen die Kirchen und ihre in Massen
verbreiteten Traktate, wie z. B. die 1922 entstandende *„Pro-*
klamation Ein Aufruf an die Führer der Welt" oder von 1924
„Anklage gegen die Geistlichkeit, Zivilisation vom Untergang be-
droht", wurden in der Presse scharf attackiert.

Nach der ersten Aktion 1996 mit der genannten Broschüre,
hat das deutsche Zweigbüro in Selters erneut einen solchen
Abwehr- und Informationsdienst eingerichtet. In den USA ist
parallel dazu ein ähnlicher Dienst eingerichtet worden. Mit
dem dritten Jahrtausend soll es kein gravierendes Endzeitde-
saster unter den Wachtturm-Zeugen geben. Das Ziel ist nun,
die Öffentlichkeitsarbeit so wirkungsvoll zu gestalten, daß das
Ansehen der Zeugen keinen allzu großen Schaden erleidet
und den Bekanntheitsgrad der Zeugen Jehovas weltweit noch
zu steigern. Ein Eilbrief vom 13. März 1996 an alle Ältestenschaften der deutschen Versammlungen (Gemeinden) bat um
Mithilfe und Unterstützung für das Büro in Selters. In vier
Punkten erläuterte das Büro des Informationsdienstes, wie es
sich diese Hilfe konkret vorstellte:

„1. Wir sind daran interessiert, über die in der Medienwelt er-
scheinenden Nachrichten oder Berichte unseres Werkes oder damit
in Verbindung stehenden Entwicklungen im religiösen Bereich in-
formiert zu werden, um je nach Notwendigkeit entsprechend rea-
gieren zu können. Deshalb wären wir sehr dankbar, wenn Ihr uns

29

Zeitungs- und Zeitschriftenartikel sowie Aufzeichnungen von Radio- oder Fernsehsendungen der in Eurem Gebiet präsenten Medien zusenden würdet. Bitte gebt in der **Anlage 1** *zunächst an, welche Medien (Zeitungen, Zeitschriften, Anzeigeblätter, Radio- und Fernsehsender o.ä.) in Eurem Versammlungsgebiet anzutreffen sind. Dann nennt bitte in diesem Formular* **(Anlage 1)** *Brüder oder Schwestern die als vorbildliche Zeugen Jehovas in Eurer Versammlung dienen und sowohl bereit als auch in der Lage sind, uns mit dem erbetenen Informationsmaterial unverzüglich nach Erscheinen zu versorgen. Vorzugsweise haben wir an Brüder (oder Schwestern) gedacht, die einen oder mehrere Tageszeitungen beziehen und es sich einrichten können, diese Zeitungen gründlich nach Informationen durchzusehen. Es ist von Vorteil, aber nicht notwendig, wenn die Brüder uns die Artikel per FAX zukommen lassen könnten. Wie z. B. die Übermittlung eines Zeitungsartikels aussehen könnte, entnehmt bitte der* **Anlage 2**. *sobald Ihr Euch als Ältestenschaft entschieden habt, könnt Ihr die entsprechenden Personen fragen, ob sie für dieses Vorrecht zur Verfügung stehen. Wenn sie dazu bereit sind, könnten sie unmittelbar mit der Zusendung beginnen.*

2. Wir wären auch an der Mitarbeit solcher Brüder interessiert, die beruflich oder privat Kontakte zu Personen des öffentlichen Lebens haben und/oder sich schriftlich gewandt ausdrücken können. Gedacht ist z.B. an Selbständige, leitende Angestellte, Akademiker, Vertreter. Als **Anlage 3** *haben wir fünf Formulare beigefügt. Solltet Ihr mehr Empfehlungen für diesen Bereich haben, so fertigt bitte entsprechend Kopien an. Wir werden auf diese Personen bei Bedarf zurückkommen.*

3. Als dritte Gruppe sind wir an Brüdern und Schwestern interessiert, die eine Verbindung zum Pressewesen oder Fernsehen *haben, sei es als Journalisten oder sonstige Mitarbeiter. Wenn diese Brüder die Bereitschaft zur Mitarbeit haben und von Euch empfohlen werden können, so nennt sie uns bitte in der **Anlage 4**.*

*4. Außerdem bitten wir Euch uns zwei befähigte Älteste aus Eurer Versammlung zu benennen, die in der Lage sind, in Zusammenarbeit mit dem Informationsdienst in Selters als Repräsentanten der Gesellschaft gegenüber Medienvertretern und anderen Vertretern des öffentlichen Lebens zu dienen. Dabei können auch junge Älteste wertvolle Dienste leisten, da ihre Gesprächspartner in Redaktionen oft in ihrem Alter sind. Als **Anlage 5** haben wir zwei Formulare beigefügt.*"[2]

Die anliegenden Bögen sollten wegen der Dringlichkeit innerhalb von sieben Tagen nach Selters zurückgesandt werden.

Offensichtlich funktioniert dieses „Informationssystem" für die Organisation ausgezeichnet, denn seither treten die Anwälte der Wachtturm-Gesellschaft an Verlage oder Redaktionen heran und verlangen Korrekturen resp. Verpflichtungserklärungen bei Androhung von Konventionalstrafen, wenn es in Publikationen zu unklaren, ungenauen oder falschen Darstellungen oder Aussagen von Autoren und Berichterstattern kommt. Zudem haben die Leserbriefe von Zeugen Jehovas an Zeitungen oder Zeitschriften in großem Umfang zugenommen. Wie aus vielen gleichlautenden Leserbriefen in Regionalzeitungen bundesweit zu erschließen ist, liefert das Büro Selters den örtlichen Mitarbeitern Briefvorlagen hierfür.

Dieser „Informationsdienst" ist offensichtlich ein „Beobachtungsdienst", faktisch eine Kontrolle der Berichterstattung der Medien über Jehovas Zeugen. Der Dienst beobachtet auf diese Weise alles, was publiziert wird und reagiert umgehend in all den Fällen, wo sich nur der kleinste nützliche Ansatz zum Protest oder Widerspruch bzw. juristischer Niederschlagung ergibt.

Die erste Veröffentlichung des Informationsdienstes war eine 16seitige Broschüre „Jehovas Zeugen. Antworten auf häufig gestellte Fragen". Diese Antworten sind zum Teil irreführend und enthalten Halbwahrheiten, verschweigen Tatsachen zur Lehre und zur Geschichte der Wachtturm-Gesellschaft und täuschen über Vorgänge in ihrer Organisation hinweg.

Hierin wird z. B. behauptet: *„Seit nahezu 100 Jahren sind Jehovas Zeugen in unserem Land gut bekannt ... Man weiß von ihnen, daß sie ihren christlichen Glauben ernst nehmen und öffentlich darüber sprechen."*[3]

Die Zeugen Jehovas sind bei uns in der Öffentlichkeit wohl mehr wegen ihrer „genauen biblischen" Endzeitprophezeiungen, die bislang nie eintrafen, und ihrer harten Polemik und Verurteilung der Kirchen seit der Zeit nach dem Ersten Weltkrieg gut bekannt. In den letzten Jahren wurden sie zudem durch ihren Anspruch auf Anerkennung als Körperschaft öffentlichen Rechts bekannt. Doch all das ist höchst relativ. Die überwältigende Mehrheit in unserem Lande nimmt sie nicht ernst und überhaupt nicht weiter zur Kenntnis.

Darüber hinaus ist das Begehren der Wachtturm-Gesellschaft, den Kirchen gleichgestellt zu werden, eine erstaunliche Kehrtwende in der Wachtturm-Politik und der ursprünglichen Endzeitlehre. Diese Entwicklung wird in einem der folgenden Kapitel untersucht werden.

Zeugen Jehovas – Menschen wie Du und Ich?

In der Broschüre „Jehovas Zeugen – Menschen aus der Nachbarschaft. Wer sind sie?" werden die Zeugen wie folgt vorgestellt: *„JEHOVAS ZEUGEN haben den aufrichtigen Wunsch, daß man sie besser kennenlernt. Vielen Leuten sind sie aus der Nachbarschaft, vom Arbeitsplatz oder aus der Schule bekannt. Sie unterscheiden sich zumeist kaum von deutschen Durchschnittsbürgern. Ihnen liegt viel an angenehmen, sicheren Wohnverhältnissen, an einer redlichen Arbeit und einer glücklichen Zukunft für ihre Kinder.*

Jehovas Zeugen sind Christen, weshalb sie sich bei allen Tätigkeiten von Gottes Wort, der Heiligen Schrift leiten lassen und um ein vorbildliches christliches Verhalten bemüht sind, und zwar nicht nur gegenüber mitgläubigen Freunden, Nachbarn und Verwandten, sondern gegenüber allen Menschen. Wegen ihrer Unvollkommenheit gelingt ihnen dieses allerdings nicht immer. Doch es ist ihr Herzenswunsch, allen Menschen Gutes zu tun und anderen zu helfen, wann immer es ihnen möglich ist ..."[1]

Diese Darstellung der Zeugen Jehovas als verantwortungsbewußte, moralisch integere und sozial engagierte Menschen und das sich daraus ergebende Handeln verschleiert jedoch die wahren Aufgaben eines bekennenden Zeugen. Dessen Hauptaufgabe ist es, den endzeitlichen Erfordernissen zu entsprechen, die die Wachtturm-Führung gemäß ihrer Bibeldeutung aufstellt, um dadurch letztlich „ewiges Leben in einem irdischen Paradies" zu erhalten. Allen Menschen Gutes zu tun und zu helfen, bedeutet für den Zeugen letztendlich, den Menschen die Wachtturm-Lehre nahezubringen, weil nur diese das Gute, das Glück und ewiges Leben im irdischen Paradies bringen würde.

Jehovas Zeugen fühlen sich eben nur bedingt wie Du und Ich. Sie fühlen sich als Auserwählte in einer gottentfremdeten, zur Vernichtung bestimmten Gesellschaft, als eine „Neue-Welt-Gesellschaft" mit Verheißung auf ewiges Leben auf Erden. Ihr vorbildliches christliches Verhalten bezieht sich in der Hauptsache auf ihren Gehorsam gegenüber der Wachtturm-Gesellschaft, die für sie die wahre Vertretung Gottes ist und auf die Verkündigung der festgelegten und zu respektierenden Glaubenslehre.

Auf die Anfrage eines Wachtturm-Lesers antwortet die Wachtturm-Führung:

„Offensichtlich kann eine anerkannte Mitverbundenheit mit Jehovas Zeugen nicht lediglich auf einen Glauben an Gott, an die Bibel und an Jesus Christus beruhen. Eine anerkannte Mitverbundenheit mit Jehovas Zeugen erfordert, daß man die Gesamtheit der wahren Lehren der Bibel akzeptiert, einschließlich jener biblischen Glaubensinhalte, die nur Jehovas Zeugen vertreten."[2]

Mit der letzten Aussage steht und fällt hier jedes wahre Christsein.

Das Buch „Erkenntnis die zu ewigem Leben führt" (1995) zeigt deutlich, daß nur diese Mitverbundenheit vor der Vernichtung in der Endschlacht von Harmagedon schützt und zu ewigem Leben im Paradies führt. Wir lesen darin:

„Wie bereits behandelt wurde, wird Jehova Gott bald das gegenwärtige böse System der Dinge vernichten ... Es ist ein Krieg, in dem die ,Könige der ganzen bewohnten Erde', also die Nationen, verwickelt sind. Jehovas Sohn, der eingesetzte König wird bald in die

Schlacht ziehen. Der Ausgang steht bereits unwiderruflich fest. Alle, die gegen Gottes Königreich sind und zu Satans bösem System gehören werden vernichtet. Nur Menschen, die Jehova gegenüber loyal sind, werden überleben."[3]

Das nach ihrer Ansicht „Gute", das Jehovas Zeugen den Nicht-Zeugen bringen, ist die Vermittlung der Lehre vom „Neue-Welt-Paradies". Sie versuchen die Menschen, die sich mit ihnen einlassen und auf sie hören, zur Mitverbundenheit mit Jehovas Zeugen zu führen, mit allen Konsequenzen.

Das Leben eines Zeugen Jehovas ist in erster Linie auf eine kritiklose Verkündigung der „Guten Botschaft" dieser „Überlebensorganisation" ausgerichtet.

Nach den Ausführungen des „Erkenntnis-Buches" (13. Kapitel) führen sie ein gottgefälliges Leben, indem sie sich z. B. durch Ehrlichkeit am Arbeitsplatz, Vermeidung von Glücksspiel und übermäßigem Alkoholgenuß sowie Tabakgenuß auszeichnen. Darüber hinaus sind sie für die Organisation aus folgendem Grund wichtig: *„Jehova segnet sie, weil sie Zeit, Kraft und Mittel, einschließlich ihrer Geldmittel, dafür einsetzen, die wahre Anbetung zu unterstützen und das weltweite Werk der Verkündigung der guten Botschaft vom Königreich zu fördern."*[4]

Diese vielgepriesene Ehrlichkeit und Enthaltsamkeit genügt eben nicht. Das bleibt alles zweitrangig, wie gottgefällig es auch immer sein mag. Letztlich zählt für die bekennenden Zeugen Jehovas nur die Endzeitbotschaft von Harmagedon und die damit verbundenen Vernichtungsgreuel.

Das Bild, daß sich aus den Zuschriften über die Wachtturm-Organisation und deren Anhänger ergibt, ist ein gänzlich anderes, als das, welches durch die öffentlichen Schriften, wie z. B. dem oben genannten „Erwachet" oder den Verlautbarungen des Informationsdienstes der Wachtturm-Gesellschaft verbreitet wird.

Wenn nun „Erwachet" lobend Zeitschriftenzitate als Beleg für „*Musterbürger*" bringt, sind diese Lobeshymnen zur Imagepflege der Organisation gedacht. Die sich dahinter verbergende Wirklichkeit ist nicht besser oder schlechter als die der „*weltlichen*" Gesellschaft. Unter den Zeugen gibt es Zweifler an der Lehre, Heuchler, die nur noch mitmachen, weil sie nicht wissen, was sie sonst tun sollen oder wohin sie gehen sollen. Es gibt auch unter den Zeugen Kinderschänder, Steuerhinterzieher, Ehebrecher, Diebe, üble Schwätzer und vieles andere mehr.

Davon zeugt allein schon die für die Ältesten geltende interne Dienstanweisung, „*GEBT ACHT AUF EUCH SELBST UND AUF DIE GANZE HERDE*", Selters 1991.

Im Index dieser Anweisung sind unter anderem alphabetisch aufgelistet: „*Beschimpfungen, Betrug, Drogen, Ehebruch, Erpressung, Geisteszustand, Gewalttätigkeit, Gewohnheitsmäßige Sünde, Glücksspiele, Habgier, Hurerei, Inzest, Konkurs, Lügen, Mißbrauch von Kindern, porneia (Pornographie), Scheidung, Selbstmord, Sexualität, perverse Praxen, Sodomie, Spiritismus, Stehlen, Totschlag, Trunkenheit, Vergewaltigung, Verleumdung, Wutausbrüche, Zügellosen Wandel.*".

Wohlbemerkt, dies ist für und unter den Zeugen Jehovas gültig, als Anweisung wie in diesen Fällen zu verfahren ist.

Und es gibt in der so üblen „*weltlichen*" Gesellschaft, genauso ehrliche Steuerzahler usw. wie sie in den Zitaten als Zeugeneigenschaften gelobt werden.

Die in der gesamten Literatur der Wachtturm-Gesellschaft gezeigten strahlend lächelnden Zeugen Jehovas sind nur die halbe Wahrheit. Man wird an die strahlenden Werber für Zahnpasta oder an Urlaubsparadiese erinnert. Die bittere Wirklichkeit dahinter bleibt verborgen. Tragisch oder verhängnisvoll wird es für den, der es wagt, das was verdeckt wird, unter den Zeugen zu bekennen und öffentlich zu machen. Er wird als Nestbeschmutzer geortet, und wenn er sich nicht reuevoll zeigt, wird er ausgestoßen.

Die Wachtturm-Führung erteilt sogar Anweisungen, jemandem, der sich einer „weltlich landesgesetzlichen" strafrechtlichen Tat schuldig gemacht hat, nicht unbedingt der „weltlichen Gerichtsbarkeit" auszuliefern.

So lesen wir in **„Gebet acht …"**: „ *Falls die Ältesten erfahren, daß ein Glied der Versammlung einer illegalen Tätigkeit nachgeht oder ein Verbrechen begangen hat, sind sie möglicherweise nicht gesetzlich verpflichtet, den Täter oder sein Vergehen der Behörde zu melden.. Obwohl Älteste nicht dazu da sind, den Gesetzen des Cäsars Geltung zu verschaffen, müssen sie sich mit Fällen, bei denen auch Gottes Gesetz übertreten wurde, befassen.* "[5]

Die Anfänge der Zeugen Jehovas

Die Generation unserer Großeltern, die nach dem Ende des Ersten Weltkrieges den sogenannten 7. Band der Schriftstudien als Russells nachgelassenes Werk mit dem merkwürdigen Titel „Das vollendete Geheimnis" erhielten, lasen darin eine Selbstdarstellung des Zeugengründers Russell.

Im Auftrag von Joseph F. Rutherford, dem Nachfolger

Russells als Präsident des Wachtturm-Verlages, schrieben die „Wachtturm"-Mitarbeiter J. Woodworth und George H. Fischer dieses Buch als Kommentar zur Offenbarung des Johannes und zu dem Propheten Hesekiel.

In Woodworth's Deutung zu „Offenbarung 3,14 Und dem Engel." heißt es: *"Der Sendbote der letzten Kirchen=Epoche war der am 16. Februar 1852 geborene Charles T. Russell. Er gab nur in vertrautem Kreise zu, daß er an seine Erwählung für das große Werk schon vor seiner Geburt glaube."* Sodann zitiert Woodworth Russell:

„Unter anderen Theorien erhielt ich durch den Adventismus einen neuen Ansporn. Anscheinend durch Zufall geriet ich eines Abends in ein staubiges, schmutziges Versammlungslokal, wo, wie ich gehört hatte, religiöse Zusammenkünfte abgehalten wurden; ich wollte sehen, ob die paar Leute, die sich dort versammelten, etwas Vernünftigeres zu bieten hätten als die großen Kirchengemeinschaften. Dort hörte ich zum erstenmal etwas über die Ansichten der Adventisten. Nun gab es weder Zeitschriften noch andere Veröffentlichungen, welche die Zeitprophezeiungen, soweit sie in jener Zeit verstanden wurden, darlegten, und deshalb offerierte ich damals Mr. Barbour die Reisekosten, damit er mich in Philadelphia besuche, um mir sofern es ihm möglich wäre, völlig und schriftgemäß zu beweisen, daß die Weissagungen auf 1874, also auf die Zeit deuteten, mit der des Herrn Gegenwart und die „Ernte" angefangen hatte. Er kam und seine Beweise überzeugten mich." [1]

Der Adventist Barbour, Herausgeber der adventistischen Zeitschrift „Herald of the morning" (Verkünder des Morgens), überzeugte Russell mit seinen damaligen sektiererischen Lehren, wie z. B. der neuzeitlichen Ankunft Christi,

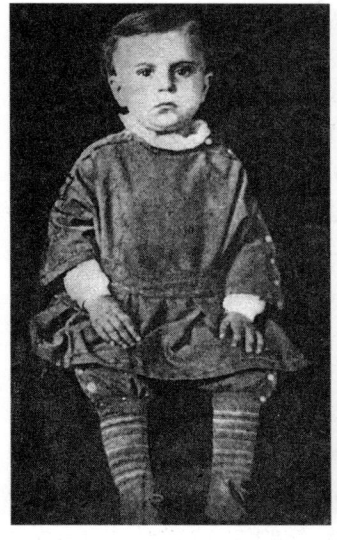

Der junge Russell
im Alter von 4 Jahren.

Charles Taze Russell
im Alter von ca. 30 Jahren.

dem anstehenden Weltende, der zeitgeschichtlichen Bibelaus-
legung, dem Antikirchentum, dem Antipapsttum usw. Russell
wurde nicht nur ein begeisterter Anhänger dieser adventistischen Gruppe, sondern auch Mitherausgeber des Buches „Three
worlds" (1877) und der Zeitschrift „Herald of the morning".

In eben dieser Zeitschrift von 1878 finden wir Notizen, die
darauf aufmerksam machen, daß Russell, Barbour und andere
Adventisten für die adventistischen Versammlungen und Kirchen als Redner angeboten werden.

Woodworth behauptet im Band 7, Seite 40: „ *Pastor Russell
nahm dann die Stelle Barbours ein, der bald nachher untreu geworden war und an dem sich die Weissagung von Matt.24, 48–51;
Sach. 11, 15–17 erfüllte. Im Jahre 1877 berief Pastor Russell* (zu

dieser Zeit war Russell Adventist und Barbours Mitarbeiter;
Anm. d. V.) *alle Prediger von Pittsburgh und Allgheny zu einer*
Versammlung, um ihnen die Schrifttexte, die auf unseres Herrn
Gegenwart hinwiesen zu zeigen ... "[2]

Russell glaubte und lehrte die adventistische Endzeitlehre
und deren chronologische Berechnungen. Dies wird besonders deutlich durch seine Beiträge, die er für den „Herald"
schrieb und die dort bis Mai 1879 veröffentlicht wurden.

Die Behauptung, daß Barbour der Vereinigung untreu
wurde und Russell seine Stelle einnahm, würde bedeuten, daß
Russell der Führer dieser adventistischen Gruppe wurde.
Die Ausgaben des „Herald" von Februar 1879 bis Juni 1879
zeigen, daß diese Aussagen in der Wachtturm-Literatur weder
damals noch heute belegbar sind. Barbour blieb seiner Lehre
treu, aber Russell trennte sich von der Gruppe.

Er gründete danach einen Ableger von der adventistischen
Gruppe Barbours, der nach der heutigen Wachtturm-Lehre
eine neue Sekte darstellte.

Der Bruch mit Barbour hatte andere Hintergründe, als sie
damals und heute von der Wachtturm-Führung behauptet
werden.

In der Februar-Nummer des „Herald" von 1879 kündigte
Russell als Mitherausgeber an, daß er eine weitere Zeitschrift
für die Leser des „Herald" zur Verfügung stellen wolle und
erbat darüber eine Abstimmung unter den Lesern. Offensichtlich hatte diese Bitte aber keinen meßbaren Erfolg.

In der Mai-Ausgabe des „Herald" berichtet Barbour über
seine Korrespondenz mit Russell. Aus diesem Bericht ist zu
ersehen, daß es zu einer Auseinandersetzung über die Herausgabe der Zeitschrift gekommen war. Barbour schreibt, daß

er von Pittsburgh, also von Russell die „höfliche Aufforderung" bzw. den Rat bekommen habe, wenn er sich nicht vom „Herald" zurückziehen wolle, doch zu verkaufen. Barbour äußerte sich befremdend über „diesen sonderbaren Wunsch des jungen Mannes, der doch erst durch ihn die Wahrheit gelernt hat und erst seit 1876 mit dem ‚Herald' verbunden sei".

Ab Juli 1879 gab Russell dann seine neue Zeitschrift heraus, die er „Zion's Watch Tower" nannte. In der ersten Nummer dieser Zeitschrift nannte er als Mitarbeiter vier adventistische Autoren, die schon Jahre für den „Herald" schrieben sowie einen Angestellten aus Russells Textilgeschäft. Erst im Laufe der Jahre wurden diese durch andere Mitarbeiter ersetzt, weil sie sich offensichtlich durch die zunehmend autoritäre Führung von seiten Russells eingeschränkt fühlten.

Die Lehrinhalte von „Zion's Watch Tower" stimmten von der Chronologie bis zur Ansicht über das „päpstliche Rom" als die „Hure Babylons" mit den Inhalten des „Herald" überein.

Im Laufe der Jahre nahm Russell immer mehr Abstand von den Lehren Barbours und entwickelte eigene Überlegungen. Die Grundlehren, die er bei Barbour gelernt hatte, gehören aber noch heute zu den Hauptlehren der Zeugen Jehovas.

Die wichtigste Wachtturm-Lehre ist die uradventistische Lehre von der „fortschreitenden Erkenntnis", und damit ist die sich im Laufe der Zeit fortwährend wandelnde und sich anpassende „gegenwärtige Wahrheit" und die Überzeugung vom „neuen Licht" gemeint.

An Beispielen für diese eingeforderte und praktizierte Ansicht der Wachtturm-Führung mangelt es in der Geschichte der Wachtturm-Gesellschaft nicht. Schon der junge Russell bemühte sich, bedeutender zu sein als sein Lehrmeister Barbour. Darüber kam es zum Bruch zwischen beiden und zur Gründung der adventistischen Splittergruppe um Russell und seinen Verlag. Die Veröffentlichungen des Wachtturm-Verlages in der Folgezeit belegen Russells Anspruch auf alleinige Autorität in Fragen des Glaubens und Verhaltens seiner Anhänger.

Zwei Veröffentlichungen, von denen die eine nur in englisch erschien, „Wahrheit ist sonderbarer als die Dichtung", machen deutlich, daß Russell keinen Widerspruch duldete.[3]

Weder engste Mitarbeiter noch seine Ehefrau blieben von seinen Anschuldigungen der Rebellion oder Auflehnung verschont, wenn sie sich nicht seinem Willen beugten. Schließlich und endlich ging darüber auch seine Ehe kaputt. Er betrachtete sich als „Gottes Mundstück", – „as God's mouthpieces"[4] – „schon vor seiner Geburt auserwählt".[5] Im „Wachtturm" vom 1. Mai 1923 wird Russell als *unser hingeschiedener, geliebter Führer*" bezeichnet.[6] Wie konnte es da jemand wagen an seiner Botschaft zu zweifeln oder gar ihm zu widersprechen?

Russell hat nicht nur eine „führende Rolle" zu seinen Lebzeiten gespielt, wie heute in „Jehovas Zeugen verkünden weltweit" nachzulesen ist.[7]

Er war der „Führer", der „treue und kluge Knecht", dessen Worte und Schriften noch bis weit in die zwanziger Jahre allein „Wahrheit" waren. Wer das nicht anerkannte, wurde als Rebell tituliert oder gar als „böser Knecht" bezeichnet.

1915 schrieb Rutherford eine Broschüre unter dem Titel „A great battle in the ecclesiastical Heaven", um Russell vor angeblichen Verleumdungen und gegnerischen Angriffen zu schützen. Hierin behauptet er, daß das „päpstliche Rom und seine Bastarde" Russell schlimmer bekämpfen würden als sie Martin Luther bekämpft hätten. Er zählt auf: *„In dieser Sache sehen wir Griechisch Katholiken, Römisch Katholiken, Anglicaner, Heiden und Juden, Presbyterianer und Methodisten, Baptisten, Lutheraner, Congregationalisten, etc.,etc., nicht allein in Amerika, ebenso in Canada, in Europa, und von allen vier Ecken der Erde, vereinigt in der Absicht EINEN MANN zu vernichten.. Wer ist der EINE MANN? .Pastor Russell."* [8]

Und es geht weiter: *„Pastor Russell ist von keinem theolgischen Colleg graduiert.. Theologische Collegs lehren Theologie und nicht die Bibel. Pastor Russell kennt die Bibel besser, als ein anderer lebender Mann."* [9]

Wer konnte da noch an der Einmaligkeit Russells zweifeln?

Russell hatte zwar immer wieder in seinen Schriften betont, daß seine sechs Bände für Christen aller Richtungen eine Handreichung zum Bibelstudium sein sollten, aber dies war nicht eingetroffen.

Seine Kolporteure und Anhänger hatten Millionen von Büchern, Broschüren und Zeitschriften verkauft. Die Gruppen, die sich in einer Art Ortsgemeinde zusammenfanden, um die Inhalte seiner Schriften zu lernen und als „gegenwärtige Erkenntnis" anzunehmen, blieben klein, und waren nicht zahlreich.

Predigern und Geistlichen anderer Kirchen und Gemeinschaften bot er ein gemeinsames Studium seiner Schriften an, da ja nicht jeder die 25 oder 30 Mark teuren theologischen Werke anschaffen könnte. Und weiter: *„Wir laden die Christen aller Glaubensgemeinschaften ein, an unserem Werk der Verbreitung dieser „Handleitungen" teilzunehmen."*

Mit dem Wichtigsten seiner Lehre war Russell allerdings gescheitert, nämlich durch die *„Entwicklung des Charakters eines jeden Bibelforschers zu einem Heiligen, dessen himmlische Berufung"* vorzubereiten. Der fünfte Band „Die Versöhnung des Menschen mit Gott" und der sechste Band „Die neue Schöpfung" waren die umfangreichsten seiner „Schriftstudien" und stellten die Grundlagen des Glaubens und der Hoffnung für seine Anhänger dar. Diese Bände, die sich mit der Zeitspekulation befaßten, sollten beweisen, das tatsächlich die Lebenszeit der Leser unmittelbar betroffen sei. Für die damals Lebenden sollte der Weg für die himmlische Berufung geebnet werden, denn die zeitliche Grenze sollte endgültig mit 1914 erreicht sein.

Er war der Meinung, daß aufrichtige Gläubige aller Gemeinschaften durch Lesen seiner Schriften, durch das „Studium" der Bibel, durch Gebet und Meditation die Verbesserung ihres Charakters erreichen könnten. Er war davon überzeugt, daß allein das Studium seiner Bücher, *„die eine Bibel in geordneter Thematik seien* – so formulierte er es in „Zion's Wachtturm" 1910 –, ein Verstehen der Zusammenhänge erleichtern würde.

Dieser Anspruch auf Charakterentwicklung zeigt auffällige Ähnlichkeiten mit der Erleuchtung und Erhebung zum „Neuen Menschen" bei den Freimaurern, wobei diese nicht den Weg zur himmlischen Berufung suchen. Bis heute wird Russell z.T. noch unterstellt, er hätte eine starke Affinität zu den Freimaurern gezeigt. Manche seiner Predigten oder Vorträge trugen zu dieser Verdächtigung auch bei. In seiner Ansprache „The Temple of God" 1913 vor einem Publikum verschiedenster religiöser Ausrichtung, darunter auch eine größere Anzahl Freimaurer, sprach er von seinen *„freimaureri-*

schen Freunden". Er bezeichnete sich selbst als *„ein freier und anerkannter Freimaurer"*. Und schließlich verstieg er sich zu der Aussage *„daß (er) mit dem Großen Meister, dem Herrn selbst, konferiert hätte, und geheime Informationen durch den Heiligen Geist erhalten habe; sowie Führung bezüglich dessen, was die Bibel sagt. Der große Meister unseres Hohen Ordens der Freien und anerkannten Freimaurerei, der Herr Jesus Christus"*.[10]

Er sprach aber in der gleichen Ansprache auch von *„presbyterianischen, methodistischen, baptistischen, römisch-katholischen und anglikanischen Freunden"*[11], die alle Teile der *„Wahrheit"* hätten, aber eben nicht in dem Umfang, wie das bei den Bibelforschern der Fall sei.

Sein Lobgesang auf die *„Charakterentwicklung"* innerhalb seiner Gemeinschaft wurde erheblich getrübt, als einige seiner treuesten Anänger offensichtlich gegen ihn rebellierten. Auch seine Frau war daran beteiligt. Russell veröffentlichte daraufhin eine Sonderausgabe des „Zion's Watch-Tower", um mit den Rebellen abzurechnen.

Seine eigene Reputation geriet ins Wanken, als es um seine Ehe ging. Besonders anrüchig waren seine Versuche, sich um einen standesgemäßen Unterhalt für seine von ihm getrennt lebende und später von ihm geschiedene Frau zu drücken. Die Prozeßprotokolle zeigen, daß es Russell vor Gericht mit der Wahrheit nicht so genau nahm.

Das Buch „Das vollendete Geheimnis", das drei Jahre nach dem Tod Russells erschien, erhielten unsere Großeltern 1919 von den Bibelforschern, war die Summe der adventistischen Lehre Russells und seiner Anschauung über Religion und Kirche, allerdings in einer bis dahin in der Wachtturm-Literatur nicht bekannten radikalen Sprache und Deutung. Mit seiner Veröffentlichung ging eine Werbekampagne mit einem vierseitigen Traktat im Großformat einher, das betitelt war mit „Der Fall Babylons“.[12]

In der Einleitung lesen wir: *„Der folgende Aufsatz ist zur Hauptsache ein Auszug aus Pastor Russells Werk „Das vollendete Geheimnis“ (Hinterlassene Aufzeichnungen), dem siebenten Bande seiner S c h r i f t s t u d i e n , der nach seinem Tode veröffentlicht worden ist.“*[13]

Im Traktat wird dargelegt, daß *„Mystisch-Babylon ‚die Christenheit‘ sei, „ die große, die Mutter der Huren und der Greuel der Erde“, die demnächst durch Revolutionen und Anarchie vernichtet wird. „Die Wut aufrührerischer Soldaten und Völker wird sich gegen die Häupter der Regierungen richten, welche zugleich die Häupter der Kirchen sind, und sie wird sich wegen der Übeltaten des Kirchentums rächen.“*

„Das wütend gemachte Volk wird sich gegen die Geistlichkeit wenden, wie es zur Zeit der französischen Revolution war, und in einem schrecklichen Karneval werden sie für die im Krieg Verlorenen ein richtiges Totengeläute anstellen.“

„Möge sich jedes ehrliche Herz darüber freuen, daß die alte Ordnung vergeht, die neue hereinbricht.“[14]

Russell hatte nach Kriegsausbruch 1914 in Europa und in den USA eine Predigt gehalten. Ein Auszug wurde publiziert in „Der Bibelforscher“. Hierin wird berichtet, wie Russell auf die Aufforderung reagierte, die der amerikanische Präsident und andere führende Amerikaner an die Gläubigen richteten, indem sie dazu aufforderten, für den Frieden in Europa zu beten. Wir lesen darin: *„So sehr ich auch selbst den Frieden herbeisehne – und ich habe mein ganzes Leben dem Bestreben gewidmet, ein Friedensstifter zu sein – so kann ich doch unmöglich den*

Allmächtigen darum ersuchen, seine eigenen Pläne zugunsten unseres Präsidenten umzuändern ... Der Krieg wird voranschreiten, wird aber keine Nation zu einem glorreichen Siege bringen, sondern wird eine schreckliche Verstümmelung und Verarmung aller Beteiligten bringen. Darauf wird ein Harmagedon der Anarchie folgen ... Seit vierzig Jahren habe ich diesen großen Krieg und sein glorreiches Ende in gedruckten und gesprochenen Vorträgen und in meinen in zwanzig Sprachen veröffentlichten Büchern über Bibelstudien angekündigt. Nun, da das erwartete Jahr angebrochen und die Prophezeung in Erfüllung gegangen ist, könnte ich da wohl den Allmächtigen bitten, sein Programm zu ändern?" [15]

Seine Behauptung, daß er seit vierzig Jahren diesen großen Krieg angekündigt hätte, ist so eine Falschaussage. Für diese Zeit hatte er folgendes vorausgesagt: „ *...daß ihr* (die Regierungen der Nationen; Anm. d. V.) *Herrschaftslehen mit dem Jahre 1914 gänzlich abgelaufen sein wird, und das alles um diese Zeit über den Haufen geworfen und Christi Königreich völlig hergestellt sein werde".* [16]

Der „Schlacht des großen Tages Gottes" (Offenbarung 16:14) sollte ab 1914 das Millennium folgen, und wie er schrieb, *„dürfen wir die Einsetzung der irdischen Regenten im Okt. 1914 erwarten".*

Daß keine von diesen Voraussagen eintreten konnte, liegt auf der Hand.

In dieser Nachkriegszeit des gesellschaftlichen Umbruchs, der sich auflösenden politischen Ordnung und der revolutionären und anarchistischen Umtriebe, waren Hoffnungslosigkeit und Zukunftsängste weit verbreitet innerhalb der Bevölkerung. Die Schriften von Russell fanden demnach bei vielen Menschen Gehör.

Werbeseite im „Babylon-Traktat"
für den 7. Band der Schriftstudien Russells.

Revolutionäre Aufstände, Arbeitslosigkeit, Hunger, Krankheit, Geldentwertung sowie der Strom der zurückkehrenden Soldaten nach dem Ende der Kampfhandlungen wurden von den Bibelforschern in Einklang mit der Erfüllung der Endzeitprophezeiungen gebracht.

Die Abbildung auf Seite 4 des „Babylon-Traktates", die für die Werbung des 7. Bandes der Schriftstudien Russells entworfen wurde, zeigt zusammenbrechende Festungsmauern, hinter dehnen Feuer alles zerstört sowie Wasserfluten, die die bisherige Ordnung, die Kirchen und ihre Lehren hinwegrissen.

In den ersten Nachkriegsjahren hatte auch der Band 4 der Schriftstudien „Der Krieg von Harmagedon" (ursprünglich, „Der Tag der Rache"; Anm. d. V.) besondere Bedeutung. Beide Bände wurden in diesen Jahren auch durch ein größeres Format hervorgehoben.

Diesen vierten Band kann man als Russells Versuch einer Sozial- und Gesellschaftskritik ansehen. Russell versucht hier mit Zitatausschnitten diverser Publikationen und mit willkürlich ausgewählten Bibeltexten, das Scheitern der menschlichen gesellschaftlichen Ordnung und Organisation nachzuweisen, das letztendlich in einer weltweiten Anarchie ihr „Harmagedon" finden werde.

„Harmagedon" hatte zu dieser Zeit noch eine andere Bedeutung als heute: *„Dieser dunkle Tag ist ein Tag des Gerichts und der Vergeltung über das Menschengeschlecht. seine Völker, seine Gesellschaftsklassen, nicht über einzelne Personen. Das Gericht über den Einzelnen, wird,... im tausendjährigen Reich vor sich gehen.* "[17]

In Studie 7 wird zu „Harmagedon" erklärt: *„Selbstsucht hat* *also die Nationen versammelt und bereitet sie dadurch zu für die geweissagte und nun herannahende Vergeltung, für den anarchistischen Zustand, das ‚Feuer des Zornes Gotte‘, das die jetzige Welt (2.Pet. 3,7), die gegenwärtige soziale Ordnung verzehren wird.*"[18]

In 14 sogenannte „Studien" eingeteilt, soll das Buch gesellschaftlich und religiöse Grundsätze der Zeit und deren Folgen darlegen.

Im Inhaltsverzeichnis zur Studie 7 werden die Themen der Abschnitte wie folgt angegeben: *„ Wie und warum die Nationen besammelt werden. – Die sozialen Elemente bereiten sich für das Feuer zu. – Aufhäufung von Schätzen. – Zunahme der Armut. – Soziale Reibung führt zur Feuersbrunst. – Zu harte Beurteilung der Reichen. – Selbstsucht und Freiheit. – Gegenwärtige Verhältnisse können nicht andauern. – Frauenarbeit. – Vernünftige und unvernünftige Ansichten der Arbeiter. – Angebot und Nachfrage. – „ Die gelbe Gefahr". – Die Arbeiterfrage in England. – Die prophetischen Worte des Ministers Chamberlein. – Herr Liebknecht über den sozialen und industriellen Kampf in Deutschland. – „Riesen in diesen Tagen". – „ Trusts" und andere Verbindungen. – Sklaverei und moderne Knechtschaft. – Die Massen zwischen dem unteren und oberen Mühlstein. – Die Not allgemein und menschliche Hilfe unzulänglich.*"[19]

Das mir überlieferte Buchexemplar ist durch vieles Lesen abgenutzt. Offensichtlich ist es durch viele Hände gegangen, und wurde wieder und wieder als Diskussions- und Gesprächsgrundlage benutzt. In den ersten Jahren nach dem Ersten Weltkrieg waren solche Thesen für die Menschen aller gesellschaftlichen Schichten täglicher Gesprächsstoff und Streitgegenstand.

Der 1897 von Russell geschriebene Band war ursprünglich

auf die gesellschaftlichen Verhältnisse in den USA ausgerichtet und fand besonders im krisengeschüttelten Nachkriegsdeutschland neue Würdigung.

In den USA war der Band Anlaß zu Auseinandersetzungen mit Geistlichen verschiedener Kirchen. Die ersten fünf „Studien" des Buches befassen sich in z. T. sehr scharfer Polemik mit der „heutigen Namenchristenheit", die das gegenbildliche Babylon sei. Hier baute Russell sein Feindbild auf, nämlich eine „*Christenheit, aus bürgerlichen, sozialen und kirchlichen Mächten, „die den ohnmächtigen einfachen Menschen übermächtig gegenüber stand*". Machtlos diesem Babylon gegenüber, blieb als einzige Hoffnung der Eingriff Gottes in die Weltgeschichte im Hinblick auf eine neue Weltordnung.

Ein Höhepunkt in diesen Auseinandersetzungen stellt die Broschüre Rutherfords „A great battle in the ecclesiastical Heaven" dar. Diese hatte Rutherford in seiner Funktion als Rechtsberater Russells geschrieben, um den angekratzten Ruf Russells zu verbessern.

„Das päpstliche Rom und seine Bastarde und seine Brut gegen einen Mann", lautet die einleitende These zu folgender Aussage: „ *In dieser Sache sehen wir Griechische Katholiken, Römische Katholiken, Anglikaner, Heiden und Juden, Presbytianer und Methodisten, Baptisten und Lutheraner, Congregationalisten, usw, usw, nicht allein in Amerika, so in Kanada, in Europa und von den vier Ecken der Erde, vereinigt in der offenen Absicht zu besiegen EINEN MANN ... Wer ist der EINE MANN? Der Kampf gegen Martin Luther war eine vergleichbar unbedeutende Sache. In Luthers Sache war das päpstliche Rom allein gegen einen Mann. In dieser Sache ist es das päpstliche Rom und alle seine Bastarde und deren Brut gegen einen Mann. PASTOR RUS-*

Paſtor Ruſſell in der Grube der Kritiker

Russel beschämt alle Theologen und Kritiker, in „Das vollendete
Geheimnis", 1925, S. 464.

SELL Er ist der bekannteste Prediger der Welt. "[20] (Hervorh. im Original; „A great battle in the ecclesiastical Heavens")

Russell wird hier als Mann dargestellt, gegen den sich die ganze Welt verschworen hat. Welch ein Höhepunkt in der Menschheitsgeschichte!

Russell war eigentlich ein gescheiterter Mann und zudem ein *„falscher Prophet"*.

Er selbst sah sich so, wenn er im „Wachtturm" schreibt: *"Als wir daher feststellten, daß wir für Oktober 1914 etwas Falsches erwarteten, waren wir glücklich, daß der Herr nicht um unsertwillen seinen Plan änderte. Wir wünschten nicht, daß er das tue. Wir wünschten nur, seine Pläne und Absichten erfahren zu können.*" [21]

Wenn Gott seinen Plan nach Russells Willen geändert hätte, dann hätte Russell allen Grund gehabt, glücklich zu sein. Dann wären doch laut seiner Prophezeiung die babylonischen Kirchen und die bösen Regierungen 1914 von der Bildfläche verschwunden. Zudem wären doch Abraham und die anderen biblischen Gestalten 1914 aus ihren Gräbern auferstanden, und Russell und seine Anhänger wären als Heilige in den Himmel verwandelt worden. Jetzt war er glücklich, daß Gott nicht auf seine Prophezeiungen eingegangen war.

Seine Versuche, technische Errungenschaften, Erfindungen und Entdeckungen, wie z. B. den sogenannten Wunderweizen, für sich und seine Botschaft einzuspannen, scheiterten ebenfalls kläglich.

Zwei Einrichtungen wurden nach seinem Tode zu weltweiten Erfolgen: seine Zeitschrift „Der Wachtturm" mit dem gleichnamigen Verlag und sein Film „Das Photodrama der Schöpfung". Dieses Drama bestand aus Filmteilen mit bewegten Bildern und Teilen stehender Diabilder. Dieser Film ist offensichtlich der erste Farbtonfilm der Welt. Die schwarz-weiß aufgenommenen bewegten Bilder, die von Schauspielern dargestellt wurden, wurden anschließend von angeblich über 1 000 Künstlern coloriert. Der Ton kam von synchron laufenden Musik- und Sprechplatten. Die Vorführung erfolgte in mehreren Teilen und dauerte fast 6–8 Stunden.

Auch bei uns in Deutschland standen Schlangen von Menschen, um in den zahllosen Vorführsälen diesen Film kostenlos zu sehen. Der neuen Wachtturm-Führung gelang es allerdings nicht, durch diesen Film eine größere Anzahl an neuen Anhängern für ihre Lehre zu rekrutieren.

Später wurde aus dem ursprünglichem Filmmaterial eine Schau mit feststehenden Bildern gemacht, die bis Anfang der dreißiger Jahre in Deutschland gezeigt wurde.

Russell blieb Zeit seines Lebens trotz vieler Anfechtungen „Pastor" und Führer der von ihm gegründeten Verlagsgesellschaft und der Anhänger seiner amerikanischen Dutzendsekte der Zeit. Trotz mancher Anschuldigungen und Intrigen war seine Macht nie gefährdet. Er behielt immer die überwiegende Mehrheit der 10-$-Anteilscheine und dadurch eine nicht anfechtbare Machtposition. In seinem Ehescheidungsverfahren gab er am 9. April 1907 seine Stimmanteile mit 35 577 an.

Rutherford tritt Russells Nachfolge an

Russells privater Religionskonzern war nach seinem Tod 1916 dem Zerfall nahe. Die ehemaligen Mitarbeiter stritten um das Erbe. Jeder reklamierte das Recht auf die geistige Hinterlassenschaft. So werden z. B. noch heute von mehreren Gruppen weltweit nur sechs der insgesamt sieben Bände der Schriftstudien Russells herausgegeben. Der besagte 7. Band, um den ja schon zu Lebzeiten Russells gestritten wurde, wurde lediglich von Rutherfords Wachtturm-Anhängern anerkannt

Russells Lehrausagen und Prophezeiungen bezüglich der Entwicklungen im Jahr 1914 hatten sich als falsch erwiesen. Statt des Endes der „babylonischen Kirchen und der Heidenzeiten", kam der Erste Weltkrieg. Die *„Vernichtung aller bestehenden Gewalten der gegenwärtigen, bösen Welt, jener politischen, kirchlichen und finanziellen Mächte, deren Untergang am Ende der „Zeiten der Heiden," Nationen, in Oktober 1914 fällig ist",* war nicht eingetreten. Ebenso verhielt es sich mit *„der vollen Aufrichtung des messianischen Königreiches auf den Trümmern der gegenwärtigen Reiche, im Oktober 1914." „Die Einsetzung der irdischen Regenten,* (die aus ihren Gräbern auferstandenen Abraham, Isaak usw.; Anm. d. V.) *dürfen wir nicht vor Ablauf der „ Zeiten der Heiden," Nationen, im Oktober 1914 erwarten."*[1]

Da die Welt auch nach 1914 noch von weltlichen Machthabern regiert wurde, verlegte Russell gemäß „neuer Erkenntnis" die erwartete Erfüllung seiner Prophezeiungen um ein paar Jahre nach hinten.

Sein Tod am 31. Oktober 1916 bewahrte ihn vor einer erneuten Enttäuschung.

Sein Nachfolger Rutherford setzte sich gegenüber seinen Anhängern weitaus rigoroser durch, als das Russell gelungen war. Das wird an einem Beispiel besonders deutlich. Rutherford, der offensichtlich durch Wahlmanipulationen an die Macht gekommen war, kümmerte sich als erstes darum, den siebenten Band der sogenannten Schriftstudien schreiben zu lassen, den Russell seinen Anhängern zwar immer versprochen, aber nie geschrieben hatte.

Ohne seine Mitdirektoren über das Vorhaben der Veröffentlichung zu informieren, ließ er das Buch drucken und ihnen einfach auf den Tisch legen. Diese Eigenmächtigkeit löste den Protest von vier Direktoren aus. Rutherford warf die Protestierenden kurzerhand hinaus und ersetzte sie durch loyale Mitarbeiter. Jahrzehnte später erfahren wir über diese Affäre eine offensichtlich von der Zeugenführung gebilligte Darstellung.

Am 25. Juli 1956 sandte der deutsche Zweig der Wachtturm-Gesellschaft Wiesbaden einen Brief an „alle Versammlungen". Hierin empfahl sie das Buch des amerikanischen Zeugen Jehovas Marley Cole „Jehovas Zeugen – Geschichte und Organisation einer Religionsbewegung" und schrieb dazu: *„Es ist unsere Hoffnung,, daß Tausende von Menschen ein Zeugnis erhalten werden über Jehovas Neue-Welt-Gesellschaft."*[2]

Cole schildert darin auch die Verhältnisse nach dem Tode Russells unter den Direktoren der Wachtturm-Gesellschaft. Über Rutherford schreibt er: *„Wie die Dinge standen, handhabe der Präsident selbst die Verwaltung, ohne die Vorstandsmitglieder zu befragen. Er ließ sie erst wissen, was er tat, nachdem es bereits geschehen war. Rutherford kümmerte sich nicht um den Widerstand. Vor ihm hatte es der Pastor ebenso gehalten …*

Rutherford war ein Mann von gefürchteter persönlicher Macht. "[3]

Der Wille von „Richter Rutherford" wurde zum Kriterium für Treue und Loyalität geworden. Er entschied alleine, was verbindliche „gegenwärtige Erkenntnis" und „neues Licht" zu sein hatte.

Besagter 7. Band der Schriftstudien wurde mit einem Propagandafeldzug publiziert, der in wenigen Monaten zum Absatz von über 800 000 Exemplaren

Joseph Franklin Rutherford im Alter von ca. 50 Jahren.

führte. Sein Inhalt erregte nicht nur die Gemüter der Russell-Anhänger, sondern erboste auch viele Menschen aufgrund seiner Darstellung von Gesellschaft und Kirchen in den USA und in Kanada.

Marley Cole bewertete den ungeheuren Erfolg so: „ *Es wurde der gewaltigste Bestseller seiner Zeit ... Die Verkaufsziffern des Siebenten Bandes wurden von keinem anderen Buch, mit Ausnahme der Bibel, in so kurzer Zeit erreicht ... Der Siebente Band wurde in der „Bloßstellung Babylons" den kühnsten Erwartungen der Bibelforscher gerecht, Er „stellte die Welt vor Gericht". Wer sich nicht abwendete von dem alten System der Dinge, mußte in der Schlacht des großen Tages Gottes des Allmächtigen mit den alten Weltordnungen untergehen.* "[4]

Die sieben Sendboten der Kirche während des Evangelium-
Zeitalters. Offenbarung 1: 11.

	Ephesus	Smyrna	Pergamus	Thyatira	Sardes	Philadel-	Laodicäa
33		73	325	1160	1378	1518 phia 1874	1918
	Paulus	Johannes	Arius	Waldus	Wicliff	Luther	Ruffell

Die sieben Sendboten in
„Das vollendete Geheimnis", 1925, S. 454.

Im Zuge des Publikationsfeldzuges wurde deutlich, wie Rutherford zu seinem Vorgänger stand. In diesem siebten Band ließ er zwar Russell *„als den größten Mann der seit dem Apostel Paulus lebte"* und als den *„siebenten Sendboten in der Geschichte der Kirche"* in Wort und Bild feiern. Im „Wachtturm" vom 1. Mai 1923 wird Russell in Bezug auf Lukas 12, 43.44 *„als der treue Knecht und Verwalter"* bezeichnet. Einige Jahre später schrieb er aber über Russell ziemlich abwertend folgendes: *„ ... was interessiert der Wille eines Toten Mannes".*[5] Im „Wachtturm" vom 15. Januar 1932 artikulierte er seine Meinung bezüglich der Nachfolgeregelung: *„Es wurde ein beschriebenes Blatt vorgefunden, das er* (Russell; Anm. d. V.) *unterzeichnet hatte und das sein „ Letzter Wille und Testament" genannt wurde, aber in Wirklichkeit nicht sein „Wille" war. Das Werk der Organisation Gottes ist nicht der Kontrollle eines Menschen unterworfen und kann nicht durch den Willen irgendeines Menschen dirigiert werden."*[6]

Über die ehemaligen Russell-Mitarbeiter, die sich auf das im „Wachtturm" veröffentlichte Testament beriefen, schrieb er:

„Die herausgesammelte oder verworfene Klasse weint und heult und knirscht mit ihren Zähnen gegen ihre Brüder, indem sie sagen, daß Bruder Russells Wille nicht beachtet und der Wachtturm nicht veröffentlicht wird, wie er es angewiesen hat."[7]

Das Erbteil, das Rutherford antrat, bestand aus der Geschäftsfirma Wachtturm-Verlag und der Volkskanzel Vereinigung. Als Geschäftsfirma bezeichnet sich die Wachtturm-Gesellschaft im Anhang aller deutschen Ausgaben der „Schriftstudien" bis Anfang der zwanziger Jahre, so auch noch in dem Buche „Die Harfe Gottes" (Barmen, Zürich, Bern, gedruckt in Bern 1922)

Konnte Russell aufgrund seiner Aktienmehrheit noch ohne Rücksicht auf sein Direktorium seinen Konzern regieren, so war Rutherford auf die Stimmen der im Testament von Russell Benannten angewiesen. Darin hatte dieser verfügt: *„ Ich habe schon die Wachtturm Bibel = und Traktatgesellschaft mit allen meinen Stimmanteilen begabt, und ich lege diese nun in die Hände von fünf Bevollmächtigten. Es sind folgende:Schwester E. Louise Hamilton, Schwester Almeta M. Nation Robison, Schwester J. G. Herr, Schwester C. Tomlins, Schwester Alice G. James. Diese Bevollmächtigten sollen auf Lebenszeit dienen. "*[8]

Angesichts dieser testamentarischen Verfügung, ist die Behauptung der Wachtturm-Führer in dem Buch „Jehovas Zeugen in Gottes Vorhaben" nicht korrekt, weil es dort heißt: *„Als er starb erloschen nach dem Gesetz natürlich seine Stimmen mit ihm "*.[9]

Sein Testament hatte Russell am 29. Juni 1907 verfaßt. Die Bestimmungen, die er hier traf, blieben ohne Änderung bis zu seinem Tode bestehen. Schon 1907 hatte er die Bevollmächtigten seiner Anteile und das Herausgeber-Komitee bestimmt. Nicht alle der benannten Personen waren 1916 bereit, die ihnen zugedachten Aufgaben bzw. Stellungen zu übernehmen. Das Direktorium und die neue Präsidentschaft mußten durch eine Wahl unter den Anteilseignern erfolgen.

Der damalige Direktor A. H. Macmillan berichtet in seinem Buch „Faith on the March", daß sein Kollege Van Amburgh und er schon vor der Wahl am 6. Januar 1917 die Mehrheit der Stimmen für Rutherford zusammengebracht hatten.

Der Bericht im „Wachtturm" stellt die Sache etwas anders dar:

„Bruder Pierson (sagte), daß er als Stellvertreter von Freunden

im ganzen Lande beauftragt worden sei, ihre Stimmen abzugeben
für die Erwählung Bruder Rutherfords zum Präsidenten. Da nie-
mand anders genannt worden war, wurde der Vorschlag gemacht,
von der Regel einer Wahl abzusehen, und daß der Schriftführer der
Versammlung beauftragt werden sollte, die ganzen Stimmen als
für Bruder Rutherford abgegeben zu betrachten. Darauf erklärte
der Sekretär die Wahl als geschehen,. «[10]

Wie es nun auch gewesen ist, eine freie Wahl im Sinne der
Statuten war es nicht, und der spätere Vorwurf der Wahlma-
nipulation von seiten der anderen Kandidaten war nicht un-
berechtigt.

Rutherford erhielt zwar die Führungsrolle in der Wachtturm-Gesellschaft, nicht aber die Vollmacht über die Inhalte
der Publikationen der Gesellschaft. Hierfür hatte Russell ein
Herausgeber-Komitee von fünf Personen eingesetzt, zu dem
Rutherford nicht gehörte. Er war lediglich als eventueller Er-
satzkandidat benannt. Im übrigen hatte Russell noch soviel
Manuskriptmaterial hinterlassen, daß daraus noch jahrelang
die Zeitschriften gefüllt werden konnten.

Das Erbe, das Rutherford antrat, war nicht leicht. Russell
hatte nach der gescheiterten Endzeitprophezeiung von 1914
das Jahr 1918 als neues Datum gesetzt. Hier war nun Rutherford gefordert. Er mußte sehen, wie er mit dieser Zeitprophe-
tie weiter umging.

Zu Beginn der zwanziger Jahre kam es dann zu heftigeren
Auseinandersetzungen um die Thesen von Russell. Insbeson-
dere die im 4. Band propagierte These, daß Revolutionen und
Anarchie die weltliche Ordnung beenden würden, rückte die
Bibelforscher in die Nähe der Umtriebe der verschiedenen ra-
dikalen Gruppen der Zeit.

In dieser Zeit strömten buchstäblich Tausende in die Versammlungen der Bibelforscher, die sich durch die Schlagworte, wie z. B. „Welt zuende, Millionen jetzt Lebender werden niemals sterben", angesprochen fühlten. In diesen Vorträgen wurden den Zuhörern Veränderungen in allernächster Zukunft versprochen.

Mit besonderem Interesse wurde Russells Einstellung zum Kommunismus verfolgt. Er sagte damals, daß er *gewisse Züge etwa den Sozialismus empfehlen könne aber als ganzes sei er undurchführbar*. In „Zion's Wachtturm" hatte er sich schon einmal mit dieser Thematik auseinandergesetzt und schrieb: *" Wäre das tausendjährige Reich auf Erden aufgerichtet, hätten die für diese Zeit verheißenen göttlichen Regenten ihre Herrschaft angetreten. dann könnte der Kommunismus gedeien, dann wäre er wohl die beste Gesellschaftsform,. Aber auf das w a r t e n wir."*[11]

Solche Aussagen führten natürlich dazu, daß die Bibelforscher der Verbrüderung mit den Kommunisten verdächtigt wurden. Der „Miesbacher Anzeiger" vom 19. Oktober 1919 warnte vor den Bibelforschern: *„Seit dem Ausbruch der Revolution blüht hier der Weizen der sog. Ernsten Bibelforscher, die das Volk mit ihren Sprüchen vollends konfus zu machen versuchen. In den Tagen der Rosenheimer Räterepublik erfreute sich diese kleine Gesellschaft der besonderen Gunst der Spartakisten, die den Hauptteil der Versammlungsbesucher stellten und an dem Herunterreißen von Staat und Kirche helle Freude hatten."*[12]

Der große Propagandaaufwand, den die Wachtturm-Gesellschaft im Hinblick auf die Durchführung ihrer Massenveranstaltungen, wie z. B. „Millionen jetzt Lebender werden niemals sterben", und der Vorführung des stundenlangen „Photodramas der Schöpfung" betrieb, warf die Frage nach den scheinbar unerschöpflichen Geldquellen der Organisation auf. Auch hier gab es natürlich die wildesten Spekulationen, woher das Geld stammen könnte. Es wurde beispielsweise vermutet, daß das Geld von den freimaurerischen Kriegsgewinnlern stamme oder daß die Bibelforscher von Juden finanziert werden würden. Ominöse Briefe tauchten auf, die diese Anschuldigungen bestätigen sollten. Die Bibelforscher klagten dagegen, gewannen zwar den Prozeß, aber die Vorwürfe hafteten weiter an ihnen.

Schmähschriften, die von nationalen Extremisten kamen, verdächtigten die Bibelforscher der Weltverschwörung. Diese wehrten sich gegen diese Behauptung, indem sie im gleichen Atemzug die Kirchen einer Verschwörung gegen die „Wahrheit" und das Reich Gottes bezichtigten.

Man muß sich die gesellschaftspolitische Situation nach dem Ende des Ersten Weltkrieges vorstellen: der Zusammenbruch des Kaiserreiches, Revolution, Geldentwertung ins Uferlose, umherziehende und sich bekämpfende und mordende sog. Freikorps, enttäuschte und verelendete Soldaten, sich bekämpfende und gegenseitig beschimpfende und verdächtigende Parteien. Über Nacht vernichtete die Inflation Vermögen, machte Geschäftsleute zu Bettlern. Vielen schien es, es gibt keine Hoffnung für eine bessere Zukunft.

An den Plakatsäulen sah man Ankündigungen wie z. B. „Millionen jetzt Lebender werden nie sterben". In wenigen Jahren sei eine neue gerechte Regierung im Amte, die Not und Elend beseitigen würde. Der Wechsel in dieses Paradies sollte zum Greifen nah sein. Mit der proklamierten Auferstehung der „Fürsten" Abraham und anderer biblischer Gestalten aus dem Zustande des Todes sollte 1925 die neue Welt beginnen.

Niemals mehr hungern, niemals mehr krank sein oder gar sterben. Es sollte keine Diebe, keine Einbrecher und keine Mörder mehr geben.

Wie dieses Paradies aussehen sollte, wurde sehr plastisch in einem Buch geschildert, daß die Wachtturm-Gesellschaft 1924 veröffentlichte. Daraus ein etwas längerer Auszug:

„Stellt euch einmal vor, wie es sein wird, wenn das Königreich aufgerichtet und die Segnungen in überströmendem Maße auf die Menschen ausgegossen werden. Natürlich wird es einige Zeit dauern, bis nach der großen Drangsal (Harmagedon; Anm. d. V.)*, die noch vor 1926 einsetzen wird, wieder völlige Ordnung auf der Erde hergestellt sein kann. Villeicht wird es zehn Jahre oder noch länger dauern, ehe ihr euer Heim und euren Garten habt, in denen die köstlichsten Früchte und Gemüse in Überfluß gedeihen werden ... Stellt euch also vor, ihr wäret im Besitze eines Häuschens und Gartens. Da werdet ihr die Mitarbeit der besten Handwerker, die ihr finden könnt, zur Ausschmückung eures Heimes erbitten, denn ihr erwartet den lieben Vater, die teure Mutter und trefft Vorbereitungen zu ihrem Empfang. Das Heim ist fertig, ein besonderer Raum ist für sie eingerichtet, der mit allem ausgestattet ist, was ihr nur erdenken konntet, um sie zu erfreuen. Dann wendet ihr euch an die Fürsten in Jerusalem und legt ihnen eure Bitte vor und ersucht sie, daß euer Vater und eure Mutter auferweckt werden möchten. Dann wartet ihr in freudiger Spannung. Eines Morgens hört ihr in dem Zimmer, daß ihr vorbereitet habt sprechen. Dort war doch in der vergangenen Nacht niemand darin! Ihr wißt auch, es können keine Diebe oder Einbrecher sein, denn solche Dinge gehören der Vergangenheit an. Ihr braucht euch also nicht zu fürchten, daher legt ihr euer Ohr lauschend an die Tür. Da hört ihr eures Vaters wohlbekannte Stimme fragen:"Mutter, wo sind wir*

nur? Träumen wir? Wie ist es nur, daß es mir vorkommt, als sei ich letzten Sommer bei deiner Beerdigung gewesen, und dann wurde ich krank, und sie holten den Arzt, - und dann weiß ich nichts mehr." -

Die Mutter sagt:" Ich kann es auch nicht verstehen, Liebster. Das Letzte, dessen ich mich erinnern kann, ist, daß ich sehr krank war und du und die Ärzte standen an meinem Bette und du hieltest meine Hand. Was ist nur geschehen? Jetzt sind wir nicht krank und in diesem traulichen Zimmer bin ich noch nie gewesen. Wie schön es ist, und wie ist alles darin so heimelig und friedlich! Höre doch, wie draußen die Vöglein singen! Hast du je so etwas gehört? Nein, wo hast du nur dieses Gewand her? Du bist ja so schön, wie an unserem Hochzeitstag!"

Da ruft der Vater aus: „ Aber Liebe, nun lasse dich selbst einmal fragen: Wo hast du dein schönes Kleid her? Wie stilvoll du in deinen alten Tagen geworden bist! Du brauchst nichts über mein gutes Aussehen zu sagen, schau dich einmal im Spiegel an! Wie hübsch du bist! Was ist nur geschehen! Sind wir im Himmel oder von Sinnen oder träumen ich oder was ist mit uns?"

Da könnt ihr es nicht länger aushalten. Das Herz will euch zerspringen vor Freude und zitternder innerer Erregung. Ihr reißt die Tür auf und stürzt in das Zimmer. „O Vater, o Mutter! Ihr seid nicht im Himmel, auch träumt ihr nicht! Ihr seid hier, ihr Guten, ihr seid wirklich hier!.

Ihr umarmt sie und küßt sie und schaut sie wieder und wieder an, ob ihr auch nicht träumt! Nein, solch eine Freude, Dann ruft ihr die Nachbarn zusammen,.."[13]

Da es im Paradies keinen Tod mehr gibt, kann man lesen: "Unter der neuen Ordnung der Dinge aber werden Leichenbegängnisse aufhören; alle Leichenbestatter werden sich nach einem

weniger traurigen Beruf umsehen müssen, und die düsteren Lei-
chenwagen werden statt schwarzer Trauerfuhrwerke hell angestri-
chene Vergnügungskutschen werden müssen ... "[14]

Damit auch die Nachbarn und andere Menschen die Auferste-
hung angezeigt bekommen und an der Freude teilnehmen können,
wehen von den Häusern in denen Auferstehungen stattgefunden
haben, Fahnen in fröhlichen Farben, gold, weiß und blau, – Gold
die Farbe des göttlichen Königreiches, weiß, die der Wahrheit und
Gerechtigkeit und blau, die Farbe der Treue und des Glaubens. "[15]

So mancher Bibelforscher war davon überzeugt, daß es sich
lohnen würde, noch ein paar Jahre auf das Paradies zu warten.

Im Bericht über die Tätigkeit der Bibelforscher in Deutschland im März 1921 schreibt „Der Wacht=Turm": *„Die Kolpor-*
teure und auch die Klassenarbeiter haben eine große Menge Bücher
verkauft. Das öffentliche Zeugnis hat alles übertroffen, was
Deutschland jemals gekannt hat. Große Massen stürmten die Säle,
um das Zeugnis zu hören; und neben den Vereinigten-Staaten hat
Deutschland mehr von den „Millionen" Broschüren verkauft und
verbreitet, als irgend ein anderes Land in der Welt. "[16]

Ein „weltweites Zeugnis" nach dem anderen folgte. Im September 1923 erschien auf der letzten Seite des „Wachtturm"
eine Großanzeige mit der Überschrift „Neues Weltweites
Zeugnis" und einem kurzen Text: *„Nachdem der Herr in sicht-*
barer Weise die bisherigen weltweiten Zeugnisse gesegnet hat und
auch der 26. August ohne Zweifel ein wunderbares Zeugnis für die
gesamte seufzende Kreatur und gleichzeitig ein empfindlicher
Schlag gegen die Bollwerke des Satans war, so hat die Leitung des
Werkes es als den Willen des Herrn erkannt, für den 21. Oktober
ein neues weltweites Zeugnis anzuordnen. Das Thema für dieses
neue Zeugnis wird wiederum sein:

„Alle Nationen im Aufmarsch zum großen Krieg von Har-
magedon, aber Millionen jetzt Lebender werden nie sterben" ...
Die Botschaft soll besonders auch in gedruckter Form verbreitet wer-
den ... "

Wachtturm Bibel- und Traktat-Gesellschaft

Diese Botschaft drohte den Nationen und den Kirchen die
Vernichtung an. Für die Bibelforscher wurde es so aufbereitet:
„Auf das zuvor dargelegte Argument gestützt, dass also die alte
Ordnung der Dinge, die alte Welt, zu Ende geht und daher ver-
schwindet, und dass die neue Ordnung hereinbricht, und dass das
Jahr 1925 dieAuferweckung der treuen Überwinder des alten
Bundes und den Beginn der Wiederherstellung markiert, ist es
vernünftig zu schliessen, dass Millionen jetzt (1922; Anm. d. V.)
lebender Menschen im Jahre 1925 noch auf Erden sein werden.
Sodann auf die Verheissungen, die in dem Worte Gottes niederge-
legt sind, gestützt, müssen wir zu dem positiven und unbestreit-
baren Schluss kommen, dass Millionen jetzt Lebender nie sterben
werden. "[17]

War das nicht eine wunderbare, frohmachende Verheißung
in dieser hoffnungslosen Zeit? Verzagt nicht, glaubt und verkündet, das war das Motto für die Gläubigen. Gleichzeitig
wurde deutlich gemacht, daß für Zweifler und Kleingläubige
kein Platz in der Organisation sei.

Ein Bericht aus dem Jahr 1922 schildert die gesellschaftlichen Zustände in Europa aus der Sicht des „Wachtturms":
„ Wenn jemand, der die Bibel studiert hat, Europa durchreist und
nicht überzeugt ist, daß die Welt ihr Ende erreicht hat, daß der Tag
der Rache Gottes hier ist, daß das Königreich des Messias vor der
Tür steht, dann hat er die Bibel vergeblich studiert. Die offen zu-
tage tretenden Tatsachen beweisen über jeglichen Zweifel hinaus,

daß das Jahr 1914 den Zeiten der Nationen ein Ende machte,. Das Jahr 1925 ist sogar noch schärfer von der Schrift gekennzeichnet, weil es festgelegt ist durch das Gesetz, welches Gott dem Volke Israel gab. Bei einem Gesamtüberblick der sich über ganz Europa erstreckenden jetzigen Situation kann man sich nur wundern, wie es möglich sein kann, die Explosion noch länger zurückzuhalten, und ob nicht sogar noch vor 1925 die große Krisis erreicht und möglicherweise vorüber sein mag. "[18]

Für die Bibelforscher gab es keine Zweifel: das Ende der Weltordnung in Harmagedon war vielleicht noch vor 1925 erreicht, das Paradies stand vor der Tür.

Der „Wachtturm" schrieb in der Ausgabe 15. Juli 1923 als Antwort auf eine Leserfrage, in der Zweifel an der Endzeitverkündigung für 1925 aufgekommen waren: „ *Den Pilgerbrüdern ist niemals zu irgendeiner Zeit auch nur ein Wink zugegangen, daß sie aufhören sollten, über 1925 zu predigen ... Unser Gedanke ist der, daß der Zeitpunkt 1925 endgültig von der Gesellschaft festgelegt ist, als ein Markstein des Endes der vorbildlichen Jubeljahre.* "[19]

Je näher das Jahr 1925 heranrückte, um so mehr steigerten sich natürlich die Erwartungen der Bibelforscher. Wo blieb die weltweite Revolution, die Anarchie? Wo der Zusammenbruch aller Kirchen und Nationen? Würde die ganze Kirche noch vor diesem Jahr jenseits des Vorhanges sein (also in den Himmel gekommen sein; Anm. d. V.) oder erst kurz nach 1925? Viele Ausgaben des „Wachtturms" befaßten sich mit diesen Fragen.

Als das Jahr 1925 dann endlich angebrochen war, und Monat für Monat verging, ohne das etwas passierte, wurde so mancher Bibelforscher schon etwas unsicher. Jede Ausgabe des „Wachtturms" wird eifrig nach neuen Meldungen durchforscht. Und dann erschien „Der Wachtturm" im September: *„ Zeit ist nicht mehr. Hiermit ist gemeint, daß wir uns nicht länger tief um Zeitfragen bekümmern sollen. Der Herr ist in seinem Tempel. Der König und sein Königreich sind hier. Ob die ganze Kirche 1925 jenseits des Vorhanges sein wird oder nicht, ist eine Sache von geringer Bedeutung.*[20]

Es blieben ja noch ein paar Monate und da kann noch viel geschehen, dachten sich viele Bibelforscher. Das Jahr verging, ohne daß Abraham und andere biblische Gestalten auferstanden wären. Das Paradies hatte nicht begonnen, und niemand von den bereits verstorbenen Eltern oder gar Großeltern war auferstanden.

Mit der neuen Erkenntnis „Zeit ist nicht mehr" konnten viele Anhänger der Wachtturm-Lehre nichts mehr anfangen, weil sie einfach zu häufig enttäuscht worden waren. Es spalteten sich ganze Gruppen von der Organisation ab. Auch der Verfasser der „Hesekiel-Erklärung" im 7. Band der Schriftstudien, George H. Fisher, trennte sich von der Wachtturm-Gesellschaft. Der Leiter des Zentraleuropäischen Büros in Bern, Conrad C. Binkele, zog sich auch zurück. Ihm folgte eine eigene Anhängerschaft, für die er eine eigene Zeitschrift herausgab. Binkele bereute zwar kurz darauf seine Vorwürfe gegen Rutherford, wandte sich aber dann doch endgültig von der Organisation ab.

In Deutschland schrieben die Brüder Emil und Otto Sadlack ihr Buch „Die Verwüstungen des Heiligtums" mit dem Ziel, die noch gläubigen Bibelforscher von der Wachtturm-Lehre abzubringen und über die Wachtturm-Lehre aufzuklären.

Natürlich wurden diese Abspaltungen nicht einfach so von der Wachtturm-Gesellschaft hingenommen. Im „Wachtturm" erschienen des öfteren Warnungen vor diesen Abtrünnigen, den „Bösen Knechten". Um das Ganze zu entschärfen, wurden im „Wachtturm" auch reuevolle Bekenntnisbriefe abgedruckt sowie Treuegelöbnisse zur Organisation, die über Jahre hinweg ganze Seiten füllten.

Russells Chronologie war nicht mehr aufrechtzuhalten. Seine „Beweise" für die „Gegenwart des Herrn seit 1874" wirkten nicht mehr glaubwürdig. Um sich einen Eindruck davon zu verschaffen, hier ein Auszug daraus:

„Diese allgemein wahrnehmbaren Tatsachen können nicht bestritten werden und müssen genügen, um jeden vernünftigdenkenden Menschen davon zu überzeugen, daß wir seit 1874 in der „Zeit des Endes" leben ... Genau im Jahre 1874, dem Beginn der zweiten Gegenwart unseres Herrn, wurde die erste internationale Arbeiterorganisation der Welt ins Leben gerufen. Von diesem Zeitpunkt an hat es eine wunderbare Zunahme an Licht und Kenntnis gegeben, und die seitdem gemachten Erfindungen und Entdeckungen sind zu zahlreich, um sie hier alle aufzählen zu können, doch seien nachfolgend einige derer die seit 1874 ans Licht gekommen sind, als weiterer Beweis für die Gegenwart des Herrn seit jener Zeit genannt; Additionsmaschinen, Aluminium, antiseptische Chirurgie, automatische Bahnkupplung, automatische Pflüge, Automobile, bewegliche Bilder, Erforschung des dunklen Afrika, Dynamit, Eisenbahnsignale, elektrische Eisenbahnen, elektrische Schweißmethoden, Erntemaschinen, Fernsehen, feuerlose Kochapparate, Gasmaschinen, große Erkenntnis über den göttlichen Plan der Zeitalter, Induktions=Motoren, Korrenspondenzschulen, künstliche Farben, Leuchtgas, Luftschiffe, Nordpol, Panamakanal, Pasteuri-

sation, Radio, Radium, Rahm=Separatoren, rauchloses Pulver,
riesenhohe Geschäftsgebäude, Rolltreppen, Röntgen=Strahlen,
Schreibmaschine, Schuhnähmaschine, Setzmaschine, Sprechma-
schine, Streichholzmaschine, Südpol, Telephon, Untergrundbahn,
Unterseeboote, Vakuum=Teppichreiniger, Zelluloid, Zweiräder,
usw. usw." [21]

Rutherford setzte alles daran, die Thesen von Russell zu ver-
drängen und publizierte vermehrt eigene Überlegungen.
Allerdings gab Rutherford 1922 die Lehren Russells, die dieser in den sechs Bänden seiner „Schriftstudien" veröffentlicht
hatte, in exzerpierter Form im Buch „Die Harfe Gottes" wieder.

Jahr für Jahr erschien ein neues Buch aus „Richter Rutherfords" Feder. In Leserbriefen wurden sie international öffentlich gefeiert.

Dazu lesen wir z. B. im „Wachtturm":

„Lieber Bruder Rutherford!

... Ich frage mich: Was ist eigentlich los? Werde ich denn schwer-
fällig von Begriff? Oder schreibt der Verfasser so tiefsinnig? ... So
wird mir denn die Überzeugung aufgedrängt, daß der Urheber
von „Licht" nicht ein menschliches Geschöpf ist. Kein Mensch hätte
dieses Buch schreiben können, und keiner tat es. Bruder, Du warst
nur der Amanuensis (literarische Gehilfe) bei der Herstellung von
„Licht". Jehova Gott ist sein Autor, wie es das Buch selbst er-
klärt." [22]

Ganzseitige Anzeigen im „Goldenen Zeitalter" kündigten
an: „ **Das höchste Wissen aus zuverlässigster Quelle,** vermittelt Ihnen Richter Rutherfords B u c h s e r i e . Ein präch-
tiges Festtagsgeschenk" (15.12.1929). Ein anderes Beispiel:
„ Hoffnungsvolle Ausblicke über den Weltbankrott hinweg

gewähren Ihnen von den Höhen des Wortes Gottes aus die 9 Bücher Richter Rutherfords" (1930). 1931 wirbt „Goldenes Zeitalter" folgendermaßen: „ **Gleich einer köstlichen Perle ist die Erkenntnis der Wahrheit.** Man kann darüber den Alltag und all sein Leid ganz vergessen. Wünschen Sie die Wahrheit zu kennen, so lesen Sie Richter Rutherfords Bücher. Ein Satz von sieben Bänden, rund 2 500 Seiten, nur 4,90 RM ... **„RICHTER RUTHERFORDS bibelerklärende Buchserie zu lesen heisst mehr Kenntnisse und befriedigendere Auskünfte erlangen, als ein mehrjähriges Theologiestudium auf der Universität vermitteln könnte. Lesen Sie LICHT und Sie werden die Offenbarung der Bibel verstehen und wissen, was eilends über die Nationen der Welt kommen muss!"** [23]

Dann rechnet er mit Russell und dessen Noch-Anhängern im Buch „Rüstung" (1932) endgültig ab: „ *Welche haben sich Hausgötzen aufgestellt wie das tägliche Lesen eines Gelübdes oder Morgenentschlusses oder von zwölf Seiten in den „Schriftstudien" oder eines Kapitels in der Bibel ... das sind Leute, die Nachfolger hinter sich her abzuziehen suchen und darauf abzielen,. Verwirrung anzurichten."*

Er polemisiert Abschnitt für Abschnitt über die „Wahrsager und Träumer", die trügerisch reden würden: „ *Sie hatten sich auf einen Menschen als ihren Lehrer und Hirten verlassen; seit seinem Tode sind sie darum führerlos und in Verwirrung und wehklagen : , Es gibt keinen Hirten und keine Wahrheit mehr, seitdem er gestorben ist.'... Hernach weinten und heulten diese Träumer, − sie waren zu Gegnern geworden −, und sie haben seither nicht aufgehört zu weinen und zu heulen, weil ,der letzte Wille und das Testament eines toten Mannes nicht genau befolgt wurde'."* [24]

Dieses Testament hatte er im „Wachtturm" als *„ein Blatt Papier bezeichnet, das ein Testament aber nicht war".*[25]

„Des Volkes Freund" – Rutherford richtet die Welt

„Der Wachtturm" vom 1. April 1925 teilt den Bibelforschern mit: „ *... von unserem lieben Bruder Rutherford erhielten wir ein Schreiben, worin er seine große Freude zum Ausdruck bringt über die vor uns liegende erhabene Gelegenheit, mit vielen Tausenden Geschwistern aus Deutschland in Magdeburg zusammenzukommen ... 10 000 Geschwister werden erwartet, ... gilt es doch, in dem Jahre, in dem auch der Feind große Anstrengungen macht, gewissermaßen eine Proklamation des Fortbestehens seines Reiches in Rom zu geben, ein großes Zeugnis der Welt zu geben,.* "[1]

Es war das Jahr großer Erwartungen für die Bibelforscher, denn gemäß ihrer Überzeugung stand die Auferstehung der Fürsten vor der Tür. William J. Schnell, ein Teilnehmer dieses Kongresses und hauptamtlicher Mitarbeiter im „Bibelhaus Magdeburg", schildert 1959 in seinem Buch „Falsche Zeugen stehen wider mich-Dreißig Jahre Sklave des Wachtturms", Erlebnisse bei diesem Kongreß 1925. Daraus ein längeres Zitat: *„Im Frühjahr 1925 erschien aber – an Stelle der angekündigten Fürsten und Könige – Judge Rutherford. Er hatte die Taschen voll nordamerikanischer Dollars und machte sich unverzüglich daran, für uns Grundstücke, Gebäude und Maschinen zu kaufen ... Am Vorabend der Tagung hatten wir ein gemeinsames Essen, bei dem* *der Judge den Vorsitz über die versammelte Bethel-Familie* (das sind die Mitarbeiter der Magdeburger Zentrale; Anm. d. V.) *führte, die aus hunderfünfzig Köpfen bestand. Er hielt auch eine Ansprache. Mit beredten Worten entwarf er ein Bild von seinem Aufenthalt im Atlanta-Gefängnis. Zum erstenmal kam mir hier der Gedanke, daß er nur auf Effekthascherei aus sei. Er schilderte, wie er in seiner Zelle auf und ab gewandert war. „Dann" sagte er, „ packte ich die Eisenstangen meiner Zelle, sah zum Himmel auf und gelobte dem Herrn: Wenn du mich hier herausholst, dann werde ich dafür sorgen, daß dies Evangelium vom Königreich gepredigt wird."* ... *Während er die Rolle des Sehers übernahm, der von der Spitze des Wachtturms alles überblickt, nahmen seine Augen einen träumerischen Ausdruck an, und er sagte uns, wir sollten doch nicht aus selbstsüchtigen Erwägungen heraus, schon jetzt, im Jahre 1925, in den Himmel gehen, da es doch hier auf Erden noch so viel zu erledigen gäbe. Er bereitete uns eine böse Enttäuschung."* [2]

Schnell schildert weiter, wie Rutherford ihnen die neue Weltorganisation entwarf, zu der Milliarden von Menschen pilgern würden. Schließlich ließ sich auch Schnell von Rutherfords Begeisterung anstecken: *„Er ließ im Geist gewaltige Berge von Büchern vor uns sich auftürmen, die geschrieben und gedruckt werden würden."* [3]

Innerhalb eines Jahres waren die Druckkapazitäten soweit ausgelastet, daß eine Flut von Kleinschriften das Land überschwemmte.

Diese Broschüren tragen vielversprechende Titel, wie z. B. *„Trost für das Volk", „Das Panier für das Volk", „Des Volkes Freund"* oder *„Freiheit für die Völker".* Sie befassen sich mit *„Friede, Wohlfahrt, Leben, Freiheit, Gesundheit, Glück, der*

Sehnsüchte der Menschen". Wer möchte darüber nicht Bescheid wissen?

In *„Des Volkes Freund"* wurde mit folgendem Slogan geworben:

„Richter Rutherfords Bücher machen die ganze Welt aufhorchen

Zweifler mögen zischen, Spötter mögen höhnen, Gelehrte mögen weiteraten; . Die staunenerregende und immer größer werdende Nachfrage nach den unten genannten, von Richter Rutherford geschriebenen fünf Büchern beweist überzeugend, daß das Volk ohne Rücksicht auf Glaubensbekenntnisse, Rasse oder gesellschaftliche Stellung nach der Wahrheit sucht; ... Wir garantieren Ihnen für die Serie der nachstehend verzeichneten fünf Bücher nichts weniger als: **Die größte Überraschung ihres Lebens,** *ja noch mehr. Nicht sektiererisch! Nicht kirchlich! Nicht theologisch! Einfach guter, gesunder Verstand - und dabei braucht man sich nicht irgendwem oder - wo anzuschließen. "*

Diese Broschüren, die in der Regel 64 Seiten hatten, geheftet waren und mit einem farbigem Umschlag versehen wurden, enthielten Rutherfords Reden anläßlich von Kongressen oder auch Ansprachen, die er über Rundfunk gehalten hatte. Der Tenor ist fast immer der gleiche. Eine rührselige Geschichte mit Armut, Unrecht, Krankheit, Unglück und keine Hoffnung in dieser Welt voller Ungerechtigkeit. Das Großgeschäft, die Politik und die Religion lassen keine Hoffnung auf Besserung. Rutherford erklärte und bewies, warum dies so war. Der Teufel beherrschte sie alle. Aber Richter Rutherford wußte Abhilfe für diesen Zustand. Bald würden die bösen geistigen Geschöpfe, *„Engel die dem Teufel folgten"* sowie alle *„bösen Menschengeschöpfe"* vernichtet werden.

In Millionenauflagen wurden diese Broschüren mit den verheißungsvollen Titeln, wie z. B. *„Gericht der Richter, der Prediger, der Nationen, der Geldmänner, der Politiker, der Organisation Satans, des Volkes"* oder *„Bedrückung wann wird sie enden?"*, verbreitet. Das Paradies auf Erden versprach Rutherford seinen Anhängern in der Broschüre *„Wohlfahrt sicher"*.

Gänzlich übersteigerte Selbsteinschätzung und Überheblichkeit spricht aus der Broschüre *„Verbrechen und Unglück"*:

„ ENDLICH ! DIE BIBEL nimmt ihren richtigen Platz ein! Sie tritt nun heraus aus dem Gewande des Mystizismus, aus dem Nebel geistlicher Dummheit, aus dem Schutt der Glaubensbekenntnisse und des religiösen Fanatismus, und nimmt ihren unanfechtbaren Platz ein als das Wort Gottes , ... Richter Rutherfords 7 aussergewöhnliche Bücher beweisen überzeugend und unwiderleglich, daß es eine logische, gänzlich vernünftige und völlig befriedigende Antwort auf jede Frage gibt, die irgendein intellegenter Mensch jemals über die Bibel oder über ihr großes Thema, das Leben selbst, gestellt hat oder stellen könnte."

Rutherford wußte sich den Einsatz moderner, technischer Hilfsmittel zunutze zu machen.

„Vor mehr als 3000 Jahren kündigte Gott durch seinen Propheten die Radio an, .Wir wissen, daß die Elektrizität bei der Radio zur Anwendung kommt, aber was die Elektrizität ist, wissen wir nicht.", so läßt sich Rutherford in der Broschüre *„Trost für das Volk"* vernehmen. Und er sagt weiter:

„Niemand war jemals imstand zu erklären, was Radio ist. Es ist eine unsichtbare Kraft ... Sicher aber ist, daß Gott das Radio bereitgehalten hat ... Diese Zeit ist nun herbeigekommen, und Gott will es zum Segen der Menschheit benutzen."[4]

Rutherford erfüllt bezüglich des Radios Gottes Willen. Er

hat das Radio für seine Zwecke entdeckt und schreibt, nachdem er den Rundfunk 1927 für seine Kongreßansprache benutzt hatte, *„daß der Herr diesen Rundfunk ermöglicht hätte, weil kein Mensch dies zustande gebracht hätte"*.

Am Anfang gelang es ihm mit über einhundert miteinander verbundenen Radiostationen zu sprechen. Bis nach Übersee wurden die Sendungen ausgestrahlt und auch empfangen. Briefe von Hörern wurden im deutschen „Wachtturm" veröffentlicht, die Rutherford überschwenglich dafür dankten, daß sie seine Stimme hören konnten, wenngleich sie auch nicht alles verstanden hatten. So wird in der Broschüre „Gericht ..." nach einer Rundfunksendung geworben: *„Ein jeden Rekord übersteigender Rundfunkvortrag Richter Rutherfords über 100 Radiostationen meilenweit ausgestrahlt. In wenigen Monaten sind über 20 Millionen Exemplare gedruckt."* *„Zehn Jahre lang habe ich durchschnittlich 240 Rungfunkstationen pro Woche benutzt"*, schreibt er in seiner Broschüre *„Fünfte Kolonne"*.

Gert Raeithel berichtet in „Geschichte der Nordamerikanischen Kultur, daß Rutherford *„Zugang zu 200 Rundfunkstationen hatte und übers Radio das orthodoxe Christentum angriff"*.[5]

Rutherford und sein Werbedienst übertrieben ihre Anstrengungen, denn alles war bei ihm *„noch nie dagewesen, alles übersteigend, völlig befriedigend, vernünftig"*.

Alles ist bei ihm so einfach. Man braucht nur seine Schriften zu lesen, seinem Rat zu folgen und schon ist man auf dem Weg aus aller Not ins Paradies, zu Gott. Die Feinde, die sich auf diesem Wege entgegenstellen, können zwar Schwierigkeiten bereiten, wie z. B. bei der Benutzung des *„von Gott gegebenen Radios"*, aber am Ende steht der Sieg der mutigen Zeugen.

Rutherfords scharfe, oft beleidigende Sprache in seinen Rundfunkreden rief Proteste und Widerspruch von Hörern, betroffenen Politikern und Geistlichen hervor. Mehr und mehr Sender weigerten sich, seine Vorträge zu übertragen. Natürlich war wieder der Teufel daran schuld. Rutherford dachte gar nicht daran, seinen Ton zu mäßigen oder inhaltliche Umstellungen vorzunehmen. Im Gegenteil, denn er griff um so schärfer diejenigen an, die sich gegen seine maßlosen Anschuldigungen wehrten. Schließlich baute und erwarb er eigene Sender. Die Wirkung, die sich Rutherford mittels dieses Mediums erhofft hatte, trat aber nie ein.

1930 hatte Rutherford behauptet: *„Das Radio gehört Jehova. (Psalm 89:11) Er hat es für seine Zwecke ins Dasein gerufen. Satans Vertreter jedoch versuchen es gänzlich in ihre Hände zu bekommen ... aber Gott wird in diesem Stück seine Übermacht offenbaren".*[6]

1937 sollte der *„Kampf um die Ätherwellen"* endgültig entschieden sein. Der freiwillige Rückzug war natürlich *„eine historische Entscheidung".* Nach Rutherfords Worten hatte das Radio seinen Zweck erfüllt. Am 26. September 1937 verkündigte er stolz: *„ ... der Rundfunk (ist) bis jetzt für die Besitzer und Benutzer von Sendern sowie die Regierungsbeamten der Vereinigten Staaten, besonders für die Geistlichen ein Prüfstein gewesen, und sie alle haben ihre Feindschaft gegen Gottes Königreich gezeigt. Durch diese Probe haben sich alle diese Gegner selbst als die Feinde Gottes ... kenntlich gemacht, und deshalb scheint der Rundfunk seinem von Gott bestimmten Zweck vollauf gedient zu haben ... "*[7]

Wie soll man solch eine Argumentation nennen? Sind das die Hirngespinste eines alkoholkranken Mannes? Nach seiner Argumentation haben die Feinde Gottes und Satans das

Radio in die Hand bekommen und damit über Gott gesiegt. Und nun hat Rutherford sogar freiwillig, *„das Radio das Gott gehört"*, dem Teufel in die Hand gegeben. Seinen eigenen Sender, WBBR, hat er allerdings behalten. Erst seine Nachfolger haben diesen dann aufgegeben.

Nachdem das *„von Jehova für seine Zwecke"* erfundene Radio nicht den gewünschten Erfolg, aber viel Ärger für Rutherford eingebracht hatte, entdeckte er das Grammophon für seine Zwecke. In Eigenarbeit wurden im „Bethel Brooklyn" diese Geräte hergestellt. Rutherfords Vorträge wurden auf Platten gepresst, und die Wachtturm-Verkündiger spielten die Platten vor den Türen ab. Im „Wachtturm" der dreißiger Jahre kann man nachlesen, wie so mancher Verkündiger seine Platten, auch gegen den Willen der Besuchten draußen vor der Tür abspielte. Sie belästigten im Auftrag Gottes die neuzeitlichen „Ägypter" mit ihren Warnungen vor dem Ende der Welt.

Grammophongeräte wurden auch in und auf Automobile montiert, um damit auf öffentlichen Plätzen in Dörfern und Städten die Menschen mit Rutherfords Botschaften zu beschallen.

Diese „Predigtart" zog so manche rechtliche Auseinandersetzung nach sich. Für die Wachtturm-Führer waren diese Proteste allerdings „selbverständlich" und wurden als Verfolgungen der Wachtturm-Anhänger hingestellt.

Eine Welt voller Feinde, Dämonen und Teufel

An allen Ecken und Enden sah Rutherford sich mehr und mehr von Feinden umgeben. Für ihn war das ein deutliches

Zeichen des nahen „*Endes der Weltordnung*". Während von 1919 bis etwa 1926 die Kirchen seine größten Feinde waren, wandte er sich mit seinem Buche „Regierung" (1928) mehr der Politik zu.

Zehn Jahre nach dem Ende des Ersten Weltkrieges, von dem Rutherford meinte, daß „*niemand erklären könnte, warum eigentlich der Krieg aufgehört habe*", war die neue demokratische Ordnung nicht nur nicht gefestigt, sondern in Gefahr. Zwar hatte sich Deutschland nach der Inflation etwas erholt, und es gab ein paar Jahre, in denen sich die Demokratie etwas stabilisiert hatte, aber das spielte für Rutherford und seine Anhänger keine Rolle.

In seinem Buch „Regierung" zeichnet Rutherford eine Welt, die hoffnungslos dem Untergang geweiht ist. Alle menschlichen Bemühungen um Demokratie und Gerechtigkeit waren seiner Ansicht nach zum Scheitern verurteilt. Eine Passage aus besagtem Buch verdeutlicht Rutherfords Einstellung:

„ *Gleichzeitig mit dem Weltkriege und hernach brachen Revolutionen aus, die eine Kundgebung des Verlangens der Völker nach besseren und liberaleren Regierungen waren. Selbstsüchtige Revolutionäre haben gewöhnlich die Lage des Volkes verschlimmert, anstatt verbessert. Etliche Nationen waren vom Bolschewismus regiert, der niemals eine zufriedenstellende Regierung für das Volk beschaffen kann. Der Bolschewismus ist zum sicheren und vollständigen Mißerfolg verurteilt. Dasselbe muß vom Kommunismus gesagt werden ... Monarchien sind gegen das Volk hart, grausam unsd tyrannisch gewesen, aber Bolschewismus und Kommunismus sind noch schlimmer ... Gewissenlose Profitmacher raffen durch Betrug fabelhafte Geldsummen zusammen ... Die Regierungsgewalt ist somit in den Händen einiger weniger Menschen, deren*

Gott das Geld ist ... Große Korporationen, genannt Trusts, die im Besitz und unter Kontrolle einiger weniger skrupelloser Menschen sind, erdrücken den ehrlichen Handel, bestechen die öffentlichen Beamten ... "[1]

Und wie selbstverständlich weist er nach, daß für all diese Dinge der *„Gott dieser Welt, Satan der Teufel"* verantwortlich ist. Alle menschlichen Bestrebungen die Umstände und Verhältnisse zu bessern, sind von daher zum Scheitern verurteilt.

In diesem Zusammenhang ist eine kurze Darstellung der Rutherfordschen Ansicht über die „weltliche Obrigkeit" angebracht. Seine Vorstellungen über den Umgang mit der weltlichen staatlichen Macht kann man sich am besten veranschaulichen, wenn man sich sein Buch „Jehova" vornimmt. Darin schildert er, wie heute in gegenbildlicher Erfüllung der ägyptischen *„Zehnten Plage"*, die Botschaften und Warnungen, der Zeugen auf die „ *offiziellen Elemente der sichtbaren Organisation Satans, die Herrscher der Welt und ihre feilen Anhänger, lasten".* Mit einem *„beständigen Geheul der römisch-katholischen Hierarchie und anderer Geistlicher... vom gleichen Schlage"* würde verlangt, *daß den Boten verboten werde die Einrichtungen der Welt zur Verkündigung ... zu gebrauchen."* Da Jehovas Zeugen *„allen solchen Widersachern gründlich verhasst seien",* würden sie verfolgt, um sie mit *„einem scheinbar gesetzlichen Vorwand auszurotten".*[2]

Hier spricht er nicht von der Nazi-Herrschaft in Deutschland, wie man eigentlich annehmen könnte. Die bisherigen Schwierigkeiten und das Verbot in Deutschland werden hier nicht erwähnt. Als erstes Beispiel beschreibt er die Verfolgung von Zeugen Jehovas in Plainfield, New-Jersey, USA.

Eine *„bis auf die Zähne bewaffnete Polizeigarde war zweifellos* *auf Betreiben grausamer katholischer Priester auf der Szene er-schienen"*. Daß es nicht zu einem Mord gekommen sei, hätten selbst die *„Polizisten nicht begreifen"* können.

Nach Rutherfords Aussage ziehen heute – gemeint ist 1934 – die Zeugen aus dem gegenbildlichen Ägypten, der bösen Welt, aus.

Wie die Israeliten von den Ägyptern *„silberne und goldene Geräte forderten"*, so forderte Rutherford damals schon, daß sie *„berechtigt und befugt sind, die Benützung jeder und aller Mittel, über die die Machthaber der Welt jetzt verfügen, nachzusuchen"*, um sie für ihr Werk zu gebrauchen. *„Das bedeutet, daß sie des Feindes eigene Mittel oder Werkzeuge gegen ihn verwenden sollen, wie die Radiosender, die Einrichtungen der Gerichte, Petitionen und Proteste an die gesetzgebenden Körperschaften, welches Recht durch die Staatsverfassung ihres eigenen Landes verbürgt wird ... Damit bitten sie nicht etwa Satans Organisation um Erlaubnis für ihre Tätigkeit, sondern überbringen der Satansorganisation die Ankündigung und verlangen, daß diese weltliche Organisation aufhören soll, . sich in den Weg zu stellen ... So wendet das Volk des Herrn einige Dinge der Gesellschaft des Teufels dem Werke und Dienste des Herrn zu. Das ist übrigens ein endgültiger Beweis dafür, daß Jehovas Zeugen sich nicht mit einer Geschäftsunternehmung abgeben, wie Straßenhandel, Hausieren und Bücherverkauf, ungeachtet was immer auch die weltlichen Gerichte hierüber entscheiden oder urteilen mögen."* [3]

Das kann letztlich nichts anderes bedeuten, als daß von Rutherford und damit für die, die ihm folgen, die Gesetze der Länder oder Rechtsentscheide von Gerichten bewußt ignoriert wurden. Ist das nicht eine direkte Aufforderung zum Rechtsbruch?

Rutherford schreibt seinen Untertanen: „ *... es wäre durch-aus ungereimt, wenn die Gesalbten die Regierungen fragen wür-den, ob sie wohl das Evangelium predigen dürften; Es ist aber gewiß ihre Pflicht, zu fordern, Satan und seine Vertreter möchten aufhören, Jehovas Zeugen zu hindern, ... Es müßte daher Jehova Gott mißfallen, wenn irgend jemand den gegenbildlichen Pharao und seinen Beamten um Erlaubnis bäte, auszugehen und das Evangelium predigen zu dürfen ... Jehovas Knechte müssen seinen Befehlen gehorchen.* "[4]

Rutherfords Aussagen sollten für die ihm Hörigen quasi wie das Wort Gottes sein und als „Evangelium" von Haus zu Haus getragen werden.

Zehn Jahre waren inzwischen seit Rutherfords „Macht-ergreifung" vergangen. Sein kluger Schachzug, den um *„ihren verstorbenen Pastor"* trauernden Anhängern, Mitarbeitern und Direktoren das Buch „Das Vollendete Geheimnis" als 7. Band zu Russells Schriftstudien schon wenige Monate nach dessen Tod vorzulegen, sicherte trotz der Proteste einiger Direktoren, seine Vormachtstellung unter den Anhängern.

Die Inhaftierung und Verurteilung von Rutherford und sieben seiner Genossen brachte den Wachtturm-Verlag an den Rand des Zusammenbruchs. Die Brooklyner Büros wurden aufgegeben und nach Pittsburgh zurückverlegt. Obwohl der 7. Band in wenigen Monaten Auflage auf Auflage erlebte, – die englische Ausgabe soll schon im Frühjahr 1918 die Millio-nengrenze überschritten haben –, kam der Verlag in finanzi-elle Schwierigkeiten. Von Pittsburgh aus wurde die Zeitschrift weiter herausgegeben, und die meisten Bezieher blieben der von Russell gegründeten Zeitschrift als Leser treu, schon aus alter Solidarität zu ihm.

Nachdem Rutherford aus der Haft entlassen wurde, konnte er alle finanziellen Schwierigkeiten lösen. In dem Buch „The Laodicean Messenger", herausgegeben von „The Bible Students" (Chicago 1923), enthüllt der anonyme Autor, daß Russell einen sicheren *„geheimen Vertrauens-Fond"* angelegt hatte. Dieser Fond wurde gegründet, weil viele Anhänger Russells der Ansicht waren, daß nach dem Bankenkrach der neunziger Jahre des vergangenen Jahrhunderts, der Sicherheitsfaktor bei Banken anzuzweifeln sei. In diesen Fond konnten die Russell-Anhänger Geld einzahlen, das die Organisation dann sicher anlegte. In diesem Depot befanden sich 1919 ca. $ 162 000,00 in Gold, Bargeld und US-Schatzbriefen. Der „Bruder", der außer Russell den geheimen Ort, an dem das Depot sich befand, kannte, hatte, als die Schwierigkeiten mit den amerikanischen Behörden begannen, dieses Depot in Sicherheit gebracht und übergab es Rutherford nach dessen Haftentlassung.

Mit diesem finanziellen Polster und den Lesern des „Wachtturm" im Rücken, konnte Rutherford nach Brooklyn zurückkehren und neu beginnen.

Bis 1926/27 hatte er, gemessen an dem Aufwand der millionenfach verlegten Auflagen der Trakate, Broschüren und Bücher einen zwar kontinuierlichen, aber bescheidenen Erfolg. Auf dem Weg dahin, hatten sich die meisten der ehemaligen Weggenossen Russells von Rutherford getrennt.

Viele ehemalige Anhänger hatten eigene Splittergruppen gegründet. Auch Rutherford hatte inzwischen gelernt, wie er sich Mitarbeitern gegenüber zu verhalten hatte. Rutherfords Bücher „Die Harfe Gottes" und die „Schöpfung" enthielten weiterhin die alten Endzeitdaten und die alten sogenannten Endzeitbeweise. Sie wurden weitergedruckt und verbreitet, aber nicht korrigiert, obwohl Rutherford inzwischen das Datum der Wiederkunft Christi von 1874 auf 1914 verschoben hatte. Abgesehen von dieser Verschiebung, glichen Rutherfords Bücher inhaltlich denen Russells.

Mit dem Buch „Regierung" deuten sich erste massive Lehränderungen an. Hier taucht das erste Mal die *„grosse Streitfrage"* auf, die noch heute die Zeugen beschäftigt: *„Wer ist der Höchste: Jehova Gott oder Satan, der Teufel?"* Dies wurde eine der wichtigsten Lehren der Zeugen Jehovas. Damit wurde auch Russells Obrigkeitslehre gemäß Römer 13 verändert. Die *„alleinigen und rechtmässigen Obrigkeiten sind Jehova Gott und sein seit 1914 vom Himmel her regierender König Jesus Cristus"*. Die weltlichen Obrigkeiten waren von nun an nur bedingt verbindlich, nämlich nur insoweit, als diese *„Gesetze nicht dem Worte Gottes widersprechen"*. Die beiden Wachtturm-Ausgaben 1. und 15. Juli 1929 zeigen deutlich, daß an erster Stelle für den Bibelforscher galt: *„Gehorchet euren Führern und seid unterwürfig."* Was *„Gesetzesgehorsam"* gegenüber der Welt ist, bestimmte ab jetzt Rutherford bzw. die anderen Wachtturm-Führer. Hierzu führt „Der Wachtturm" aus: *„Kein Mensch innerhalb oder außerhalb der Versammlung Gottes ist dazu ermächtigt, jemand zu richten, der zur Versammlung Gottes zählt ... Jemand, der in der Versammlung der Anordnung widersteht, die Gott gemacht hat, um die Versammlung zu regieren, widersteht Gott"*[5]

Drei neue Bücher 1931/32 unter dem Titel „Rechtfertigung" belehren nun die Zeugen Jehovas – 1931 hatte Rutherford den Namen seiner Anhänger von „Bibelforscher" in

„Zeugen Jehovas" verändert – darüber, wie sie sich im Kampf um die „Grosse Streitfrage" zu verhalten hätten, wenn sie sich auf die Seite Jehova Gottes stellen wollen.

Diese ersten Lehränderungen waren einschneidend. Es waren nicht nur überarbeitete und modernisierte Wiederholungen bekannter Inhalte, sondern sie stellten klare Brüche mit der bis dahin gültigen Lehre Russells dar.

Das bisher gepflegte Gemeindeleben bis hin zur Selbsterziehung, veränderte sich zugunsten einer verstärkten Verkündigungs- und Verkaufsaktivität. Rutherford führte als Erfolgsmaßstab das jährlich erscheinende Berichtsbuch ein, dem der Titel „Jahrbuch" verliehen wurde.

Hinzu kommt, daß Rutherford damit begonnen hatte, alle Getauften, oder „Geweihten" der Versammlungen zu Verkäufern seiner „Ware" zu machen. So wurden z. B. 1928 in Deutschland 9 205 „Versammlungsarbeiter" aktiviert. Die Bibelforscher sollten die Massenproduktion von Rutherfords Büchern an die Frau oder an den Mann bringen. Es wurden Anweisungen und Hilfen für die Verkaufstätigkeit herausgegeben. In „Ratschläge für Missionsarbeiter", herausgegeben vom Centraleuropäischen Büro der Wachtturm Bibel= und Traktatgesellschaft, wird gemahnt, sich freundlich und zurückhaltend zu verhalten.

Diese Missionsarbeiter wurden folgendermaßen belehrt: „Rede nicht zuviel. Viele Bemühungen, etwas zu verkaufen, sind fruchtlos geblieben, weil zuviel geredet worden ist. Das viele Reden ist für den Zuhörer ermüdend und erweckt den Eindruck von Aufdringlickeit ... Du wünschst Erfolge. Die Erfolge bestehen in diesem Falle darin, Bücher in die Hände der Menschen zu legen."[6]

Die meisten Buchverkäufer, die im „Wachtturm" auch „*Kolporteure*" genannt werden, hielten sich an diese Ratschläge.

Rutherford hatte ab 1926 zu diesen Buchverkäufern, die ihre *„täglichen Ausgaben"* durch ihren Verkauf deckten, nun auch die Masse der normalen Bibelforscher als Verkäufer organisiert, die sich wenig Zurückhaltung auferlegten bei ihrem Missionsdienst. Sie waren durch das intensive Aneignen der Wachtturm-Lehre zu fanatischen Verfechtern der Lehre über die Kirchen geworden und äußerten sich an den Türen entsprechend herabsetzend und beleidigend.

Wenn hier von Verkauf gesprochen wird, impliziert das nicht gleichzeitig, daß damit auch finanzieller Gewinn für die Bibelforscher einherging. Der erlöste Preis deckte noch nicht einmal die Druckkosten, argumentierten die Bibelforscher. Als Beweis dafür wurden Gutachten von Sachverständigen – wie das vom 31. August 1925 des Magdeburger Robert Hesse – vorgelegt und abgedruckt.

Dieser stellte in seinem Gutachten fest: " *Die beiden über 300 Seiten starken Bücher „Die Harfe Gottes" und „ Der göttliche*

WACHT-TURM
BIBEL- UND TRAKTAT-GESELLSCHAFT

Das ist der Name einer Geschäftsfirma, die sich mit der Herausgabe von wichtigen religiösen Büchern und Zeitschriften und anderen nützlichen Hilfsmitteln zum Bibelstudium befaßt. Sie verwaltet eine Kasse, die von tiefinteressierten Lesern der Zeitschrift „Der Wachtturm" gegründet worden ist, um das Evangelium, die „Frohe

. . .

Eigenanzeige der Wacht-Turm Bibel- und Traktat-Gesellschaft, in „Die Harfe Gottes", 1922.

Plan der Zeitalter" zum Beispiel, werden für 50 Pfennige verkauft, der übliche Ladenpreis für diese Bücher dürfte allermindestens 1.50 Mk bis 2,– Mark betragen. "

Außerdem ist er überzeugt, daß es sich bei der Wachtturm-Druckerei und dem Verlag nicht *„um ein auf Gewinn gerichtetes Gewerbe handelt, sondern um ein selbstloses, der Allgemeinheit dienendes Unternehmen"*.

In dem Zusammenhang bleibt festzuhalten, daß Herr Hesse wohl kaum berücksichtigt hat, daß eine „weltliche" Druckerei ihren Mitarbeitern normalerweise Löhne zahlt, daß sie Sozialabgaben entrichten und Steuern bezahlen muß, daß sie Maschinen und Gebäude abschreiben und letztlich auch noch einen Gewinn erzielen muß, um überhaupt existieren zu können. Daß bei einer normalen Buchproduktion auch Verleger und Buchhändler nach Abzug ihrer laufenden Kosten noch von etwas leben möchten, erklärt sich von selbst. In der Wachtturm-Kalkulation findet dies alles keine Berücksichtigung.

„Der Wachtturm" vom 1. August 1928 bringt unter der Überschrift **„Protest! Aufruf!"** ein weiteres Gutachten bezüglich der Produktionskosten, in dem es u.a. heißt: „ ... *durch gerichtlich beeidigten Buchdruckerei=Sachverständigen ist festgestellt, daß ein Buch ähnlich den Büchern „Befreiung" oder „Harfe Gottes", die bei den Bibelforschern 95 Pfg. kosten, im Buchhandel 3 bis 4 Mark kosten würde"*.[7]

Meines Wissens errechnet man den Verkaufspreis eines Buches, indem man die Herstellungskosten mal vier nimmt. In den Herstellungskosten sind alle Kosten der Druckvorstufe und die Kosten der Druckerei enthalten, also auch Lohn, Steuern, Sozialabgaben usw. Die Wachtturm-Druckerei Magdeburg und der Verlag zahlte aber damals keinen Lohn, keine Sozialabgaben und keine Steuern. Sie gaben nur ein geringes Taschengeld und gewährten Unterkunft und Verpflegung. Der Verkaufspreis der Wachtturm-Verkäufer war also praktisch gleichzusetzen mit den Herstellungskosten einer Druckerei, einschließlich aller anfallenden Kosten und Steuern.

1929 hielt sich Rutherford zwei Wochen in Magdeburg auf, um mit der dortigen Leitung *„zu arbeiten, Pläne zu entwerfen, zu organisieren und zu rechnen"*, um *„mehr Bücher unters Volk zu bringen"*. In einem „Spezial=Bulletin, Vorschläge für Arbeiter, (Privat=Informationen nur für Arbeiter), wurden die Ergebnisse den Betreffenden, unter dem Hinweis bekanntgegeben, daß die meisten Informationen *„direkt aus dem amerikanischen Spezial=Bulletin übersetzt sind"*. Hierin wurden weiterführende Hinweise für den Buchverkauf gegeben. Eine Anweisung für Handelsvertreter zum Verkauf von Haushaltsartikeln könnte nicht besser formuliert sein.

Auf 16 Seiten wird beschrieben, wie man redet, wie man sich kleidet, in welcher Gegend man welche Bücher verkauft, wie man die Buchtaschen und Bücher präpariert, indem man in seine Kleidung Taschen einnäht, um darin mehr Literatur unterzubringen, damit der Besuchte nicht sogleich an einen Vertreter denkt usw.

Zum Auftreten des Buchverkäufers wird u.a. der Rat erteilt: *„ Ein energisches Klopfen, (schlage aber nicht die Tür ein) zeigt, daß es etwas Wichtiges sein muß, jemand, der Aufmerksamkeit fordert,. Bitte niemals darum, eintreten zu dürfen, sondern nimm es für selbstverständlich hin, daß Du eintreten sollst, .. "*[8]

Nichts war wichtiger als die „Ware", die die Bibelforscher in den Häusern verkauften. Über diese „Ware" sagt die Information 1929 den Verkäufern: „*Dann werdet Ihr auch bei Eurem Zeugniswerk die Tatsache verstehen lernen, daß Ihr in der Literatur, die Ihr verbreitet, etwas habt, das viel wichtiger für die Menschen ist, als irgend etwas in der ganzen Welt. Welchen Wert hat eine Malzeit, eine Krawatte, ein Kleid oder irgend etwas sonst, das die Menschen erwerben könnten,...*"

Im Jahre 1930 verbreiteten in Deutschland 9 281 Versammlungsarbeiter ca. 1 234 658 Bücher, 3 Millionen Broschüren und 8,5 Millionen Exemplare der Zeitschrift „Das Goldene Zeitalter". Die Zeitschrift „Der Wachtturm" wurde hingegen in der Öffentlichkeit kaum verbreitet, weil sie als Lehrzeitschrift, als „*geistige Speise*" für die Bibelforscher gedacht war. „Das Goldene Zeitalter" war zur Massenverbreitung bestimmt und bezeichnete sich als „*eine Zeitschrift, gegründet auf Tatsache, Hoffnung und Überzeugung*", die von sich behauptete „*völlig unpolitisch*" zu sein: „*Sie ist politisch neutral, weil sie den Menschen lediglich Unterweisung und Belehrung ... verschaffen will ... den allmächtigen Gott zu erkennen.*" Die Zeitschrift hatte im Frühjahr 1933 in Deutschland eine halbmonatliche Auflage von über 800 000 Exemplaren.

Die Verkaufsaktivitäten oder auch „*Predigtfeldzüge*" führten 1932 zu 434 neuen Prozessen, so daß es zu dieser Zeit 1 552 schwebende Verfahren mit 566 Freisprüchen gab. In all diesen Fällen ging es um Übertretungen der Gewerbe-Ordnung oder der Sonn- und Feiertagsruhe. Für die Wachtturm-Führer waren diese Verfahren „*Angriffe der Feinde*", um das „*gottesdienstliche*" Werk der Zeugen Jehovas zu hindern.

Bis 1932 war es gelungen, in Deutschland knapp 40 % der getauften Zeugen Jehovas für die Verkaufsaktionen zu gewinnen. Das führte nicht nur in Deutschland, sondern auch in anderen Ländern Europas zu Problemen mit den Behörden wegen der Gewerbegesetze. Zudem fühlten sich in den Versammlungen viele Anhänger überfordert und sahen diese Aufforderung zum Verkauf nicht als christlichen Dienst an.

In den USA gab es ähnliche juristische Probleme. Die Praxis des Buchverkaufs schildert William Schnell ausführlich in seinem Buch „Dreissig Jahre Sklave des Wachtturm". Seine Familie und er waren hauptamtlich als sogenannte Pioniere für die Wachtturm-Gesellschaft tätig und zogen mit der Buchproduktion durchs Land: *Während man sich anmaßte, uns die Arbeitsweise und die Arbeitsstunden vorzuschreiben, lehnte man auf der anderen Seite grundsätzlich jede finanzielle Hilfe ab. In dieser Hinsicht verhielt man sich genau wie eine beliebige Verkaufsorganisation. Alle Pioniere mußten auf Kommissionsbasis arbeiten. Zu jener Zeit erhielten wir die Bücher zum Preis von acht Cents je Exemplar, und wir verkauften sie für fünfunddreißig Cents. Wenn ein Pionier aus irgendeinem Grund seine Rechnung nicht pünktlich zahlte, dann sperrte ihm die Gesellschaft die Bücherversendung, bis er sein Konto bereinigt hatte ... Wer damals Pionier wurde, mußte schon einen guten Verkaufsriecher haben..."*

Diese Schilderungen Schnells gehen seitenlang weiter. Wenn die Leute beispielsweise kein Geld für den Erwerb von Büchern hatten, tauschten sie sie gegen Hühner oder Eier ein, um dann in die nächtgelegene Stadt zu gehen, wo sie die eingetauschte Ware wieder verkauften. Als die Familie Schnell wegen einer Autoreparatur an einem Ort festgehalten wurde, nutzte sie diese Gelegenheit wie folgt: *„Mein Vater machte sich unverzüglich an die Arbeit, während mein Schwager und ich eifrig kolportierten. Wir verkauften so viele Bücher, daß wir nicht nur* *das Material, sondern auch unseren Lebensunterhalt während der sechs Wochen bezahlen konnten."* Die Bibelforscher behaupteten, der Buchverkauf sei kein Verkauf im Sinne eines erwerbsmäßigen Handels, sondern eben als „Predigtdienst" anzusehen. Das wollte ihnen der Gesetzgeber aber nicht abnehmen. So kam es zu Verhaftungen, zur Beschlagnahmung von Büchern, zu Prozessen und Verurteilungen in all den genannten Ländern. In Deutschland kam es zudem zu regionalen Verboten.

Wenn man so offensichtlich Gewerbegesetze mißachtet, dann kann man das nicht als „Verfolgung um Christi willen" darstellen. In diesem Zusammenhang möchte ich Matt 5,11 zitieren: „ *Selig seid ihr, wenn ihr um **meinetwillen** beschimpft und verfolgt und auf alle mögliche Weise verleumdet werdet."*

Rutherfords „Wahrheitsbücher", seine gesammelten Werke standen über jeden Zweifel erhaben da, auch wenn darin noch so aberwitzige Thesen vertreten wurden, wie z. B., daß „*Jehova das Radio erfunden hätte,. der Mensch hätte nur herausgefunden wie es zu gebrauchen ist".*[9]

Die Verkündiger wurden schon damals in der „*derzeit gegenwärtigen Wahrheit"* geschult. Wie die Bibelforscher für den „Dienst" an den Türen der Menschen vorbereitet wurden, zeigt z. B. auch ein Brief eines „Bibelforscher-Tagesversammlungs-Teilnehmers", an der die Teilnehmer für erfolgreicheren „Dienst" geschult wurden:

„*In der Tat waren die Anstrengungen des Teufels so groß, wie sie noch nie waren in früherer Zeit, doch vermochten wir in allem zu erkennen, daß er wohl wußte, daß diese Stunden eine große Stärkung für die Kriegsschar seines Gegners bedeuten."*[10]

Die Kriegsschar von 900 Bibelforschern hatte anläßlich dieser Tagung in München an einem Tag 195 000 Traktate verteilt.

Die Bibelforscher fühlten sich wirklich als Krieger, als Soldaten Jesu Christi im Kampf gegen den Teufel und seine Organisation. „Der Wachtturm" unterstützte sie hin und wieder mit Gedichten, die zum Durchhalten anregen sollten:

Bleibt treu, du kleine Kreuzesschar des Herrn,
Im größten Kampfe aller Kampfeszeiten.
Schon weicht der Feind, ihm wird schon bang,
Er sieht die Linien wie sie wanken,
Vom siegreichen Triumphgeschrei der Kampfesstreiter.[11]

Auch in ihren Liedern wird von *„Rüstung anlegen zum mutgen Kampf"*, oder *„Herr rüst mich aus zum Streit. Lehr Kämpfen deinen Knecht"* gesungen.

Der Feind, gegen den die Zeugen in ihrem Verkaufsfeldzug kämpfen, ist *„die Christenheit die ein Teil der Organisation Satans ist"*, so jedenfalls drückt sich Rutherford in seinem Buch „Regierung" aus.[12]

So werden Rutherfords Anhänger auch in den wöchentlichen Wachtturm-Betrachtungen belehrt.

Ständige Wiederholungen in allen Schriften, ob Zeitschrift, Broschüre oder Buch, prägen die Lehrinhalte ein. Vorwürfe und Behauptungen wie z. B. im „Wachtturm" vom 15. November 1927: „ *... der unsichtbare Herrscher der Nationen dieser sogenannten „ Christenheit" oder des „organisierten Christentums" ist Satan der Teufel,.*" werden regelrecht eingepaukt.[13] Allein in dieser Wachtturm-Ausgabe wurde diese diffamierende Aussage fast Seite für Seite wiederholt.

Dies hatte Auswirkungen auf den einzelnen Bibelforscher, vor allem auch bei emotionsgeladenen Argumentationen bei seinen Haus-zu-Haus-Besuchen. Das war von der Wachtturm-Führung und den regionalen Beauftragten nicht mehr kontrollierbar und, wenn man die Ausdrucksweise in der Literatur berücksichtigt, sicher auch nicht unerwünscht.

Von klein an kannte ich beispielsweise nur die Ansicht, daß die Pfarrer böse Satansdiener seien, und das Böseste überhaupt war die katholische Kirche.

Der Leiter des Deutschen Zweiges, Paul Balzereit, hat sich in der Verbreitung solcher übler Darstellungen und Beschuldigungen besonders hervorgetan.

Unter dem Titel *„Die größte Geheimmacht der Welt, Die Ursache aller Kriege sowie aller nationalen u. internationalen Zerwürfnisse. Ein Jahrhunderte alter Betrug aufgedeckt, P.B. Gotthilf- Braunschweig-Köln, Auflage 200 000"* erschien das Buch Balzereits – P. B. Gotthilf war sein Pseudonym –, das im „Goldenen Zeitalter" in der Mitte der zwanziger Jahre monatelang mit ganzseitigen Anzeigen beworben wurde.

Einige Beispiele der schlagwortartigen Überschriften verdeutlichen den Charakter dieser Schrift: *„Deutsches Volk! Die Augen auf! Deine Rechte und Freiheiten in Gefahr! Protestantismus, wo bleibt dein Protest?"* (15. April 1925), *„Rom und Polens Trennung von Deutschland"* (1. Mai 1925), *„ Ein Konkordat mit dem Reich?* **Deutscher Protestantismus, willst du sterben?***"* (1. Juni 1925), *„ Rom contra Luther. Rom's Untergang ist die Bibel und ihr Wort verspricht „wahrem" Protestantismus den Sieg."* (1. Oktober 1925)."*

In der bayrischen Presse wurde das Buch als *„üble Hetzschrift"* gebrandmarkt. Die „Münchner Katholische Kirchenzeitung" beurteilte das Buch am 5. September 1926 als *„das dümmste, ein ganz unwissendes Machwerk, eine maßlose ungerechte, gehässige und gemeine Schmähschrift."*

Der „Stern-Verlag" in Leipzig wurde im Sommer 1926 *„wegen öffentlicher Beschimpfung einer der christlichen Kirchen oder ihrer Einrichtungen oder Gebräuche"* verklagt und verurteilt. Das Oberlandesgericht Dresden verurteilte den Verlag zu 100,– Mk Strafe und zum Einzug der Restauflage des Buches.

Ein Nachdruck erschien unter Auslassung der übelsten Passagen, mit anderem Verfassernamen unter dem Titel *„Rom die größte Geheimmacht der Welt"* ein Jahr später, wurde aber nicht mehr in der Wachtturm-Literatur propagiert.

Der Autor wurde damals vom Verlag nicht preisgegeben. Die damaligen Vermutungen, daß der Leiter der Bibelforscher in Deutschland Balzereit der Verfasser sei, wurde im Jahrbuch 1974 von der Wachtturm-Gesellschaft mit den Worten bestätigt: „ ... *hatte er ein Buch geschrieben und in Leipzig veröffentlicht."*[14]

Diese Begebenheiten trugen dazu bei, daß sich Auseinandersetzungen verschärften, zumal Balzereit im Februar 1926 wegen der Massenverbreitung des Flugblattes *„Anklage gegen die Geistlichkeit"* vor dem erweiterten Schöffengericht in Magdeburg angeklagt worden war. Ein Konsistorium der Pommerschen evangelischen Kirche hatte wegen dieses Blattes Strafantrag gestellt. Der Prozeß erregte großes Aufsehen, doch Balzereit wurde freigesprochen.

Der Verfolgungswahn des „Präsidenten" Rutherford

In der „Sondernummer" des „Goldenen Zeitalters" im Sommer 1932 wird ab Seite 247 ein Radiovortrag des Präsidenten Rutherford, den er in den USA zur Verfolgung der Zeugen Jehovas gehalten hatte, abgedruckt. Einige Ergänzungen zu den Verhältnissen in Deutschland wurden von der Magdeburger Redaktion eingearbeitet.

Hier zunächst einmal einige Auszüge für die weltweite Geltung:

„Kürzlich sind wieder in verschiedenen Ländern der Welt gute Männer und Frauen, die in dem Bemühen, das Gute zu tun, den bedrückten Menschen Trost bringen wollten, rücksichtslos verhaftet und von Beamten verfolgt, beschimpft, misshandelt und ins Gefängnis geworfen worden. Tausende anständig gesinnter Menschen, die durch solch unrechtes Handeln staatlicher Beamter in Schrecken und Staunen versetzt wurden, haben seitdem bei uns angefragt, warum diese harmlosen Männer und Frauen verfolgt würden. Ich bin gebeten worden, die Antwort auf diese Frage im Rundfunk zu geben,... Gott hat den Menschen in diesen letzten Tagen den Rundfunk gegeben."[1]

Nachdem Rutherford langatmig die gesetzliche Rechtmäßigkeit der Verkündigung der Zeugen erklärt hatte, kam er auf die weltweiten Gegner zu sprechen:

„ Sichtbare Herrscher dieser Welt sind: Jenes Größgeschäft, das die Welt ausplündert und Politiker korrumpiert. Ferner berufsmässige Politiker, die sich aus selbstsüchtigen Gründen diesem unrechten Einfluss hingeben, und grosse religiöse Führer ... Überall, wo Jehovas Zeugen verhaftet und verfolgt worden sind, ist es auf

Anstiften dieser Leute geschehen,. Jehovas Zeugen fragen nicht um Erlaubnis, ob sie das Evangelium predigen dürfen, weil sie nach der Verfassung fast aller Länder der Welt ein Recht dazu haben ... Jehova Gott hat seinen Zeugen, die jetzt auf Erden sind, geboten, den Tag seiner Rache gegen Satans Organisation auszurufen, ... mit grosser Bestimmtheit und ohne Furcht vor Menschen oder dem Teufel, sage ich jetzt den Richtern, den Polizeibeamten und allen Geistlichen, ... Jehovas Zeugen werden fortfahren, das Evangelium vom Königreich Gottes zu predigen, und sie werden es auf die von Gott vorgesehene Weise und mit den Mitteln tun, die er ihnen gegeben hat, und wenn es sie ihr Leben kosten sollte." [2]

Die deutschen Einfügungen weisen darauf hin, daß Jehovas Zeugen *„in Bayern, der Eifel und Oberschlesien auf Anstiftung einzelner Geistlicher mit Steinen beworfen, verprügelt oder beschimpft"* worden seien. *„Sie wurden an den verschiedenen Orten auf die Polizeiwachen geschleppt, ihre Bücher wurden ihnen fortgenommen, sie wurden körperlich untersucht wie Schwerverbrecher ... Schließlich wurde sogar unter Falschanwendung der Notverordnung in Bayern, Württemberg und z.T. auch in Baden Literatur der Bibelforscher-Vereinigung verboten."* [3]

Das waren keinen Verfolgungen der Bibelforscher um ihres Glaubens willen, sondern Abwehrreaktionen von Menschen, die sich belästigt fühlten. Offensichtlich fragten sich die Buchverkäufer nicht, wie sich die von ihnen „Überfallenen" fühlten, wenn sie an einem Feiertag oder am Sonntag nach dem Kirchgang besucht und in langatmige Gespäche verwickelt wurden.

Gerade dort, wo sie von der Bevölkerung unerwünscht waren und den größten Widerstand bekamen, schickte Rutherford in den USA ganze Kolonnen an Predigern hin, um gerade dort *„eine Art Kriegszustand zu schaffen, denn dies sei ein Teil der sorgfältig geplanten Politik der Wachtturm-Gesellschaft, die Zeugen bei den Menschen verhasst zu machen".*[4]

Von gerichtlicher Seite aus wurden die Aktivitäten der Zeugen Jehovas so gesehen: *„ … sie vertraten die Ansicht, daß Jehovas Zeugen die Freiheit des Gottesdienstes nicht verwehrt sei, daß sie bei ihren Andachten in den Königreichssälen ungestört seien und daß sie Bücher verkaufen könnten, wenn sie sich einen Gewerbeschein besorgten."*[5]

Deutschland 1933 und der „Berliner Kongreß"

Anfang April 1933 beschlagnahmte die Polizei die Wachtturm-Druckerei und das sogenannte Bibelhaus, die Zeugen-Zentrale für Deutschland in Magdeburg. Am 28. April wurden die Druckerei und die anderen beschlagnahmten Gebäude wieder freigegeben. Die Haus-zu-Haus-Tätigkeit der Zeugen war noch nicht verboten worden und wurde eifriger denn je durchgeführt.

Die Situation blieb angespannt und ließ weitere Maßnahmen von seiten der Nazis erwarten.

Rutherford und sein Vize Natan Homer Knorr eilten nach Deutschland, um sich vor Ort um die notwendigen Dinge zu kümmern. Das Geschichtsbuch „Jehovas Zeugen in Gottes Vorhaben" schildert die Situation wie folgt: *„ Richter Rutherford hatte die Lage in Deutschland genau beobachtet und war mit* *ihrer Entwicklung, soweit sie das Zeugniswerk betraf, gut vertraut. Bei dieser ernsten Wendung der Dinge verlor er keine Zeit und begab sich in Begleitung von N. H. Knorr, nach Deutschland, um zu sehen, was getan werden könnte. Am 25. Juni, ... wurde ein Kongress in Berlin einberufen. Dort wurde den 7 000 Anwesenden eine vorbereitete Erklärung der Tatsachen als Protest gegen die Hitler-Regierung wegen ihrer anmassenden Einmischung in das Zeugniswerk der Gesellschaft vorgelegt, die einstimmig angenommen wurde. Die Erklärung wurde dann jedem höheren Regierungsbeamten, vom Präsidenten abwärts bis zu den Regierungsmitgliedern, zugesandt. und 2 500 000 Exemplare wurden öffentlich verbreitet.*"[1]

Um diese angebliche „*Protest-Erklärung*" – sie wurde 1934 im „Jahrbuch" der Zeugen Jehovas veröffentlicht – und den Kongreß am 25. Juni 1933 in Berlin hat es in den letzten Jahren reichlich Auseinandersetzungen gegeben.

Im Buch „Jehovas Zeugen in Gottes Vorhaben" wurde diese Erklärung als „*ein Protest gegen die anmassende Einmischung in das Zeugniswerk der Zeugen bezeichnet*".[2] Diese Formulierung ist vollkommen überzogen.

1970 habe ich diese „*Erklärung*" zusammen mit dem Begleitbrief „Sehr verehrter Herr Reichskanzler" in meinem Buch „Die Wahrheit über Jehovas Zeugen" in vollem Wortlaut veröffentlicht.

Im Brief an Hitler und in der Erklärung stehen Aussagen, die als Anbiederung der Wachtturm-Führung an die Nazi-Regierung verstanden werden können und so benutzt worden sind. Die Wachtturm-Gesellschaft verwahrt sich allerdings gegen derartige Ansichten. Willi Pohl, Vorstandsmitglied und Vizepräsident des Deutschen Zweiges der Wachtturm-Gesellschaft, erklärt in dem Video „Standhaft" dazu: *„In dieser Erklärung legten wird dar, daß wir keinerlei politische Ziele hätten, daß wir rein religiös tätig wären, und dass wir doch entsprechend den Erklärungen in dem Parteiprogramm und auch von Regierungsvertretern die Freiheit des Glaubens und der Religion in Anspruch nehmen möchten und daß deshalb diese Lage der teilweisen Verbote untersucht werden sollte und aufgehoben werden sollte."*

Um Mißverständnissen vorzubeugen, sollen an dieser Stelle einige längere Zitate aus der Erklärung wiedergegeben werden.

„Man sollte daran denken, daß in dem Britischen Weltreich und in Amerika das allgemeine Volk gelitten hat und jetzt noch sehr leidet durch die Mißherrschaft des Großgeschäftes und der gewissenlosen Politiker; diese Mißwirtschaft wurde und wird von gewissenlosen politischen Religionsvertretern unterstützt, und darum waren die Schreiber unserer Bücher und unserer Literatur bemüht, eine offene Sprache zu führen ... Die nationale Regierung hat sich nun deutlich ausgesprochen gegen die Bedrückung durch das Großgeschäft und gegen verkehrte religiöse Einflüsse in den politischen Angelegenheiten des Staates. Genau dies ist auch unsere Stellungnahme, und wir erklären ferner in unserer Literatur, warum das bedrückende Großgeschäft besteht, und warum der verkehrte politisch=religiöse Einfluß vorhanden ist; ..

Eine sorgfältige Prüfung unserer Bücher und Schriften wird deutlich zeigen, daß die hohen Ideale, die sich die nationale Regierung zum Ziel gesetzt hat und die sie propagiert, auch in unseren Veröffentlichungen dargelegt, gutgeheißen und besonders hervorgehoben werden ... Anstatt daß unsere Schriften und unsere Tätigkeit die Grundsätze der nationalen Regierung gefährden, werden in ihnen diese hohen Ideale sehr unterstützt. Darum hat auch Satan, der Feind aller, die Gerechtigkeit lieben, versucht, unsere Tätigkeit in Verruf zu bringen und sie in diesem Lande zu verhindern ...

Nun, wo es scheint, daß Deutschland bald von Bedrückung befreit und das Volk in eine bessere Lage gebracht sein wird, bemüht sich Satan, der große Feind, dieses gemeinnützige Unternehmen hierzulande zu vernichten. Man möchte uns gestatten, hier darauf aufmerksam zu machen, daß in Amerika, wo unsere Bücher geschrieben wurden, Katholiken als auch Juden sich miteinander verbunden haben in der Beschimpfung der nationalen Regierung in Deutschland und in dem Versuch, Deutschland zu boykottieren wegen der von der nationalsozialistischen Partei verkündeten Grundsätze.

Man hat das, was in unseren Büchern oder Schriften über den Völkerbund gesagt wurde, als Grund angenommen, unsere Tätigkeit und die Verbreitung unserer Bücher zu verbieten. Wir möchten die Regierung und das deutsche Volk daran erinnern, daß es der Völkerbund war, wodurch dem deutschen Volke große, ungerechte und unerträgliche Lasten auferlegt wurden. Jener Völkerbund ist nicht von den Freunden Deutschlands gemacht worden ... Die damals vorhandenen Umstände gaben den Anlaß, in unseren Büchern offen über den Völkerbund zu reden und darauf aufmerksam zu machen, daß ein solcher Völkerbund niemals Befreiung und Segnung der Völker bringen kann.

Das deutsche Volk hat seit 1914 große Not gelitten und hat viele Ungerechtigkeiten durch andere erdulden müssen. Die Nationalsozialisten haben erklärt, daß sie gegen jede solche Ungerechtigkeit Stellung nehmen, und haben als Leitsatz kundgetan: „Unser Verhältnis Gott gegenüber ist hoch und heilig". Da unsere Organisation diese gerechten Grundsätze durchaus gutheißt und einzig und allein damit beschäftigt ist, die Menschen über das Wort Gottes aufzuklären, ist Satan in listiger Weise bestrebt, die Regierung gegen unser Werk zu wenden und zu zerstören, weil wir die Notwendigkeit, Gott zu kennen und ihm zu dienen, hervorheben. Unsere Organisation gefährdet keineswegs die öffentliche Ordnung und Sicherheit des Staates, sondern sie ist die Bewegung, die für die öffentliche Ordnung, Ruhe und Sicherheit des Landes eintritt."

Weder die Verweise auf das „Britisch-Amerikanische Weltreich, mit seinen Handelsjuden und Großgeschäften" noch auf den Völkerbund sind unpolitisch. Beachtenswert ist die Behauptung, daß sich „Katholiken und Juden verbunden hätten in der Beschimpfung der nationalen Regierung Deutschlands".

Ich würde aber nicht von Anbiederung sprechen, sondern es ist der Versuch, mit „theokratischer Kriegslist" und scheinbarem Bekenntnis zum Deutschen Staat, drohende Verbote aufzuhalten oder abzuwenden und andere Schuldige zu benennen.

Mit der Veröffentlichung der drei Bände „Rechtfertigung" (1931/32) hatte Rutherford seine bisherige Lehre und Haltung zum Zionismus und den Juden verändert. Das „Großgeschäft mit seinen Handelsjuden", trat jetzt an die erste Stelle seiner Feinde. Die „satanische kirchliche Religion" vorübergehend ins zweite Glied.

Im „Verschwörer-Wachtturm" vom 15. Dezember 1934, in dem Rutherford die Zeugen als „treues Volk Gottes und die wahren Judäer" feiert, äußert er sich wie folgt: „Das bedeutet keineswegs, daß sie (gemeint sind hier die Zeugen als die heutigen Judäer; Anm. d. V.) irgendwie mit den „Handelsjuden" oder den eigennützigen jiddischen Leuten, die nur dem Namen nach Juden sind und die das Gold zu ihrem Gott gemacht haben, in Verbindung stehen,.."[3] Im Jahrbuch von 1974 hat die Wachtturm-

Führung versucht, die Passagen dieser „Erklärung" von 1933 dadurch zu entschärfen, daß sie als Verantwortlichen für diese Aussagen den damaligen deutschen Zweigaufseher Paul Balzereit vorschob, und behauptete, er hätte den ursprünglichen Text entschärft. Einen *„Bruder Mütze aus Dresden"* läßt man sagen: *„Es war nicht das erste Mal, daß Bruder Balzereit die offene und unmißverständliche Sprache, die in den Veröffentlichungen der Gesellschaft gesprochen wurde, verwässert hatte, um Schwierigkeiten aus dem Wege zu gehen."*[4]

Dieser Darstellung widersprechen Publikationen, die von der Wachtturm-Gesellschaft herausgegeben wurden, wie z. B. das Jahrbuch 1934, wo die *„Erklärung"* unverändert abgedruckt wurde. Inzwischen hat die Organisation allerdings diese Aussagen korrigiert und Balzereit von diesem Verdacht freigesprochen.

Anfang der dreißiger Jahre war eine Streifrage entstanden, in der es darum ging *„wer der Höchste sei, Gott oder der Satan"*. Jehovas Zeugen sollten zur Rechtfertigung des Namens Jehova Gottes der Organisation des Teufels entgegentreten. Die weltlichen Regierungen waren für sie ein Bestandteil der Satansorganisation, also müßten sie bereit sein, auch diesen gegenüber für Gottes Namen einzustehen und zu kämpfen.

Des Teufels eigene Gesetze und Einrichtungen sollten benutzt und gegen ihn gekehrt werden, um für die „Wahrheit" zu zeugen und zu kämpfen. Das war die Parole des „Richters" und Rechtsanwaltes Rutherford.

In seinem 1934 herausgegebenen Buch „Jehova" benutzte er Teile des Bibeltextes über den Auszug Israels aus der Knechtschaft Ägyptens als Beispiel für die Zeugen Jehovas für deren heutigen Auszug aus der gegenwärtigen „alten, bösen Welt".

Er schrieb: *„Jehova hatte Mose zuvor gesagt: „Wenn ihr aus-*
zieht, sollt ihr nicht leer ausziehen", sondern daß die Israeliten, so-
bald Gottes rechte Zeit zu ihrer Befreiung gekommen sein würde,
von den Ägyptern borgen sollte: „Und ihr sollt ... die Ägypter be-
rauben. (2. Mose 3: 21, 22)" [5]

Was dieses „Berauben" konkret zu bedeuten hatte, beschrieb er seinen Getreuen: *„ Das bedeutet anscheinend, daß*
Jehovas Zeugen jetzt berechtigt sind, um die Benützung jeder
und aller Mittel, über die die Machthaber der Welt verfügen, nach-
zusuchen und sie zur Förderung des Zeugniswerkes des König-
reiches zu gebrauchen. Das bedeutet, daß sie des Feindes eigene
Mittel oder Werkzeuge gegen ihn verwenden sollen, wie die Radio-
sender, die Einrichtungen der Gerichte, Petitionen, und Proteste
an die gegebenden Körperschaften, welches Recht durch die Staat-
verfassung ihres eigenen Landes verbürgt wird, ferner alle Mittel,
wodurch das Volk ... aufmerksam gemacht werden kann. Damit
bitten sie nicht etwa Satans Organisation um Erlaubnis für ihre
Tätigkeit, ... [6]

Für die Zeugen Jehovas waren diese Worte etwas, was „von
Oben kommt", – wie es der spätere deutsche Leiter Konrad
Franke einmal formulierte,– und natürlich verbindlich zu glauben. Selbst wenn es das irdische Leben kostete, aber das himmlische Leben wartete ja schon auf die Getreuen, die dann *„im*
gleichen Augenblick" verwandelt werden sollten.

Weltweit setzten die Anhänger Rutherfords diese Deutung
des Moses-Textes um und erlebten Anklagen, Mißhandlun-
gen, Verfolgungen und Bestrafungen wegen Gesetzesüber-
schreitungen.

Die Folgen, die sich für die Anhänger der Lehre Rutherfords ergaben, sind so weitschweifend, daß sie einer ausführli-

cheren Betrachtung bedürfen, die aber an dieser Stelle nicht geleistet werden kann. Tatsache ist, daß die Konflikte, die die Zeugen Jehovas mit der gesetzlichen, kirchlichen und gesellschaftlichen Ordnung der Weimarer Republik hatten, von seiten der Wachtturm-Gesellschaft kaum Bedeutung zugemessen wird bzw. die Auseinandersetzung damit auf einer unreflektierten Ebene stattfindet.

„Der Wachtturm" vom 1. Dezember 1933 gibt klare und unmißverständliche Einblicke in das damalige Selbstverständnis der Zeugen Jehovas.

Der Haupt- und Studienartikel war überschrieben mit *„Fürchtet euch nicht"*. Eingangs erklärt er: *„ Jehova hat es denen, die ihn lieben, völlig klar gemacht, daß die Gegenwart die Zeit seiner Vorbereitung zum Kriege ist, und daß der Kampf mit dem Feinde bald folgen ... wird. Es ist Gottes Zeit, der Gesetzlosigkeit ein Ende zu bereiten. "*[7]

Aus heutiger Sicht muß man den Eindruck haben, daß es sich bei dieser Beschreibung um den Kampf gegen den Nationalsozialismus handelt. So verstanden es nach meiner Erinnerung die deutschen Anhänger, denen gesagt wurde, *„mit Bestimmtheit zu erwarten, in dieser Kriegszeit Verfolgung zu erleiden ... da der Krieg an Heftigkeit zunimmt"*.[8]

Meine Großeltern und Eltern handelten gemäß dieser Anleitungen der Wachtturm-Organisation und dienten ihr mit allen Konsequenzen.

Es ging den Wachtturm-Fürsten nicht darum, Hitler und seine Politik zu entlarven oder gar davor zu warnen, um die Demokratie und Freiheit zu retten. Für die Wachtturm-Fürsten war die *„Endzeit dieser alten Weltordnung"*, in der Satan seine Horden organisierte, um die Wachtturm-Gläubigen zu verfolgen und zu vernichten, erreicht. Bereits seit 1931 herrschte für die Zeugen Jehovas „*Krieg*".

So lesen wir: "*Der gesalbte Überrest muß mit Bestimmtheit erwarten, in dieser Kriegszeit Verfolgungen zu erleiden und den Widerspruch von Sündern erdulden zu müssen; und da der Krieg an Heftigkeit zunimmt, so gibt Gott der Herr dem ganzen Überrest das für ihn Notwendige, um ihn aufrechtzuhalten und zu stützen*".[9]

Um deutlich zu machen, wie die Wachtturm-Führung diese Zeit einschätzte und damit das Verhalten ihrer Anhänger verständlich wird, ist es notwendig den „Wachtturm" vom 1. Dezember 1933 ausführlich sprechen zu lassen.

Als eigentliches Leitmotiv dieser Ausgabe wird der Text des Evangelisten Matthäus 10,22 zitiert und mißbräuchlich angewendet: „*Ihr werdet von allen gehaßt werden um meines Namens willen. Wer aber ausharrt bis ans Ende, dieser wird errettet werden.*".. *Der Überrest ist sich dessen völlig bewußt, daß diese Worte auf die gegenwärtige Zeit anzuwenden sind.*"[10]

Dieser Text wurde nun manipuliert, um die Schwierigkeiten, die die Zeugen Jehovas in den vergangenen Jahren wegen ihrer Verstöße gegen Recht und Ordnung hatten, ihren Anhängern zu deuten. Mit keinem Wort wird in dieser Ausgabe der Nationalsozialismus auch nur erwähnt, geschweige denn verurteilt.

Wir lesen weiter: „*Da das Zeugniswerk* (damit ist in erster Linie der Buchverkauf gemeint; Anm. d. V.) *sehr zugenommen hat, haben Satan und seine Vertreter das Werk heftiger bekämpft und die Verfolgung der Treuen ist zunehmend schlimmer geworden ... Seit jener Zeit* (gemeint ist hier 1931; Anm. d. V.) *sind die Verhaftungen und Verfolgungen der Zeugen Jehovas fortgesetzt wor-*

den und die Herrschergewalten der verschiedenen Nationen haben dabei starken Hass und große Bosheit gezeigt ... Sollten Jehovas Zeugen von den Vertretern Satans etwas anderes erwarten als Haß, Arglist und Verfolgung?" [11]

Bei solchen Behauptungen könnte man versucht sein, darauf hinzuweisen, daß es in den frühen zwanziger Jahren nicht gerade schmeichelhafte Schriften von verschiedenen Autoren mit Verdächtigungen und zum Teil absurden Behauptungen über und gegen die Bibelforscher erschienen sind. So z. B. A. Fetz mit seiner Broschüre „Der große Volks- und Weltbetrug durch die Ernsten Bibelforscher" (1921), in der er von Verschwörungen mit Freimaurern, Juden, Sozialisten und Bolschewisten schreibt. Ein anderer Fall ist F. Schlegel mit seinem Buch „Die Wahrheit über die Ernsten Bibelforscher" (1922), in dem er eine sachliche Widerlegung der Russellschen Lehre mit absurden Freimaurer- und Judenverschwörungsthesen verbindet und damit gleichzeitig sein Buch abwertet. Die Bibelforscher wurden von sogenannten völkischen Autoren mit den „Protokollen der Weisen von Zion", die im übrigen eine Erfindung des zaristischen Geheimdienstes waren, in Verbindung gebracht

Russell empfand sich als Nachfolger von Calvin, Zwingli und Luther, sozusagen als letzter Reformator der Kirchengeschichte. So wird er auch im 7. Band der Schriftstudien als Nachfolger Luthers dargestellt. Russell sowie Rutherford ließen sich in ihren Ausführungen immer wieder zu Haßtiraden gegen ihren größten Feind, die Kirchen, hinreißen. Um dies deutlich zu machen, folgen einige Abschnitte aus dem „Wachtturm", die überschrieben sind mit den Worten *"Die Tatsachen"*. Es folgt eine maßlose Anschuldigung:" *Obenan unter den sichtbaren Repräsentanten Satans steht die römische Hierarchie, und groß ist die Zahl der Betrogenen unter der Botmäßigkeit dieser römischen Priesterschaft ... Die römisch-katholische Hierarchie, die seit mehr als 1500 Jahren besteht, ist eine politische Organisation ... Alle politischen Organisationen sind selbstsüchtig, aber die römische Hierarchie ist mehr als das. Menschliche Worte können es gar nicht beschreiben, wie gewissenlos, grausam und gesetzlos diese Organisation ist ... Sie sucht jede Nation der Erde, worin sie ihr Unwesen treibt, unter ihre Herrschaft zu bringen. Sie ist eine Geschäftsorganisation, welche die Bezeichnung „christlich" zur Täuschung gebraucht. Es ist schlimm genug, von dem Handelsgeist beseelt zu sein, aber die römische Hierarchie=Organisation handelt in grausamer und verruchter Weise mit Menschenblut und Menschenfleisch ... Sie sitzt auf dem Nacken jeder Nation der Erde, und bringt ihr eigenes Gesetz und ihre Autorität in diesen Ländern ... zur Geltung. Sie antwortet niemals denen, die sie kritisieren, sucht aber durch Boykott, Drohungen, Intrigen und frevlerischen Missbrauch der unter dem Einfluß der Täuschung handelnden Regierungenbehörden die Vernichtung der Kritiker herbeizuführen.* "[12]

Mit Beschreibungen wie *„Vertreter ihres Vaters, des Teufels"* oder *„römisch katholische Knechte des Satans"*, die *„böswillige und ruchlose Lügen"* über Jehovas Zeugen verbreiten würden, ist der Boden einer sachlichen Auseinandersetzung verlassen.

Der „Wachtturm" behauptet: *„Jehovas Zeugen arbeiten unter dem Befehl des Herrn, und die Wachtturm Bibel- und Traktat=Gesellschaft, als Vertreter seiner Organisation auf der Erde, sendet Anleitungen aus für die Ausführungen dieser Arbeit. Die Gesellschaft besteht seit mehr als fünfzig Jahren und hat sich zu keiner Zeit mit irgendwelchen politischen Angelegenheiten befasst.* "[13]

Ist es keine politische Auseinandersetzung, wenn behauptet wird, daß *„politische Machenschaften der Regierungen verwerflich seien"*?

Ist es keine politische Angelegenheit, wenn allen Regierungen die Vernichtung angekündigt wird und diese Ankündigung mündlich von Haus zu Haus verbreitet und in Büchern und Broschüren weltweit verbreitet wird?

Ist es keine politische Angelegenheit, wenn eine Gemeinschaft ihre Anhänger beeinflußt, nicht an Wahlen zur Schaffung von selbstverwaltenden Gremien in örtlichen Kommunen und Landesregierungen teilzunehmen?

War es etwa keine politische Angelegenheit, als die Zeugen Jehovas Deutschland vor dem Beitritt zum Völkerbund warnten?

Wenn „Der Wachtturm" sich beklagt, daß *„die sichtbaren religiösen Vertreter Satans"* die Buchverkäufer beschuldigen, *„ohne gesetzliche Erlaubnis zu hausieren"*, ist dies doch keine Verfolgung. Wenn in einem demokratischen Land für das Hausieren eine Erlaubnis benötigt wird, dann muß man sich an das Gesetz halten. Wenn man aber der Meinung ist, das Verkaufen von Büchern und Broschüren an der Haustür sei kein Hausieren, sondern Predigtdienst, so muß ich das vorher rechtlich abklären.

Wenn es in der Verfassung des Deutschen Reiches vom 11. August 1919 in Artikel 139 heißt: *„Der Sonntag und die staatlich anerkannten Feiertage bleiben als Tage der Arbeitsruhe und der seelischen Erhebung gesetzlich geschützt"*, so war auch der Buchverkauf der Bibelforscher an diesen Tagen ein eindeutiger Verstoß gegen bestehendes Recht.

Die Umwelt, in der die Zeugen Jehovas damals lebten,

wurde als feindlich betrachtet und von ihnen verteufelt. Nicht das Verbot und die beginnende Verfolgung in Deutschland wurde angeprangert, sondern die damalige Verfolgung der Zeugen Jehovas in der *„römisch=katholischen Gemeinde"* in Plainfield, New Jersey, USA. Ausführlich schildert dies „Der Wachtturm": *„ Bei dem erwähnten Vortrag, ohne von irgend jemand, der mit dem Vortrag zu tun hatte, eine Einladung empfangen zu haben, und ohne irgendwelche Entschuldigung oder irgendeinen Grund, erschienen sechzig Polizisten in diesem Theater in Plainfield unter der Führung eines höheren Polizeibeamten, und alle diese Leute, Polizisten und Geheimpolizisten, waren mit schweren Revolvern und anderen tödlichen Waffen, darunter Karabiner, Maschinengewehre und sonstige Mordwerkzeuge, ausgerüstet ... Diese Ereignisse und viele zur Bestätigung dienende Tatsachen, die hier erwähnt werden könnten, zeigen endgültig, daß es die Zeugen Jehovas sind, gegen die Satan und seine Vertreter ihre böswilligen Handlungen richten, und daß diese Vertreter fest entschlossen sind, die (Zeugen Jehovas) zu vernichten."* [14]

Der „Wachtturm" erklärte den Zeugen Jehovas die *„wahre Bedeutung"* der Worte Jesu im zehnten Kapitels des Matthäus-Evangeliums. *„Besonders ab 1931"* erfüllte sich dieses Wort von der Verfolgung an den Zeugen Jehovas, wie im „Wachtturm" nachzulesen ist: *„Der Herr unterweist jetzt sein Volk nicht lediglich zu ihrer eigenen Auferbauung, Ermutigung, Befriedigung oder Selbstentwicklung. Die Belehrung wird ihnen erteilt, damit sie sie seiner Anweisung gemäß gebrauchen sollen. Ihr Auftrag besteht darin, das Königreich zu predigen, ... und sie erhalten im Tempel Unterricht, damit sie dieses Werk dem Willen des Herrn gemäß einsichtig und richtig verrichten können."* [15]

Demnach kommen die Unterweisungen, die die Zeugen Jehovas zu befolgen haben direkt von Gott.

Für die Zeugen *„bestehen zwei große Organisationen, die eine ist gerecht, das ist Jehovas Organisation, und die andere ist gesetzlos, das ist die Organisation Satans".* Jetzt seien die Vorbereitungen im Gange, die Schlachtreihen für Gott oder für den Satan zu ordnen. Denn *„bald wird jener große Kampf losbrechen und mit der Vernichtung der satanischen Organisation endigen, worin alle religiösen, politischen und kommerziellen Mächte der Erde eingeschlossen sind".*[16]

„Der Wachtturm" kommt zum Höhepunkt seiner Aussage, der das Verhalten der Zeugen Jehovas in den folgenden Jahren bestimmen sollte: *„Wenn du vor Gericht gestellt wirst ... so sage es deutlich heraus, doch tue es in freundlicher, angenehmer Weise und mit Überzeugung ... daß du dem Herrn und nicht irgendeiner weltlichen Organisation gehorchst ... Jehovas Zeugen ... reden mit Vollmacht ... Wenn einer der Zeugen Jehovas es unterließe oder sich weigerte, das zu tun, so würde er sich der von Jesus erwähnten Heuchelei schuldig machen, . Jehovas treues Volk ist vom Feinde und seinen tückischen Helfern umzingelt ... Daß große Gefahr da ist, körperlich verletzt und getötet zu werden, darüber besteht kein Zweifel."*[17]

Trotz des diktatorischen Auftretens der Wachtturm-Führer, halten sie sich die Möglichkeit offen, sich aus der Verantwortung zu ziehen, die als Folge ihrer Forderungen an die Anhänger weltweit auf sie zukommen könnte.

Offensichtlich waren viele Zeugen Jehovas unsicher, was sie angesichts der Verfolgungen tun sollten. Sie hätten ja unter Umständen auch zu Tode kommen können, wie z. B. durch den Pöbel, der sie in einigen Städten in den USA bedrohte.

Eine kleine Gruppe von Zeugen steht vor den Herrschern der Welt
und kündet vom Himmel die kommende Vernichtung an.
„Rechtfertigung", Bd. 3, 1931, S. 49.

Dazu schreibt ihnen „Der Wachtturm": *„Welche mögen sagen: „Ich will an das Wachtturm=Büro schreiben und anfragen, ob ich angesichts der großen Verfolgung* (gemeint ist hier die USA; Anm. d. V.), *der wir jetzt ausgesetzt sind, fortfahren soll, ein Zeuge für den Herrn zu sein oder nicht. Soll ich es darauf ankommmen lassen, getötet zu werden, oder soll ich mich still verhalten?" Keiner im Wachtturm=Büro hat die Autorität, dir zu sagen was du tun sollst."*[18]

Übersetzt heißt das doch, daß jeder einzelne Gläubige für sich allein entscheiden kann, wie er sich angesichts der lebensbedrohenden Verfolgung zu verhalten hätte. Eigentlich eine eindeutige Aussage zur Eigenverantwortung, aber in Wirklichkeit wollten sich die Wachtturm-Führer hier eine Hintertür offenlassen, um sich aus der Verantwortung für die Folgen ihrer Lehre zu stehlen.

Auch der folgende Rat des „Wachtturms" ist genau betrachtet eine Aufforderung zur Täuschung der gesellschaftlichen Verantwortungsträger. *„Mehr als alle Leute auf der Erde, sollte der Überrest mit Besonnenheit handeln, es wäre töricht, wollte er an den politischen Kämpfen dieser Welt teilnehmen ... Es wäre töricht, wenn ihr einem jeden, der eine Stellung in der Welt bekleidet und den ihr antrefft, sagtet, daß er vom Teufel sei, und daß der Herr ihn bald töten werde."*[19]

Das heißt doch nichts anderes, als das alle *„die eine Stellung in der Welt bekleiden"*, also alle Regierenden, Parlamentarier der verschiedensten Ebenen, Bürgermeister usw. getäuscht werden, unter Umständen sogar belogen werden dürfen über ihr angeblich zu erwartendes Schicksal als Diener oder Handlanger des Teufels.

Die Wachtturm-Schreiber warnen vor der Verbreitung von

„*verdrehten Ansichten Einiger und törichten und unweisen Wegen*", die einige gehen würden, weil sie den Wachtturm-Lehren nicht folgen würden.

Für diejenigen, die den Weisungen der Wachtturm-Führer Folge leisten, sollte folgendes gelten: „*Die des Herrn Weisungen treu befolgen, werden gewißlich Verfolgung erleiden. Sollten sie wegen ihrer Treue in der Bezeugung der Wahrheit sterben, so werden sie augenblicklich zur Gleichheit des Herrn der Herrlichkeit verwandelt werden.*"[20] (Hervorhebung im Text v. V.)

In Treue zur Wachtturm-Lehre sein Leben verlieren sollte also bedeuten, im Augenblick des Todes im Himmel bei Christus zu sein und ewig mit ihm in der „*himmlischen Regierung zu herrschen*". Anderer Ansicht zu sein, sei töricht und bedeute den Verlust des „*himmlischen Platzes*".

Wer wollte schon Gott untreu sein? „*Wenn du vor Gericht gestellt wirst, ... so sage es deutlich heraus, ... daß du dem Herrn und nicht irgendeiner weltlichen Organisation gehörst.*" Mit solchen Worten verteidigten sich die Zeugen Jehovas vor den Gerichten in der NS-Zeit. Für sie galt das, was „Der Wachtturm" vom 1. Dezember 1933 forderte: „*Fürchtet euch nicht vor denen, die den Leib töten und nach diesem nichts weiter zu tun vermögen.*" Wenn die Zeugen sich an ihren Versammlungsorten trafen, forschten sie, um festzustellen, was sie zu tun haben „*und das ist die ihnen durch den Tempel geoffenbarte Wahrheit − worauf es ihre Pflicht ist, den Geboten des Herrn zu folgen ... und wer sich weigert, seinen Geboten zu gehorchen, verleugnet den Herrn ...*"[21]

Einerseits sollte man die Freiheit haben, zu tun, was man für richtig hielt. Andererseits hatte man sein Leben verloren, wenn man nicht tat, was die Organisation vorgab. „Der Wachtturm" stellt weiterhin fest: „*Satans Organisation ist mächtiger und böser als mit Worten beschrieben werden könnte. Diese Organisation ist fest entschlossen, die Zeugen Jehovas auszurotten. Satan und seine Helfershelfer ziehen alle ihnen zur Verfügung stehende Macht heran, diesen verruchten Vorsatz zu verwirklichen. Dem Feind wird es ohne Zweifel gelingen, welche der Treuen zu töten; aber selbst dieses wird die treuen Zeugen in keiner Weise davon abschrecken, dem Herrn rückhaltlosen Gehorsam zu leisten ... Jehovas treues Volk ist vom Feinde und seinen tückischen Helfern umzingelt ... Daß große Gefahr da ist, körperlich verletzt und getötet zu werden, darüber besteht kein Zweifel. «*

Der Nationalsozialismus aus der Sicht der Zeugen Jehovas

Wie aus der Literatur dieser Zeit eindeutig hervorgeht, hat die Wachtturm-Führung keine besondere Verurteilung des Nationalsozialismus vorgenommen und hat auch nicht zugunsten der Demokratie vor dem Nazismus gewarnt. Das Naziungeheuer war für sie kein anderes, als die anderen Herrschaften, ob Republiken, Demokratien, Monarchien oder Diktaturen auch, satanische Herrschaften und Feinde Gottes, die den Zeugen Jehovas nach dem Leben trachteten, sie zu vernichten suchten.«[1]

Die Zeugen Jehovas glaubten damals unerschütterlich daran, daß der Tod in Treue zu ihrem Glauben zur augenblicklichen Verwandlung zu himmlischer Herrlichkeit bei Christus führen würde.

Ihre Standhaftigkeit, die heute als Widerstand gegen das NS-Regime ausgelegt wird, war in Wirklichkeit Gehorsam gegenüber den vermeintlichen göttlichen Geboten der Wachtturm-Führung und eine Verweigerungshaltung gegenüber den *„satanischen Machthabern"*.

Wie verhielt es sich zu dieser Zeit mit „Jehovas Jugend"?

Die Zeugen Jehovas haben ihre Kinder und Jugendlichen in den Versammlungen organisiert. Es wurde sogar eine eigene Zeitschrift als Beilage zum „Goldenen Zeitalter" mit dem Titel „Jehovas Jugend" herausgegeben. In der Schweiz existierte diese noch bis 1936, wurde dann aber auf Anweisung Rutherfords abgeschafft.

Aus eigener Erfahrung kann ich berichten, daß wir jugendlichen Zeugen die Möglichkeit des Zusammenseins intensiv nutzten. Begeistert wanderten wir in der näheren Umgebung in den Harzbergen, sangen dabei „Zionslieder" aus dem Liederbuch der Bibelforscher, spielten auf den Waldwiesen oder

Kindergruppe Thale 1931/32.

hörten gespannt den „Paradies-Erzählungen" unserer Gruppenleiterin zu.

„*Jugend heraus!*" – das war im „Goldenen Zeitalter" vom 1. Juli 1931 eine Titelüberschrift. Zwei Bilder darin zeigen Jugendgruppen. Die Berliner Gruppe bei einer Waldrast und die Magdeburger Gruppe vor der „Villa Rutherford" – eine Gartenlaube im Park der Magdeburger Zentrale. An diese Laube kann ich mich noch gut erinnern. Mein Vater hatte das „Bibelhaus" in Magdeburg besucht und mich mitgenommen. Die Laube war ein beliebter Hintergrund für Besucherfotos.

Ein Gedicht, das von der Berliner Gruppe verfaßt wurde, zeigt überdeutlich den Geist, in dem wir Kinder und Jugendlichen erzogen wurden, der bestimmte Gefühle in uns weckte. Ich gebe es hier ungekürzt wieder:

„Jugend heraus!
Lasset es schallen von Haus zu Haus:
Euer König ist ja hier!
Hebet hoch des Herrn Panier.
Stürmet hinaus und fragt nicht viel,
Singt ihm mit Lied und Lautenspiel:
Jugend heraus!

Jugend herbei!
Es endet die Knechtschaft, die Tyrannei.
Schart euch nur fest um Gottes Wort,
Es ist ein Felsen, ein starker Hort,
Und bleibt bestehn; denn Gottes Mund
Tut große Dinge heut euch Kund;
Jugend herbei!

117

Jugend voran!
Erhebet alle wie ein Mann
Euch zum letzten, großen Streit!
Kündet froh die goldne Zeit
Aller Welt, 's ist Gottes Sach',
Er ruft das Licht, den neuen Tag:
Jugend voran!

Drum Jugend heraus!
Lasset es schallen von Haus zu Haus,
Ruft den König aus allhier.
Hebet hoch das Siegespanier!
Stürmet hinaus und fragt nicht viel.
Singt ihm mit Lied und Lautenspioel;
Jugend heraus!"

Auf diese Weise wurden wir emotionalisiert. Das Leitmotiv „Gehorsamkeit" war ja nicht nur in der Kindererziehung der Zeugen Jehovas vorrangig. Gehorsam war für uns alle obligatorisch als treue „Diener des Herrn".

Wenn man sich das Liedgut der Zeugen Jehovas vor Augen führt, so wird daran deren Einstellung zur Umwelt deutlich. Zwei Lieder haben wir mit besonderer Inbrunst gesungen, und zwar die Nr. 100 *„Kein Ruhe heut"* und die Nr. 101 *„Die Getreuen"*. Daraus einige Textproben:

„Ich gehe als Fremdling wohl über die Erd, Kein' Ruhe heut', kein' Ruhe heut',

Prüfung, Versuchung uns hier noch umgibt, Kein'Ruhe heut', kein Ruhe heut'

Nr. 5　　　　　Magdeburg　　　　1. Mai 1933

Selbstverständlichkeit — Gedankenlosigkeit

Aus der Jugendbeilage der Zeitschrift „Das Goldene Zeitalter",
1. Mai 1933.

*ist in der Welt die uns alle nicht liebt; Dennoch das Herz voller
Freud'.*

Alle Getreuen alle Ergebnen sind von Menschenfurcht frei.

*Hoch in den Händen sie halten das Banner, bis Nacht und
Nebel vorbei.*

*Sind von Gefahren wir auch umgeben, sinkt uns doch nimmer
der Mut.*

*Mitten im heissesten Schlachtengetümmel. Stehn wir in gött-
licher Hut*

*Frisch drum voran, voll Mut voran,. Fürchte mein Volk dich
drum nicht.*

Die „treu Ergebenen" sahen in dem, was geschah, die vor-
ausgesagte Prüfung der Ergebenheit gegenüber Gottes „heili-
ger Organisation". Die „Verfolgung" machte sie nicht mutlos,
im Gegenteil, sie spornte sie zu emsiger Tätigkeit an, denn *„sie
waren ja in göttlicher Hut"*.

Die Situation in einer Versammlung 1933

In „Jehovas Zeugen – Antwort auf häufig gestellte Fragen" behauptet die Wachtturm-Führung, daß *„gutunterrichtete Personen (wissen), daß Jehovas Zeugen als religiöse Gruppe im Dritten Reich geschlossen den Nationalsozialisten widerstanden haben".* Diese Aussage wird mit Zahlen unterstützt: *„ 1933 etwa 20 000 Zeugen, fast jeder zweite inhafttiert; ingesamt verhaftet: 6 262, in KZ eingeliefert 2 074, in Haft starben 635, zum Tode verurteilt 253, hingerichtet 203."* [1]

Nach obiger Rechnung wurde nicht jeder zweite, sondern fast jeder dritte inhaftiert. Die wirkliche Anzahl der Anhänger war um einige Tausend höher. Die anderen Zahlen stimmen weitestgehend mit denen des Wachtturm-Jahrbuches von 1974 überein, mit einer Einschränkung, daß dort von ca. 6 000 Inhaftierungen gesprochen wurde, also Personen, die offensichtlich mehrfach inhaftiert wurden.

Wir hatten in Deutschland 1932/33 ca. 25 000 Anhänger der Zeugen Jehovas. Zu keiner Zeit haben diese geschlossen Widerstand gegen die Nationalsozialisten geleistet . Das Jahrbuch 1933 gibt für das Jahr 1932 12 589 Gruppenarbeiter, also aktive Verkäufer an. Als Höhepunkt der Tätigkeit wird die Aktion mit der „Königreichs-Broschüre" genannt, an der 14 453 „Arbeiter" beteiligt waren.

Um die damaligen Verhältnissse zu illustrieren, schildere ich Begebenheiten aus meiner Heimatversammlung in Thale/Harz. Die Versammlung hatte 1932/33 insgesamt 58 mir namentlich und persönlich bekannte Mitglieder. Davon wurden insgesamt 10 verhaftet und verurteilt. Nach Verbüßung der Gefängnisstrafe wurden acht von ihnen in ein

Konzentrationslager überführt. Dort verloren vier von ihnen ihr Leben, darunter auch mein Vater.

Die Kinder- bzw. Jugendgruppe in Thale bestand aus 28 Mädchen und Jungen. Alle 12 Jungen wurden in der Zeit von 1933 bis 1945 militärdienstpflichtig, jedoch hat keiner den Militärdienst verweigert. Einer ist im Krieg als Soldat gefallen und einer der überlebenden Soldaten wurde später Absolvent der „*Gilead-Schule*" in den USA – einer Ausbildungsstätte für Zeugen Jehovas – und diente bis zu seinem Tod 1998 als leitender Missionar der Wachtturm-Gesellschaft in Südost-europa/Asien.

Seine Eltern hatten sich 1933/34 von den Zeugen zurück-gezogen, und sein Vater arbeitete in einem Rüstungsbetrieb, war demnach „unabkömmlich", so daß er nicht zum Militär-dienst eingezogen wurde. Nach 1945 wurden seine Eltern wieder aktive Zeugen Jehovas. Nach dem Tod seiner Frau, trennte sich der Vater wieder von der Wachtturm-Organisa-tion.

Nach meinen Kenntnissen war es in anderen Versammlun-gen der Zeugen nicht viel anders. Das wurde mir besonders deutlich, als ich ab 1946 die Nachbarversammlungen Blanken-burg, Quedlinburg, Aschersleben, Halberstadt, um nur einige zu nennen, kennenlernte. Auch in den Versammlungen, die ich ab 1950 in Süd-Westdeutschland kennenlernte, so z. B. Konstanz, Singen, Schwenningen, Lörrach, Freiburg oder Ba-lingen, waren die Verhältnisse ähnlich.

In allen Versammlungen Deutschlands und später auch Österreichs hatten sich die Mehrzahl der Mitglieder still ver-halten und paßte sich den nationalsozialistischen Verhältnis-sen an.

Einigkeit im Verhalten gab es nicht

Die Zahlen der wegen Militärdienstverweigerung Verurteilten zeigen ein ähnliches Bild. Wieviel junge Männer aus den Reihen der Bibelforscher 1933 haben den Dienst nicht verweigert? Es muß die überwiegende Mehrzahl gewesen sein. Mit Sicherheit gab es viel mehr junge Männer im Militärdienstalter als die Verurteilungen wegen Verweigerung aufführen. Da die Bibelforscher an für sich aus kinderreichen Familien bestanden, dürften bestimmt mehr als 1 000 männliche Bibelforscher ihren Militärdienst abgeleistet haben.

Wie viele Zeugen Jehovas die „Erklärung" zur Abschwörung ihres Glaubens unterschrieben haben, wird sicher ein Geheimnis bleiben. Frau Dr. Christl Wickert stellt fest: *„Nach den Gestapo-Akten für die Stadt Düsseldorf unterschrieben die erzwungene Erklärung des Abschwörens von ihrer Religionsgemeinschaft mehr als die Hälfte der Verdächtigen und Angeklagten ..."*[1]

Es ist anzunehmen, daß es in den anderen Städten und Regionen nicht viel anders gewesen sein kann.

Im „Goldenen Zeitalter" vom 1. Mai 1933 findet sich unter der Rubrik „Kommentarlos" folgende Meldung: *„1.4. Wegen falscher Auslandsberichte über deutsche Verhältnisse wird von der nationalsozialistischen Parteileitung ein eintägiger scharfer Boykott jüdischer Geschäfte durchgeführt. Die gesamte deutsche Presse, einschließlich Zentrums= und jüdische Presse, veröffentlichte Proteste gegen die in der Auslandspresse veröffentlichten Falschmeldungen über angebliche terroristische Greuel in Deutschland. Den meisten jüdischen Richtern und Anwälten ist die Ausübung ihrer Tätigkeit untersagt."*[2]

Diese Meldung kann man auch nicht gerade als „antinazistisch" bezeichnen. Das „Goldene Zeitalter" verhielt sich wie viele andere Schriften dieser Zeit auch, ohne negative oder provozierende Kommentare.

Ich schmälere mit meinen sachlichen Feststellungen nicht die Überzeugung und die Standhaftigkeit der Verurteilten und Inhaftierten. Mein Großvater sowie meine Eltern sind Menschen gewesen, die aus ihrer Überzeugung heraus handelten. Es geht mir darum, klarzustellen, daß die angebliche Geschlossenheit und Standhaftigkeit unter den Zeugen nicht zu pauschalisieren ist, sondern daß immer das individuelle Schicksal betrachtet werden muß.

Die Hoffnung, daß nicht alles so schlimm werden und auch Hitler bald den gleichen Weg gehen würde, wie ihn die Regierungen, die es vorher gab, nehmen mußten, war auch unter den Zeugen weit verbreitet. So dachte sich mancher, daß erst einmal stillhalten und abwarten die bessere Alternative sei. Noch gut erinnere ich mich an die seitenlangen Briefe, die unsere Mutter an den damaligen preußischen Ministerpräsidenten und Innenminister Göring schrieb, in denen sie sich auf die Verfassung des Reiches berief, in der Hoffnung, daß sich die Verhältnisse doch ändern müßten.

Von Anfang an protestiert? – Aufklärung einer Legende

Fast zwei Jahre nach Hitlers Machtergreifung behandelt „Der Wachtturm" in seinen Ausgaben vom 1. und 15. Dezember 1934 unter dem Thema *„Festgelage der Verschwörer"* die Weltsituation vor ihrem baldigen, von Gott gesetzten Ende.

Jehovas Zeugen sollten erwarten, vom *„Teufel und seiner Sippe gehasst zu werden".* Sie seien durch den „Wachtturm" im voraus gewarnt, das eine Verschwörung gegen sie angezettelt würde: *„Die Verschwörer suchen Jehovas Gesalbte zu vernichten, damit sie keine Nation mehr seien, und diese ruchlose Verschwörerbande besteht aus Gog und einem Heer von bösen Geistgeschöpfen; ferner aus den religiösen, politischen und kommerzielllen Machtgruppen auf der Erde, und alle diese verrichten ihren besonderen Teil unter der Leitung Satans, des Teufels."*[1]

Langatmig beschreibt „Der Wachtturm" den Aufmarsch der Verschwörer und bereitet die Zeugen auf eine weltweite Verfolgung vor, *„die jetzt im Gange"* sei und der die *„Schlacht von Harmagedon folgt".* Die Machthaber aller Staaten seien sich einig darin, den *„Knechten Jehovas Gewalt anzutun".*

In einem weiteren Artikel *„Zulassung der Christenverfolgung"* wird unter anderem behauptet, daß die demütigen Bibelforscher *„in Deutschland während des Weltkrieges von 1914 bis 1918 verfolgt und bestraft wurden, weil sie sich weigerten",* Kriegsdienst zu leisten.[2]

Diese Behauptung trifft mindestens auf die Jahre von 1914 bis 1916 nicht zu. Es wurden laufend *„Briefe unserer Brüderschaft aus dem Felde"* veröffentlicht, die sich für die *„ins Feld"* gesandte „Wachtturm-Literatur" bedankten. Sie kamen aus Lazaretten oder direkt aus dem Schützengraben. Ebenso wurden die Namen von Zeugen, die im Kampf gefallen waren, im „Wachtturm" veröffentlicht. Unter den Soldaten befanden sich auch leitende Brüder aus dem damaligen „Bibelhaus" in Barmen.

1934 wurde über *„böse und ungerechte Verfolgungen"* in den USA berichtet: *„Kürzlich wurden in Jersey City, Plainfield, Ber-*

genfield, Asbury Park und Ocean Grove (New Jersey) und an verschiedenen anderen Orten in Pennsylvanien und Connecticut und andernorts ehrliche Männer und Frauen von Polizeibeamten in grausamer Weise verhaftet, beschimpft, geschmäht, mißhandelt und in den Kerker geworfen."[3]

Am 9. Februar 1934 schrieb Rutherford einen weiteren Brief an Hitler. Der Ton, den er darin anschlug, war bei einem totalitären Machthaber völlig unangebracht. Dieser Versuch, zu einer Verständigung zu gelangen oder zumindest zur Entspannung der Situation beizutragen, schlug fehl. Man könnte allerdings auch vermuten, daß Rutherford es von vornherein auf eine bewußte Steigerung der Konfrontation abgesehen hatte.

Einige Auszüge: *„Sehr geehrter Herr Reichskanzler, Dieses Schreiben ist sowohl eine freundliche Mitteilung als auch eine Warnung über Dinge, die für Ihr Wohlergehen von allergrößter Bedeutung sind. Sie werden feststellen, daß es in Ihrem Interesse liegt, den Brief sorgfältig zu lesen ... Im Frühjahr 1933 hat Ihre Regierung in ungerechtfertigter Weise diese aufrichtigen christlichen Leute, die Zeugen Jehovas sind gewaltsam gezwungen, die Anbetung Jehova Gottes, . zu unterlassen ... Ihre Regierung hat ebenfalls ohne gerechten Grund eine große Anzahl von Büchern, Bibeln, Bildern, ein großes Quantum Papier und anderes Material beschlagnahmt und durch Feuer vernichten lassen ... Viele der unschuldigen und treuen Zeugen Jehovas wurden von Ihren Beamten ins Gefängnis geworfen und mißhandelt. Sie sind ein vielbeschäftigter Mann, und viele dieser Dinge sind Ihnen wahrscheinlich nicht mitgeteilt worden; aber das ist nicht die Schuld derer, die ungerecht und grausam behandelt worden sind.*

Feinde der Zeugen Jehovas haben diese böswillig verleumdet und haben ruchlose Lügen über sie verbreitet, um die Regierung zu veranlassen, ihnen Schaden zuzufügen ...

Dieses Ansuchen (gemeint ist die „Berliner Erklärung" vom 25. Juni 1933; Anm. d. V.) *wurde von Ihrer Regierung nicht beachtet, und Sie haben sich geweigert, diesen Zeugen Jehovas zu gestatten, ihm* (Jehova) *zu dienen.*

Diese ergebenen Nachfolger Christi Jesu, ... haben lange gewartet und gelitten, indem sie hofften, Sie würden veranlassen, daß diese ungerechte Behandlung aufhöre ... Sie haben jedoch verfehlt, dies zu tun ... Die Warnung ist ergangen, daß alle, die Gott und seinem Königreiche entgegentreten, vom Herrn in Harmagedon vernichtet werden. Diese Bekanntmachung und Warnung hat Ihre Regierung mißachtet ... Sie können einem und jedem Menschen erfolgreich widerstehen, dem Allmächtigen aber können Sie nicht erfolgreich Widerstand leisten ...

Noch einmal, ... ersuche ich, daß Sie allen Behörden und Beamten Ihrer Regierung Befehl geben, daß Jehovas Zeugen sich in Deutschland friedlich versammeln ... dürfen."

Dann stellte Rutherford Hitler und seiner Regierung ein Ultimatum, spätestens bis zum 24. März 1934 zu reagieren, ansonsten würde Rutherford weltweit die Zustände in Deutschland bekanntmachen.

Der „Präsident" einer amerikanische Kleinsekte mit weltweit 59 000 Mitgliedern und ca. 25 000 Anhängern in Deutschland, trat dem Diktator des Deutschen Reiches gegenüber auf, als sei er der mächtigste Mann der Welt. Diese arrogante und maßlose Überheblichkeit konnte seinen Anhängern nicht nutzen. Er handelte fahrlässig gegenüber seiner Anhängerschaft, denn er hätte absehen müssen, welche Folgen solch eine Androhung haben würde.

Am 7. Oktober 1934 schickte er an Hitler noch ein Telegramm, weil Hitler auf seinen Brief natürlich nicht reagiert hatte. Die kleinen Gruppen der Zeugen Jehovas in allen Ländern der Welt schickten an diesem Tag ein gleichlautendes Telegramm mit den Worten: *„Hitlerregierung Berlin, Deutschland.*

Ihre schlechte Behandlung der Zeugen Jehovas empört alle guten Menschen und entehrt Gottes Namen. Hören Sie auf, Jehovas Zeugen weiterhin zu verfolgen, sonst wird Gott Sie und Ihre nationale Partei vernichten."

In San Diego, im milden kalifornischen Klima, saß Rutherford im seinem „Haus der Fürsten" und hatte für sich keine Konsequenzen aus seinem Vorstoß zu erwarten, während seine Anhänger sich für ihn in die politische Arena wagten.

Wie im *„Jahrbuch"* 1934 berichtet wurde, führten die Zeugen in den USA regelrechte *„Feldzüge"* durch. Wenn sich *„an verschiedenen Orten des Landes, wo Störungen vorlagen, indem Ortsbeamte uns Schwierigkeiten machten, oder wo der Feind sich bemühte uns die Tätigkeit abzuschneiden konnten wir innerhalb einer Woche mit 10 bis 200 Missionsarbeiter=Autos erreichen."*[4]

Auch zahlreiche Verhaftungen in den verschiedensten Staaten und Orten der USA beeindruckten die Zeugen wenig: *"Solchen Verhaftungen begegneten wir in fast allen Fällen mit darauffolgenden „Divisionsangriffen".*

Die hier verwandten, dem militärischen Vokabular entlehnten Begriffe, finden wir in der Umgangssprache der Zeugen bis heute. Im besagten Jahrbuch finden wir allein auf den wenigen Seiten, aus denen die USA-Berichte entnommen sind, Begriffe wie *„Scharfschützen", „Feind", „Pionier", „Divisions=Angriff", „Feldzug", „Einheitsfront".*

„Der Wachtturm" sparte sich weiterhin jegliche Kommentare zur nationalsozialistischen Politik. Man könnte meinen, die Kirchen sind die alleinigen Verfolger der Zeugen, wenn man im „Wachtturm" liest: *„Alle treuen Zeugen des Herrn sind von der römisch=katholischen Hierarchie als Fanatiker, Lästerer und Feinde des Staates hingestellt worden und oft werden die demütigen Nachfolger Christi Jesu des Aufruhrs und der Lästerung bezichtigt. Hauptsächlich in Italien, Deutschland, Kanada und den Vereinigten Staaten wird die Wahrheit bekämpft und werden Gottes Zeugen verfolgt. Die religiösen Führer der sogenannten „organisierten Christenheit", Satans Hauptwerkzeuge, sind die Urheber dieser Verfolgungen. In ganz Deutschland wurden viele Geschwister verhaftet und in Konzentrationslager verbracht und sie waren in großer Bedrängnis."*[5]

Auch im 1936 erschienenen Buch „Reichtum" fand keine Verurteilung der nationalsozialistischen Verfolgungsstrategie statt. Die Argumentation befaßte sich hauptsächlich mit der römisch-katholischen Hierarchie, die nun auch in den USA versuchen würde, die Regierung zu veranlassen, Jehovas Zeugen verstärkt zu verfolgen: *„ Auf Veranlassung der römisch-katholischen Hierarchie werden Jehovas Zeugen jetzt in allen Teilen der „Christenheit", besonders in Österreich, Deutschland, Estland, in Quebec und New Jersey, grausam verfolgt. In den erwähnten Ländern sind Bücher der Wachtturm-Gesellschaft, ... beschlagnahmt, und vernichtet worden, und viele der Zeugen Jehovas ... werden „ aufrührerischer Verschwörung" angeklagt und ins Gefängnis geworfen, weil sie solche Schriften besitzen oder sie verbreiten."*[6]

Bis zu diesem Jahr hatte die Wachtturm-Führung die Maßnahmen der Behörden der oben genannten Länder als gleichwertig angesehen.

Mit dem „*Jahrbuch*" 1937 verschärften sich nicht nur die Töne, sondern die Schar der „Zeugen-Feinde" wurde auch neu gebündelt. Zwar hieß es noch: „*Der alte Drache, der Teufel, besitzt jetzt die mächtigste religiöse Organisation auf Erden, die je existiert hat.*" Nun aber wurde eine direkte Verbindung zwischen der römisch-katholischen Hierarchie und den Nazis konstruiert.

Wir lesen: „ *Kein Glied der römisch-katholischen Hierarchie muß wegen Ausübung seiner Religion Verfolgung erleiden. Deutschland, das jetzt von einem wansinnigen Diktator regiert wird, der in voller Übereinstimmung mit dem Vatikan handelt, verfolgt alle wahren Nachfolger Christi. Die Jesuiten waren es, die die Nazis in Deutschland organisiert haben ... Wegen seiner Religion ist noch kein Katholik in Deutschland verfolgt worden, obwohl die Hierarchie frech erklärt, daß ihr Gesetz über dem des Landes steht.*"[7]

Mit dem Buch „Feinde" (1937) setzte eine bis dahin ungeahnte Verschärfung in Wort und Bild ein. Langatmige Wiederholungen der bekannten Weltsicht Rutherfords wechseln sich ab mit seiner „Entlarvung" der „listigen Schwindler, Gimpelfänger und Erpresser": „ *Ein „Racketeer"* (Gimpelfänger, Schwindler) *ist ein gerissener, schlauer und geschickter Ränkeschmied, der seine Pläne oder Machenschaften dazu benutzt, andere ungerechtfertigterweise zu übervorteilen. Er gewinnt eine unrechtliche Überlegenheit über andere und führt darauf seinen listigen Plan aus, andere zu berauben oder auszuplündern, und das tut er zu seiner tatsächlichen oder vermeintlichen Bereicherung.*"[8]

Die Aufzählung seiner Beispiele reicht vom Kindesraub, über Erpressung, Diebstahl und Mord bis hin zu politischen Umtrieben und der Verdrehung von Tatsachen.

Zur „Entlarvung" des „größten Racket", der der Feind der Allgemeinheit sei, führte Rutherford aus: „*Die gefährlichste und verderblichste Form der Racketeer-Umtriebe aber ist diejenige, die den Schein der Ehrlichkeit trägt und dabei in feiner, verführerischer Weise wirkt um das Volk gegen die eigentlichen Wahrheiten zu verblenden. So werden die Leichtgläubigen in der Falle des Feindes gefangen und können sich daraus fast nicht befreien.*"[9]

Dann fuhr er fort: „*Der größte jemals erfundene und betriebene Racket (Gimpelfang) geschieht unter der Ausnutzung der Religion ... Was hier veröffentlicht wird, ist kein Angriff auf Menschen, sondern ist gegen die schlauste und teuflischste Art Betrug gerichtet die es je gegeben hat.*"[10]

In der nun folgenden „*Überführung des Racketeers*" wendete Rutherford seine ganzen rhetorischen Fähigkeiten an, um die katholische Kirche als das „*größte Racketeer*" mittels einer haarsträubenden Beweisführung zu entlarven:

„*Das Schreckgespenst, das den Menschen jetzt überall, landaus, landein, vor Augen gehalten wird, ist der Kommunismus, und hinter dieser Schreckgespenst-Bewegung steckt das Papsttum. Jedermann, der es wagt, die Wahrheit über die römisch-katholische Hierarchie herauszusagen, wird von dieser Organisation als Kommunist verschrien. Tatsache ist, daß die Jesuiten, der Geheimorden der römisch-katholischen Hierarchie, den Kommunismus schon gefördert haben, um ihn dann als Mummerei und Schreckgespenst zu benutzen und den Menschen Furcht einzujagen, daß sie sich zu einer Gegenbewegung organisieren, die wiederum unter der Gewalt des Papsttums steht. Auf diese Weise wurden unter der Führung Hitlers in Deutschland die Nazis organisiert, die nun in jenem Lande eine erbarmungslose, grausame und mörderische Herrschaft ausüben; .Die Hitler-Regierung ist in voller Überein-*

stimmung mit dem Vatikan in Rom ... da die katholische Kirche Hitler unterstützt, beweist dies überzeugend, daß die römisch-katholische Organisation den Teufel vertritt und Gottes und Christi Feind ist."[11]

Es fällt schwer diese seitenlangen unsinnigen Verschwörungstheorien zu verfolgen. Hier ist nichts zu spüren vom Versuch einer ehrlichen sachlichen Auseinandersetzung mit Andersdenkenden.

Im Kapitel „*Das Lied von der Hure*" wird sein unterschwelliger Haß unerträglich. Alles, was nur an Textstellen zur „Beweisführung" herangezogen werden kann, um es auf die Kirche oder den Papst anzuwenden, wird ausgeschlachtet.

Rutherford behauptete beispielsweise: „*Tatsache ist, daß er* (der Papst; Anm. d. V.) *der Statthalter des „Gottes dieser Welt" ist, das ist – wie die Heilige Schrift zeigt – des Teufels.*"[12]

Auf einen derartigen Vorwurf kann man nur mit Kopfschütteln reagieren.

Für ihn war die katholische Kirche die „*Hauptorganisation des Teufels*": „*Die der Hauptorganisation nahestehen und von ihr abhängen, veranschaulichen Leute des selben Schlages, nähmlich die jüdische und protestantische Geistlichkeit und andere Bundesgenossen der Hierarchie, die in der Gegenwart der Hierarchie auf Schritt und Tritt folgen und das Geheiß der alten „Hure" tun ... Die sogennannte „protestantische" und die jüdische Geistlichkeit spielen heute wie törichte Gimpel der römisch-katholischen Hierarchie offen in die Hände und helfen das Einkommen der Hierarchie vermehren ... Die Hierarchie übernimmt dabei die Führung, und die Einfallspinsel folgen ihr.*"[13]

Protestantische und jüdische Organisationen werden auf Seite 218 als „*Arme Trottel!*" bezeichnet, weil sie in den USA der Hierarchie folgten und den Fahnengruß übten. Rutherford ist kein Argument zu dumm, um es für seine Hirngespinste zu benutzen. So behauptet er allen Ernstes, daß die von der Hierarchie angeführten Religionisten versucht hätten, im Ersten Weltkrieg Jehovas Zeugen auszurotten.[14]

Im „Wachtturm" vom 1. Januar 1995 wird allerdings erklärt, daß Satans Versuch, die Zeugen durch Verfolgung auszurotten, mißlungen sei und er sich deshalb in der neueren Zeit etwas anderes einfallen ließ: *„Da es Satan nicht gelungen ist, Gottes loyale Diener durch Verfolgung auszurotten, versucht er in seiner Wut, ganze Volksgruppen auszulöschen, zweifellos in der Absicht, Jehovas Diener zusammen mit der übrigen Bevölkerung zu vernichten. Sogenannte ethnische Säuberungen gab es in einigen Regionen des ehemaligen Jugoslawien; und in Liberia, Burundi und Ruanda hat man versucht ganze Völker auszurotten."*[15]

Kann man solche Aussagen überhaupt noch ernst nehmen? Nun wissen diejenigen, die sich um Frieden im ehemaligen Jugoslawien sowie in anderen Krisenregionen der Erde bemühen, endlich, warum ihre Bemühungen, Frieden zu schaffen, fehlschlagen.

Rutherford machte sich weiterhin stark für „ seine Waffen" wider die „Feinde": *„Waffen wider deine Feinde. MIT DIESEN kannst du die Feinde jederzeit in die Flucht schlagen! Religionisten sind den höchsten Interessen des Menschen feind, und keiner von ihnen ist je fähig gewesen, solchen Waffen Widerstand zu leisten, wie die biblischen Wahrheiten sie darstellen, die sich in den unten verzeichneten Büchern von Richter Rutherford finden."*[16]

Bereits 1917 hatte er im Buch „Das vollendete Geheimnis" und in dem dafür werbenden Traktat „Der Fall Babylons" die *„anarchische Masse"* bemüht, die Kirche in einer Orgie von Revolution zu vernichten. Rutherford kommt im Buch „Feinde" darauf zurück: *„Die Zeit kommt, .. dann wird es für die „ zehn Hörner" des „Tieres", die herrschenden politischen Kreise, „keine Einschränkung" mehr geben; sie werden sich gegen die hierarchische Religionsorganisation wenden und sie nach dem Willen Gottes zerreißen, und dann wird Jehovas großer Scharfrichter jeden Teil der Satansorganisation vollständig zertrümmern. Die Religion,.und Religionsorganisationen mit ihren politischen und kommerziellen Gesetzen werden im Laufe der Schlacht ... restlos verschwinden."*[17]

In seinen Rundfunkreden, die danach in Broschüren weltweit verbreitet wurden, zeichnet er ein Weltbild, das in punkto Angstmacherei und Hoffnungslosigkeit nicht mehr zu überbieten war: *„Es kann nicht der geringste Zweifel bestehen, daß alle Völker dem Tod gegenüberstehen"*, ist beispielsweise eine immer wiederkehrende Behauptung Rutherfords.

Aber ohne Hoffnung brauche niemand zu sein, denn der Retter sei schließlich schon da: *„Ich spreche nun zu den Völkern des Britischen Staatenbundes und Amerikas,"* oder; *„Ich spreche heute zum amerikanischen Volke, das in der Verteidigung der Rede und Versammlungsfreiheit sowie der Freiheit der Anbetung des allmächtigen Gottes mehr als hundert Jahre lang führend gewesen ist. All diese Menschenrechte sind nun ernstlich bedroht."*[18]

Wer etwas gegen seine Reden und Versammlungen einzuwenden hat, *„gehört zu denen, die eine grausame Diktaturherrschaft befürworten"*. Wer gegen seine *„Tatsachen"* Widerstand leistet, *„will nur das Volk in Unwissenheit halten, bis es aller Freiheit beraubt ist und unter unumschränkter Gewalt von Diktatoren steht"*.

Wenn man die Rundfunkreden liest, die in Broschüren wie

„Schau den Tatsachen ins Auge", *„Warnung"* oder *„Faschismus oder Freiheit"* veröffentlicht sind, kann man sich dem Eindruck nicht entziehen, der hier eindeutig suggeriert wird, *„durch Richter Rutherfords Bibeldeutung kommt allein die Rettung der Welt"*.

Ebenso wirbt der Watch Tower Verlag Brooklyn N.Y. mit den Vorzügen der Rutherfordschen Bibeldeutung: *„ Millionen Menschen in vielen Ländern haben diese kürzlich erschienenen Schriften Richter Rutherfords bereits empfangen, nehmen sich nun vor den Feinden der Freiheit in acht und frohlocken, daß die theokratische Regierung jetzt die Herrschaft über den Menschen antreten ... wird."*[19] Das grenzt an Hochstapelei, wenn man bedenkt, daß es 1938 weltweit 42 000 aktive Anhänger gab.

Auf die Broschüre *„Faschismus oder Freiheit"* von 1939 wird heute in dem Video „Standhaft" verwiesen und daraus zitiert: *„ Das allgemeine Volk in Deutschland liebt den Frieden. Der Teufel hat dort als seinen Vertreter einen unbarmherzigen, grausamen, und fanatischen Menschen zur Macht erhoben,.. Auf unmenschliche Art verfolgt er die Juden, weil sie einst Jehovas Bundesvolk waren und den Namen Jehovas tragen, und weil Christus Jesus ein Jude war."*

Diese Textstelle wird benutzt, um zu beweisen, daß die Zeugen Jehovas auf die Verfolgung der Juden und die Verbrechen Hitlers aufmerksam gemacht hätten.

Schon das Titelbild auf dem Umschlag der Broschüre zeigt, worum es in diesen Vortrag wirklich ging, nämlich um *„die Weltbedrohung durch einen Bund, katholische Kirche mit Hitler, Stalin, Mussolini und Franko"*.

Es ging nicht um die Verfolgung der Juden in Deutschland, sondern um die Durchsetzung der Rutherfordschen These,

Diffamierende Darstellung des Papstes mit Stalin, Mussolini und
Hitler als seine Handlanger, in „Faschismus und Freiheit", 1939.

daß dieser „katholisch-diktatorische-Nazi-Faschisten-Bund"
die Welt erobere und ihr die Freiheit nehme. Rutherford
schrieb wenige Seiten später über Amerika: *„Ich werde nun den
Beweis antreten, daß die genannte Religionsorganisation das Ziel
verfolgt, die Freiheit in Amerika zu unterbinden ... Viele recht-
schaffende und erleuchtete Katholiken, die erkannt haben, daß der
Vatikan auf die politische Eroberung Amerikas ausgeht, haben diese
Religionsorganisation verlassen und sich auf die Seite des Herrn
und der Gerechtigkeit gestellt."* [20]

Aus Veröffentlichungen dubioser rechter Kreise in den
USA, in denen sich auch der eine oder andere Katholik be-
fand, konstruierte Rutherford folgendes: *„ ... eine deutliche
Sprache und starken Beweis, daß die Hierarchie in Amerika mit
den Faschisten Hand in Hand arbeitet, um die Gewalt über die
Nation zu ergreifen und das Volk aller Freiheiten zu berauben."* [21]

Seite um Seite schilderte Rutherford Vorkommnisse von
Zusammenstößen, Störungen von Zusammenkünften und
andere Schwierigkeiten, um dann sagen zu können: *„Dies ist
ein weiterer Beweis und endgültiger Beweis, daß die Hierarchie
gegen Gott und sein Reich unter Christus eingenommen ist und
daß sie im Verein mit dem Faschismus wirkt, um das Volk seiner
Freiheiten zui berauben."* [22]

Rutherford sah Amerika direkt vor der Eroberung durch
die katholische Hierarchie und ihren angeblichen Kampftruppen, den Faschisten, Nazis und Kommunisten: *„Protestanten, Juden, manche Eigentümer von Radiostationen und
andere mehr sind durch Furcht vor der römisch-katholischen Hierarchie in den Fallstrick Satans geführt, geknebelt und an Händen
und Füßen gebunden worden."* [23]

Mit einem Seitenhieb auf die schlechte gesellschaftliche und politische Entwicklung in Mitteleuropa und in Amerika, schreibt er weiter: „ *Seitdem dieses scheußliche Ungeheuer, die totalitäre Herrschaft erschienen ist, sind die Freiheiten des Volkes jäh geschwunden ... Es wird sich völlig herausstellen, daß die Strafbareren, also die, welche an diesen Verbrechen und Nöten die Hauptschuld tragen, jene sind, die die römisch-katholische Hierarchie bilden, unter dem Vorsitz des (inzwischen verstorbenen) Papstes, der die Katholische Aktion einführte.* "[24]

Wenn dies eintreten würde, würden die Menschen in den letzten Tage dieses Weltsystems leben. Rutherfords Folgerung daraus war: „*Die Menschen können den Vormarsch, der Hierarchie-Faschisten jetzt nicht aufhalten, er ist schon zu weit gediehen ... Möge die faschistisch-katholische Hierarchie wissen, daß unser Land Amerika und nicht Rom heißt, .Die katholische Presse verharrt darin, Lügen über mich auszustreuen und zu sagen, daß ich einen Haßfeldzug betreibe. Mit andern Zeugen Jehovas zusammen aber kämpfen wir gemeinsam für die Grundsätze der Gerechtigkeit, die allen ehrlichen Menschen, ungeachtet ihrer früheren Glaubensauffassung teuer sind.* "[25]

Diese „*Grundsätze der Gerechtigkeit*" sind seine Grundsätze, und die „*ehrlichen Menschen*" sind diejenigen, die an Rutherfords Aussagen glauben.

Nach Kriegsausbruch 1939 erschien am 1. Dezember „Der Wachtturm" mit dem Hauptartikel „*Neutralität*". Hier wird den Anhängern klargemacht, daß sie sich nicht an den Kriegen der Nationen beteiligen und sich diesen gegenüber „*neutral* zu verhalten hätten, denn sie seien „*Abgesonderte der Theokratie, die mit den politischen Angelegenheiten dieser Welt nichts zu tun hätten ... Wenn die Nationen dieser Welt kämpfen wollen, so ist das gänzlich ihre Sache und keineswegs. ..* " die Aufgabe einer Person, die Gott treu sein will. Jehovas Zeugen hätten sich von „*allen Nationen dieser Welt vollkommen abgesondert und getrennt,*" und dienen allein der Theokratie.[26]

Nach noch nicht einmal einem Jahr wurden diese Aussagen revidiert, und man kehrte zur vorherigen Geschichtsdeutung zurück.

Hetzkampagne in „Consolation"

In der amerikanisch/englischen Ausgabe von „Trost", die unter dem Namen „Consolation" bekannt ist, setzte 1938/39 eine Kampagne ein, die in Wort und Bild alles bisher Dagewesene überbot.

Jahrelang war eine Rubrik „*Under the totalitarian flag*" (Unter totalitärer Fahne) in dieser Zeitschrift eingesetzt.

Was hier an sogenannten Erfahrungen von Zeugen Jehovas mit Andersgläubigen, Priestern, Behörden, Radiosendern usw. publiziert und karikiert wird, hat mit sachlicher Argu-

„Consolation", Vol. XXII, No 560, March 5, 1941.

mentation und Berichterstattung einer christlichen Glaubens-
verkündigung nichts mehr zu tun. Hier ist der Boden einer fai-
ren Auseinandersetzung um Fragen des christlichen Glaubens
und Handelns verlassen. Auch die immer wieder proklamierte
politische Neutralität der Zeugen Jehovas wurde hier aufgegeben. Mit vielen der Berichte und Kommentare landete
die „Consolation"-Redaktion mitten in der internationalen
Politik.

„The golden age publishing company" (Brooklyn N.Y.),
unter der Leitung von C. J. Woodworth und dem Vize-Präsi-
denten Nathan Homer Knorr, hebt sich mit ihrer Zeitschrift
„Consolation" deutlich von der „Wachttower Society" ab. Das
lag unter anderem daran, daß die Zeitschrift „Consolation" im
Hinblick auf die Verbreitung der Wachtturm-Lehre andere
Aufgaben wahrzunehmen hatte. Sie war weniger für die eigenen Anhänger, als vielmehr für Sympathie-Werbung und Beeinflussung der Öffentlichkeit zugunsten der Wachtturm-
Lehre bestimmt. Im Vergleich zu Rutherfords Stil in seinen
Büchern und Broschüren, ist auch die Sprache und Argumentation eine andere. Logisch aufgebaute Beweisketten unterstützen hier die Lehrbegründungen. Man appelliert an das
Gefühl der Anhänger sowie an die Sehnsüchte und Ängste der
„weltlichen" Leser.

Auch bei der Zeitschrift „Der Wachtturm" war mittlerweile
ein anderer Wind zu spüren, aufgrund eines Wechsels in der
Redaktion. Jetzt war die Generation nach Rutherford am
Zug, die sich im Prophezeien übte.

In Rutherfords Reden, Broschüren und Büchern war
sein Stil unverändert. Mit Rücksicht auf Rutherfords Bekanntheitsgrad und seinem Status, nahm die neue Gene-

ration an Schreiberlingen noch wenig Einfluß auf seine Schriften.

Es war keineswegs so, daß von der haßerfüllten Antikirchen-Argumentation Abstand genommen wurde. Im Gegenteil: Es wurde noch intensiver personifiziert als das vorher der Fall war. Sie versuchten noch stärker als Rutherford in den Jahren zuvor ab 1936/37 sich als Retter demokratischer Freiheiten gegenüber der drohenden „römisch-faschistischen Gefahr" aufzuspielen und zu beweisen.

Einige wenige Beispiele mögen genügen, um zu zeigen, mit welchen Mitteln Rutherford und seine mitverantwortlichen Redakteure Hetze gegen die katholische Kirche und Religion im allgemeinen betrieben.

Selbst das schwere und grausame Schicksal der jüdischen Bevölkerung wurde instrumentalisiert, um der „*Hierarchie*" eine angebliche Zusammenarbeit mit den Nationalsozialisten nachweisen zu können. „*Only a man with a conscience can be a true patriot*" (Nur ein Mann mit einem guten Gewissen, ist ein wahrer Patriot). Jehovas Zeugen, Vater und Sohn gehorchen gemäß Exodus (2. Mose) 20,2–5 dem Gottesgebot, keine Bilder anzubeten und verweigern den amerikanischen Flaggengruß. Militär, Religion und staatsgefährdendes Gericht fordern ihn. Sie aber sind die wahren Patrioten.[1]

„Consolation"
vom August 1939, S. 21.

„*Snakes alive*" (lebende Schlangen). Von den Zeugen vorgebrachte Tatsachen reißen der Hierarchie die Kopfbedeckung weg, darunter kommen giftige Schlangen wie Lüge, religiöse wie politische Verschwörer und Boykotteure hervor.[2]

„*No, no. Eugene; that's not the kind fan-dance Ameri loves*" (Nein, Nein, Eugen, das ist nicht die Art begeistert zu tanzen, wie es Amerika liebt).

„Consolation"
vom Oktober 1939, S. 5.

Papst Eugen tanzt auf dem Grab der spanischen Demokratie vor Freude über den Sieg der totalitären Diktaturen über die Demokratie, und zum Tanz singen und pfeifen Hitler, Franko und Mussolini.[3]

„*Lookit who „our" und „we" turned to be!*" (Schaut, wer sich unter „unser" und „wir" entpuppt!). Papst, Stalin, Mussolini Hitler.[4]

„Consolation" gibt vier Zeichnungen eines Karikaturisten wider:

Szene 1 „*Hitler, Mussolini und Franco haben die ganze politische Unterstützung,, die sie von der alten Muttersau bekommen konnten, und sie suchen nach mehr fruchtbaren Feldern.*

Szene 2 „*Stalin verbindet sich mit den anderen 3. Zusammen haben sie die Juden ausgelöscht. Sie suchen neugierig nach jedem anderen und Stalin zeigt auf den Vatikan; und los gehen sie.*

Szene 3 „*The rooting progresses, and the golden treasure is*

„Consolation" vom Oktober 1939, S. 17.

uncovered which the totalitarians expect to use further conquest
of territory. The sow's dream is gone, and she weeps bitterly.

Das Suchen macht Fortschritte und der (päpstliche) Goldschatz
ist unbedeckt, die Tyrannen erwarten ihn für eine weitere Gebiets-
erweiterung gebrauchen zu können. Der schweinische Traum ist
vorbei und sie weinen bitterlich.

Szene 4 „Die Beute ist geteilt, und sie geraten in Streit, weil
die Verteilung nicht gleich ist, und sie kämpfen es untereinander
aus, indem sie einander zerstören. Diesem folgt die Zerstörung der
alten Hure."[5]

„Fünfte Kolonne" – Gefahr für die Freiheit in den USA

Im Juli 1940 verbreitete die „Watchtower Bible and Tract Society, Inc." eine Broschüre mit dem Titel *„Judge Rutherford uncovers Fifth Column"* (Richter Rutherford entlarvt Fünfte Kolonne). Diese Broschüre beantwortet Fragen, die die *„New York Post"* an Rutherford gestellt hatte.

Einleitend wirft er der amerikanischen Presse vor, daß sie ihn fünfzehn Jahre nicht zu Wort kommen ließ bzw., daß alles, was er zu sagen gehabt hätte, falsch wiedergegeben wurde. Er zweifle auch jetzt daran, daß hinter den Fragen doch eine gute Absicht der Presse stecke:

„Die Post wird das, was ich zu sagen habe, natürlich nicht veröffentlichen, doch ich ersuche um folgendes; daß die Antworten, die ich hier auf die vorgelegten Fragen gebe, in die Pressearchive der Post und jeder anderen Zeitung kommen, die eine Kopie haben will, und daß dann, wenn die schrecklichen Verhältnisse auf Amerika übergreifen, die jetzt in Europa verbreitet sind, der leitende Herausgeber das Archiv öffnet und diese Antworten liest und dann nicht sagen kann: „Uns war nicht bekannt, daß dies alles so kommen würde."[1]

Rutherford sagte dann voraus, daß die katholische Kirche und die Nationalsozialisten sich die USA unterwerfen würden.

Auf die Frage, warum gegen die Zeugen in den USA in den verschiedenen Gebieten Gewalt angewendet wurde, antwortete Rutherford: *„In dieser Pöbelgewalt haben Beamte, Sheriffs, Polizeioffiziere, Staatsanwälte und andere gemeinsame Sache mit den katholischen Priestern gemacht, um einen bösartigen Angriff* *auf Jehovas Zeugen loszulassen ... Keine Organisation hat so viel gegen den Nazismus, den Faschismus und den Kommunismus veröffentlicht wie die Wachttower Bible & Tract Society, deren Präsident ich bin. Die Veröffentlichung dieser Tatsachen hat die Hierarchie sehr wütend gemacht, und die Hierarchie ist entschlossen, alle Zeugen Jehovas zu vernichten.*"[2]

Daß katholische Christen über die ständige Diffamierung ihrer Kirche und deren Amtsträger und über die üble Verdächtigung im Hinblick auf die Zusammenarbeit mit den Nazis nicht gerade erfreut waren und sich zu wehren versuchten, dürfte verständlich sein.

Es ist sinnlos, auf die weiteren „*Tatsachen*" Rutherfords einzugehen. Sie sind durch den Ablauf der Geschichte hinreichend widerlegt bzw. als Phantasien dieses von „Gott begnadeten Richters" erwiesen.

Rutherfords letzte Rachefeldzüge

1940 publizierte Rutherford ein Buch unter dem Titel „Religion". Anläßlich des „*Theokratischen Kongresses*" der Zeugen Jehovas in Detroit, Mich. (USA) vom 24.–28. Juli hatte Rutherford einen Vortrag zu dem Thema „Religion as a world remedy – The Evidence in Support Thereof" („Religion als ein Welt-Heilmittel") gehalten und diesen dann in einer Broschüre mit einer Startauflage von 5 Millionen Stück drucken und verbreiten lassen. Diese Broschüre erhielt den Titel „*Conspiracy against democracy – If you believe in Freedom read this book –*"

(Verschwörung gegen die Demokratie – Wenn du an die Freiheit glaubst, lies dieses Buch).

Auf der Rückseite des Umschlags lesen wir:

„Bist du für Gewissensfreiheit und gegen totalitäre Diktatoren? Dann lies RELIGION! Es ist nicht religiös! Es ist die Wahrheit! Dies neue Buch von Richter Rutherford unterscheidet zwischen vielfältig verwirrender Religion und Christentum. Wenige Kirchgänger machen sich klar, das ihre Religion Dämonismus ist ... Ihr Ende ist herbeigekommen.“[1]

Was 1939 im „Wachtturm" 1939 weitschweifig vom 15. Juli bis 15. November für die Zeugen Jehovas unter dem Titel *„Untergang der Religion"* als *„Erkenntnis"* gelehrt wurde, komprimierte Rutherford nochmals für die allgemeine Öffentlichkeit.

„Religion", 1940, S. 121.

„Religion", 1940, S. 176.

„Religion", 1940, S. 316.

Im neunten Teil dieser Serie wurde den Anhängern unter der Überschrift „*Der Angriff*" zugerufen: „*Kampf! Kampf! Keine Zeit mehr jetzt für irgend etwas anderes als nur für die Schlacht des großen Tages Gottes des Allmächtigen! Der „Weinstock der Erde" muß jetzt zerstampft werden!*"

Mitten unter Geistlichen, die mit der Bibel in ausgestrecktem Arm herumspringen, taucht ein Zeuge Jehova auf. Unterschrieben ist die Darstellung mit: „*Erwachet ihr Trunkenbolde und heult. Heult, weil die Heuschrecken-Armee der Wachtturm-Zeugen, eure Kirchen und Tempel, die Behausungen von Dämonen belagern und die Pfarrgemeinden, eure Weidegründe verwüsten.*"

Diese „Heuschrecken-Armee" aus der Apokalypse des Johannes, Kap. 9, mit ihrem Oberbefehlshaber, dem „*König, dem Engel des Abgrundes*", sollte kein geringerer als Jesus Christus sein, der die Heuschrecken-Armee von Zeugen Jehovas anführt. Im Band 1 seiner Bücher „Licht" (1930) hatte Rutherford diese „*Wachtturm-Erkenntnis*" schon einmal als „*Neues Licht*" mitgeteilt. Bis dahin war es „*Satan der Teufel, der mit seinem Heuschrecken-Anhang*" die Menschen hinderte, die „Wahrheit" anzunehmen, wie im 7. Band der Schriftstudien (1917) nachzulesen ist,

Ohne Aufsehen wurde aus dem „*König des Verderbens, Satan*", der „*König des Verderbens, Christus*" gemacht und aus dem jeweiligen Heuschrecken-Anhang, die zuerst „*Satansdiener*" waren, wurden nun, „*Zeugen Jehovas*". Über zehn Jahre hatten die Gläubigen Christus mit dem Teufel verwechselt oder umgekehrt!

Bis heute ist das von Rutherford „*erkannte und von Gott gegebene Verständnis*" gültig und wird in den Schriften weiterhin publiziert, so z. B. im Buch „*Die OFFENBARUNG Ihr groß-artiger Höhepunkt ist nahe*" (1988) oder auch in den verschiedensten Ausgaben des „Wachtturms".

Zwar hat man nach Rutherfords Tod „*erkannt*", daß Religion nicht als „*vom Teufel hervorgebracht anzusehen ist*", sondern daß es eine „*Falsche Religion*" und eine „*Wahre Religion*" gibt, aber viele seiner Aussagen finden auch heute noch Anklang bei den Zeugen Jehovas.

Religion stammt vom Teufel

„*Die Religion ist für den Teufel stets das Hauptwerkzeug gewesen, um den Namen Gottes des Allmächtigen zu schmähen und die Menschen dem Höchsten abspenstig zu machen.*"[1]

Wieder und wieder wurde behauptet, „*daß die Religion vom Teufel stammt und dazu benutzt wird, das Volk zu täuschen*".

Deutlich vom Stil der Buch- und Broschürenproduktion heben sich die Zeitschriften „Das Goldene Zeitalter" und „Der Wachtturm" ab. Bis 15. November 1931 bestand für den „Wachtturm" noch ein Herausgeberkomitee aus den Personen J. F. Rutherford, W. E. van Amburgh, J. Hemery, R. H. Barber und E. J. Coward. Die Artikel erschienen zwar anonym, waren vom Stil her aber den verschiedenen Autoren zuzuordnen. Sie behandelten oft langatmig und weitschweifend Rutherfords weltanschauliche Ideen, die er in seinen Vorträgen, Broschüren und Büchern als „*geistige Speise*" für die Anhänger bereitstellte.

Die Zeitschrift „Der Wachtturm" wurde von seinen Lesern auch als der „*Kanal Gottes*" bezeichnet. In neun Fortsetzun-

Der Teufel beherrscht mit der Religion die Welt,
in „Licht", Bd. 1, S. 132.

gen vom 15. Juli bis 15. November 1939 wurde das Thema: *„Der Untergang der Religion"* behandelt. Den Lesern wird hier verdeutlicht was *„ Sein* (Jehovas; Anm. d. V.) *Krieg"* bedeutet, oder auch was *„Gottes Organisation"* ist und wie sie funktioniert. Natürlich ist dies ein *„ sichtbarer Teil seiner* (Gottes; Anm. d. V.) *Organisation auf der Erde, welche den Herrn vertritt und unter der direkten Aufsicht des Herrn Jesus Christus wirkt."*[2]

In allen Schriften dieser Zeit wird immer wieder die Ansicht der Wachtturm-Lehre zur Religion wiederholt: *„Religion ist vom Teufel geschaffen und in Gang gesetzt worden, um den Namen Gottes in Verruf zu bringen."*[3]

Eine Villa für die „Genossen" aus vorchristlicher Zeit

Bereits 1929/1930 hatte Rutherford eine Villa in San Diego, Kalifornien, bezogen. Robert J. Martin, Direktor der „Watchtower Society" und Leiter der Wachtturmdruckerei in Brooklyn, hatte in einer Villengegend Baugelände gekauft und darauf die Villa gebaut, die er auf seinen Namen eintragen ließ und die als „Haus der Fürsten" in die Endzeitkonstruierung der Wachtturm-Gesellschaft einging.

Im „Goldenen Zeitalter" vom 15. September 1930 schildert er, wie er für den seit seiner Haftentlassung 1919 gesundheitlich schwer angeschlagenen Präsidenten Rutherford ein Domizil einrichtete und erläutert seine Beweggründe dafür: *„Ich bin sehr glücklich, an dieser Sache einen Anteil gehabt zu haben, weil ich weiß, was dieses Haus für das Werk des Herrn bedeutet. Ich bin überzeugt, daß der Herr (Gott) Richter Rutherford ebenso*

„Beth-Sarim", in „Rettung", 1939.

liebt, wie er einst David geliebt hat. David baute für sich selbst ein Haus."[1]

Rutherford aber weigerte sich, dies anzuerkennen. Er wollte das Haus nicht für sich, sondern für das Werk des Herrn. Doch am 24. Dezember 1929 wurde vor dem Notar der Kauf des Hauses durch Rutherford für den Preis von 10 $ beglaubigt.

In der Urkunde heißt es: *„Besagte Grundstücke sind in den alleinigen Besitz von Joseph F. Rutherford übergegangen und sollen solange er auf Erden lebt zu seiner Benützung dienen. Nach dieser Zeit ist die Wachtturm Bibel- und Traktat-Gesellschaft damit betraut, sie zu folgenden Zwecken zu benützen. Die Sachlage ist nun die, daß die Wachtturm Bibel- und Traktat-Gesellschaft besagte Besitzung verwalten soll, bis einige der Männer* (David, Gideon, Barak, Simson, Jephta, Josef, usw.; Anm. d. V.) ... *davon Besitz ergreifen."*

Weil die „alttestamentlichen Fürsten und Überwinder" nach ihrer Auferstehung darin wohnen sollten, wurde es „Beth-Sarim", also „Haus der Fürsten" genannt.

In „The messenger; Convention report" (25. Juli 1931), wird das Haus ausführlich in Wort und Bild vorgestellt. Ansichten des Hauses, mit Gartenanlagen und Doppelgarage geben einen Eindruck von der großzügigen Gestaltung. Als Innenansicht ist nur das hallenartige Schlafzimmer mit Kamin, Sesselgruppe und Stildoppelbett dargestellt. Andere Räume sind in den Berichten der örtlichen Presse beschrieben, so z. B. das schwarzgekachelte Bad mit seiner Innenausstattung.

„Der Wachtturm" vom 15. April 1937 lehrte, daß sich die Erwartung der Zeugen Jehovas im Hinblick auf die Auferstehung der „Fürsten" in wenigen Jahren erfüllen würde. So ist zu lesen, *„daß in kurzem die treuen Propheten wieder auf der Erde sind und die Stellung von sichtbaren Vertretern Gottes ... in der Welt einnehmen werden".*[2]

Insbesondere wird hier betont, daß die jetzigen Herrscher böse seien und daher Gerechtigkeit und Frieden erst durch den Eingriff Gottes in naher Zukunft zu erwarten sei. Noch vor dem von Gott festgesetzten Ende der alten ungerechten Welt in Harmagedon, *„und zwar wenn noch eine Anzahl der Überrestglieder* (Elite unter den Wachtturm-Zeugen, die allein an ihrem Todestag in den Himmel kommt) *auf der Erde sind"*[3], würde man die treuen Männer begrüßen können:

„Es gibt wenigstens ein Haus auf der Erde, dessen Inhabertitel zum Gebrauch und Nutzen jener treuen Männern verwahrt wird."[4]

Jehovas Zeugen seien glücklich und freuen sich darüber.

„*Die öffentliche Presse hat B e t h - S a r i m lächerlich zu machen gesucht und darüber gespottet*", entrüstete sich die Wachtturm-Gesellschaft.

Im Buche „Die Rettung" 1939 wird noch einmal betont: *" Mit der Erwerbung des Grundstückes und dem Bau des Hauses wurde bezweckt, einen greifbaren Beweis zu schaffen, daß es heute Menschen auf der Erde gibt,... die ... glauben, daß der Herr die treuen Männer alter Zeit bald auferwecken wird, sodaß sie auf der Erde zurück sein werden und die sichtbaren Angelegenheiten der Erde in die Hand nehmen.* "[5]

Die Hintergründe für den Bau dieses Hauses waren offensichtlich andere. Von offizieller Seite wird heute verlautbart, daß Rutherford nach seiner Haftentlassung 1919 an einer Lungenentzündung erkrankt sei, und von da an so leidend gewesen, daß er das Herbst- und Winterklima in New York nicht mehr vertrug und darum diese Villa im milden Klima Kaliforniens für ihn erbaut wurde.

Edmond C. Gruss gibt in seinem Buch „Jehovah's witnesses – their monuments to false prophecy" (1997) nicht Rutherfords Krankheit als Grund an, sondern einen ganz anderen für diesen Bau an. Gruss schreibt über Rutherford folgendes: *Rutherford war nicht mehr derselbe. Er begann exessiv zu trinken.* " Macmillan, ein WTG-Direktor, berichtet, „*das Beth Sarim erbaut wurde, weil man entschlossen war, den trunksüchtigen und sich verschlechternden Rutherford aus Brooklyn herauszubekommen.* " Wie Gruss weiter berichtet, hat der damalige Vizepräsident Covington eine Äußerung von Fred Franz ähnlichen Inhalts zitiert: „ *Sie bauten dem Richter ein Haus da unten in Californien, um ihn aus dem Bethel herauszubekommen.* " Covington berichtet weiter, daß sein Nachfolger Franz für die

Unvollendeter Bau der Krypta für Rutherford.

Öffentlichkeit die Angelegenheit so darstellte, daß das Haus für die „Fürsten" nach deren irdischer Auferstehung als Wohnsitz dienen solle.[6] Aus diesem Grunde wurde es auch „*Beth Sarim*", „Haus der Fürsten", genannt.

Diejenigen, die sich damals über Präsident „Richter Rutherford" und seinen „Fürstenbau" lustig gemacht hatten, haben recht behalten. Die „Fürsten" haben nie darin gewohnt. Rutherford selbst hat ihn genutzt und ist 1942 darin verstorben.

Rutherfords gravierende Alkoholprobleme und sein unmoralisches Verhalten – ihm wurde beispielsweise nachgesagt, er habe junge Brüder in anrüchige Tanzlokale geführt –, wurden 1926 in einem Brief von George Fisher an Wilhelm Nieman in Königslutter angeprangert. Nieman veröffentlichte diese Vorwürfe 1956 nochmals in einem Traktat, in dem er u. a. Vorwürfe gegen Rutherford erhebt. Der ehemalige Zweigaufseher der Wachtturm-Gesellschaft in Kanada, Walter Salter und auch in neuerer Zeit James Penton, sprechen in ihren Schriften das gleiche Problem an.

Salter berichtet, daß er für Rutherford kastenweise Whisky und Brandy kaufen mußte. Eine Drugstore-Besitzerin bezeichnete Rutherford als ihren besten Stammkunden.[7]

Carl Falkner, ein ehemaliger Mitarbeiter Russells, schilderte mir bei Besuchen in seiner Wohnung in Bülach/Schweiz, als hochbetagter Mann von 95 Jahren, seine Erlebnisse mit Rutherford. Er wohnte mit Rutherford von 1911 bis ca. 1913 im gleichen Haus. Rutherford lebte damals noch mit seiner Frau und seinem Sohn zusammen, die ihn kurze Zeit später verließen. Alkohol sei schon zu dieser Zeit ein Problem gewesen, daß immer wieder zu Streit in Rutherfords Familie geführt und schließlich auch zur Trennung von seiner Frau beigetragen hätte.

1986 bestätigt David Horowitz in seinem Buch „Pastor Charles Russell" die Alkoholprobleme Rutherfords und seinen Hang zu anderen Frauen, aber man versuchte natürlich, dies nicht so weit in die Öffentlichkeit dringen zu lassen: „It has also been know, albeit carefully covered that Rutherford liked his woman and his whisky."

1940 verließ der Rechtsberater Rutherfords, Olin R. Moyle, mit seiner Frau das „Bethel-Heim" in Brooklyn. In einem persönlichen Brief an Rutherford begründet er seinen Auszug unter anderem damit, daß für ihn die Zustände im „Bethel-Heim" unerträglich geworden seien. Er beklagte den Alkoholkonsum Rutherfords und die *„Glorifizierung von Alkohol unter Rutherfords Leitung"*.[8]

In San Diego erregte der aufwendige Lebensstil Rutherfords und seine Vorliebe für Luxusautos allgemeine Aufmerksamkeit.

Im „Fürstenhaus" in San Diego schrieb Rutherford die Broschüren und Bücher, in denen er mit der „satanischen katholischen Kirche" abrechnete. Seine Aussagen wurden drastischer und beleidigender als in seinen ersten Jahren, Für ihn und seine Anhänger war *„Religion satanisch und Religion war Wiederstand gegen Jehova Gott".*[9]

Angesichts des bevorstehenden Ausbruchs des Zweiten Weltkrieges wurde 1939 in San Diego, ca. 2 km von Beth-Sarim entfernt ein zweites Anwesen bebaut, das über großzügige Wohnanlagen und Nebengebäude sowie über einen bombensicheren Bunker verfügte, die ersatzweise als Begräbnistätte für Rutherford vorgesehen war. Es erhielt den Namen „Beth-Shan", „Haus der Sicherheit" und war für das Überleben eines Katastrophenfalles ausgestattet.

Da Rutherfords Ableben abzusehen war, gründeten Knorr, Franz und Rutherfords Sekretär Heath eine Friedhofs-Gesellschaft und versuchten im Talhang hinter der Villa „Beth-Sarim" eine Begräbnisstätte genehmigt zu bekommen. Sie begannen mit dem Bau einer Krypta, in der Rutherford bestattet werden sollte und zu der dann seine Anhänger pilgern sollten. Allerdings erhielten sie keine Genehmigung für den Friedhof und die Krypta, so daß Rutherford erst fast vier Monate nach seinem Tod nach New York überführt und dort beerdigt wurde.

Nach Rutherfords Tod 1942 erschien das Buch „Die Neue Welt". Von diesem Zeitpunkt an wurde bei den Schriften kein Verfasser mehr genannt. Dieses Buch sollte inmitten des Krieges den Menschen Hoffnung auf eine neue Welt voller Frieden und Gerechtigkeit machen. Diese „Neue Welt" bezog sich auf *„eine unantastbare Autorität"*, nämlich auf Gott und *„sie steht nahe vor der Tür"*. Diese „Neue Welt" sollte keiner Menschenherrschaft unterworfen sein. Sie sollte eine Theokratie, also eine Gottesherrschaft, sein, in der die bald aus ihren Gräbern auferstehenden „Fürsten, die irdische Herrschaft ausüben würden: *„In dieser Erwartung ist im Jahre 1930 in San Diego, Kalifornien ein Haus gebaut worden, über welches die religiösen Feinde in der breiten Öffentlichkeit böswillig vieles geredet haben. Es trägt den Namen „Beth Sarim", was, „Haus der Fürsten" bedeutet. Zur Zeit wird es als Wohnstätte für die zurückkehrenden Fürsten verwaltet."* [10]

Dieses Buch war eines der ersten Bücher, die wir in Deutschland 1946 erhielten. Wir waren glücklich und voller Enthusiasmus, als wir aus den USA die ersten Bücher mit *„neuer Erkenntnis"* erhielten.

Ich frage mich heute, warum wir nicht bemerkten, daß eine der wichtigsten Prophezeiungen über *„das endgültig nahe Ende"* in diesem Buche nicht eingetroffen war. Der *„König des Nordens"*, *„die Diktatoren der Achsenmächte Deutschland, Italien und Japan"* hatte nicht das päpstliche „Rom" *„alle politischen Staaten überflutet"*, wie es hier seitenlang prophezeit worden war, und ebenso war der „König des Südens", die demokratischen Staaten, nicht besiegt bzw. vernichtet worden.

Im Jahre 1950 wurde uns mit dem Wachtturm-Kongreß in New York die Hoffnung auf die Auferstehung der „Fürsten" genommen. In einer langatmigen Darlegung des Wachtturm-Vizepäsidenten Fred Franz, wurde uns *„neue Erkenntnis und helleres Licht"* gegeben. Nun waren nicht mehr Abraham und andere biblische Gestalten die „Fürsten", sondern wir als die Diener in den JZ-Versammlungen, JZ-Kreisen usw., die „Fürsten" der „Neuen-Welt-Gesellschaft". Als Begründung für die Lehränderung gab man uns einen aus dem Zusammenhang gerissenen Bibeltext: *„An deiner Väter Statt, werden deine Söhne sein; zu Fürsten wirst du sie einsetzen im ganzen Lande. Psalm 45,16".*

Wie wunderbar! Auch ich war nun einer der „Fürsten"! In „Beth Sarim" konnte allerdings keiner von uns „neuen Fürsten" wohnen, da das Haus 1948 verkauft worden war, weil es angeblich seinen *„endzeitlichen Zeugniszweck"* erfüllt hatte.

Die Haßkampagne der Zeugen Jehovas gegen „Babylon, die große Hure"

Schon Russell hatte die *„päpstliche Herrschaft"* als die *„Babylonische Hure"* bezeichnet und rief damit auch die Reaktion einzelner Pfarrer hervor.

Als die Bibelforscher den Verkauf ihrer Literatur von Haus zu Haus forcierten, gab es dann wegen ihrer Haßtiraden gegen die Kirchen häufig Ärger und Auseinandersetzungen mit Gläubigen, die sich diskriminiert fühlten.

Aus Zuschriften der Buchverkäufer, die in Ausgaben des „Wachtturms" der zwanziger Jahre als Erfahrungsberichte veröffentlicht wurden, kann man entnehmen, wie stolz sie waren, wenn sie es *„so einem schwarzen Raben"* – so wurden von vielen

Bibelforschern die Pfarrer bezeichnet – gegeben hatten. Sie rühmten sich auch, ganze Dörfer in Unruhe versetzt zu haben. Auch wurde stolz darüber berichtet, daß es einem Bibelforscher gelungen war, seinen Buchverkauf in einem Bürohaus durchzuführen, indem er sich über die Hintertür Zugang verschafft hatte. Den Büroangestellten sollte aber vermittelt werden, daß der Bibelforscher ohne Probleme durch die Pforte gelangt sei.

„Der Wachtturm" vom 1. April 1989, der auf einem blutroten Titelblatt eine aufgeputzte, schleierverhangene Frau als Hure abbildet, überschreibt den einleitenden Artikel mit: *„EIN GEHEIMNIS WER IST DIE HURE BABYLON DIE GROSSE?"*

Es heißt dann: *„EINE Frau, eine berüchtigte Prostituierte, die das Leben von Milliarden von Menschen beeinflußt hat, wird getötet, hingerichtet. Doch es ist keine normale Hinrichtung ... Der Henker ist ein wildes Tier, das sie nackt macht, ihr Fleisch verschlingt und die Überreste dann durch Feuer vernichten läßt ... Zweifellos handelt es sich um eine Prostituierte mit weltweitem Einfluß. Doch sie ist keine gewöhnliche Hure. Sie ist die „Mutter der Huren", die Leiterin des Bordells."*[1]

In seinem Buch „Religion" (1940) hatte Rutherford zu einem ähnlichen Text eine Illustration abdrucken lassen. Die Bildunterschrift *„Religion falls first"* („Religion fällt zuerst") veranschaulicht die Wachtturm-Lehre, welche besagt, daß die politischen Herrscher die Kirche vernichten, bevor sie selbst als die „wilden Tiere" in der Schlacht von Harmagedon ausgelöscht werden. In der Darstellung von 1940 sollten es ein SA-Angehöriger, ein Kommunist und ein Faschist sein, die zur Hinrichtung *„der offensichtlich päpstlichen Hure"* von einem amerikanischen Geschäftsmann mit einem Blasebalg noch angefeuert werden.

Die nackte Hure trägt die päpstliche Tiara und ist damit eindeutig identifizierbar.

Besagter „Wachtturm" von 1989 zeigt auf Seite 4 unter der Titelüberschrift ebenfalls eine Bilddarstellung.

Die Bildunterschrift: *„Wer von ihnen - Politik, Großkapital oder Religion - wird durch „Babylon die Große" dargestellt",* zeigt zusätzlich zu dem amerikanischen Geschäftsmann und Hitler nicht irgendeinen Papst, sondern porträtiert eindeutig Papst Johannes Paul II.

Das ist meiner Meinung nach ein eindeutiger Verstoß gegen die entsprechenden Religions-Artikel des Grundgesetzes der Bundesrepublik und damit ein offensichtlich strafbewehrtes Delikt.

Den Höhepunkt stellt die *„Der Beseitigung der Hure"* dar. Das *„scharlachrote wilde Tier",* das die Hure beseitigt, ist die UNO, sind *„die Vereinten Nationen".*

Bevor das *„scharlachrote wilde Tier"* selbst vernichtet wird, *„hat das UN-„Tier" einen besonderen Dienst zu leisten. Jehova gibt seinen Gedanken in das Herz des wilden Tieres und seiner militärischen Hörner."* Das Ergebnis wird sein: *„ ...diese werden die Hure hassen und werden sie verwüsten und nackt machen und werden ihre Fleischteile auffressen und werden sie gänzlich mit Feuer verbrennen."*[2]

Mit anderen Worten, die in den Vereinten Nationen vereinten Regierungen werden die Kirche und alle anderen Religionsgemeinschaften und deren Einrichtungen zerstören. Danach wird dann Jehovas Feldmarschall Christus die Nationen, d. h. alle Nicht-Zeugen vernichten. Und danach wird dann das

„Der Wachtturm"
vom 1. April 1989.
Offensichtlich wird
hier Papst Johannes
Paul II. mit einem
Kapitalisten und
Adolf Hitler darge-
stellt.

Paradies errichtet, in dem dann die überlebenden Zeugen Jehovas ewig leben werden.

Vor mir liegt eine Meldung des *Tagblatt Tübingen* vom Dezember 1998, überschrieben mit „Jehovas Zeugen. Der Kampf wird härter, über 1 000 Gläubige machten sich in Reutlingen Mut". Zeugen Jehovas der Region hatten sich in der organisationseigenen Kongreßhalle in Reutlingen-Gönningen versammelt, um wie es heißt, *„einen biblischen Gedankenaustausch"* zu pflegen. Ein Prediger namens Schlüter gab das Motto vor: *„Nur wer sich geistig gut ernährt, kann einen harten Kampf für den Glauben führen"*, um die Zuhörer zu einem *„tiefgehenden Bibelstudium"* aufzufordern.

Bisher bestand das Bibelstudium darin, die Wachtturm-Lehre so anzunehmen, wie sie zur jeweiligen Zeit von der Wachtturm-Führung, in ihren Büchern und Zeitschriften als göttliche Botschaft dargestellt und mit dazu ausgewählten Bibeltexten belegt wird. Ein tiefergehendes Bibelstudium und wirklicher Gedankenaustausch ist mit den Zeugen Jehovas nicht möglich.

Daß es sich dabei um die Ausrüstung für einen Kampf handelte, machte Herr Slupina vom Informationsdienst der Wachtturm-Gesellschaft Selters, im Kongreßsaal von Gönningen, deutlich: „*In ganz Europa schüren die etablierten Kirchen Angst vor sogenannten Sekten*“, stellte er fest. Zudem werde „*der Kampf auf dem Hintergrund wachsender Intoleranz gegenüber religiösen Minderheiten immer härter*“. Auch der Hinweis auf den erlittenen Naziterror der Zeugen Jehovas und die „*jahrzehntelange Verfolgung durch das bolschewistische Regime*“ durfte in diesem Zusammenhang nicht fehlen.

Was für einen Kampf meint die Wachtturm-Führung, und wer kämpft hier gegen wen? Es ist doch legitim, wenn die Kirchen über Strömungen ihrer Zeit aufklären und vor obskuren, religiösen Praktiken und Kulten warnen. In gleicher Weise ist es doch legitim, wenn ich darüber aufkläre, daß ein gescheiterter Science-Fiction-Autor, wie z. B. Ron Hubbard, sich einem satanistischen Orden anschließt und daraus dann eine „Kirche“ gründet. Und es ist auch legitim, wenn gemäß der Mahnung des Apostel Paulus vor falschen Propheten gewarnt wird und deren Fangnetze aufgezeigt werden.

Was meint die Wachtturm-Führung denn mit „*wachsender Intoleranz*“? Man kann nicht einfach den um Aufklärung bemühten Menschen Unduldsamkeit gegenüber Lebens- oder Glaubensformen oder gar Engstirnigkeit vorwerfen bzw. sie der Verfolgung verdächtigen, wenn man sich selber nicht tolerant verhält.

Müssen die christlichen Religionen und andere religiöse Vereinigungen es geduldig hinnehmen, daß sie von den Zeugen Jehovas als „Huren", als „Teufelswerk" und als „gottesfeindlich" diffamiert und verleumdet werden?

Es ist erstaunlich zu hören, daß Jehovas Zeugen angeblich für andere religiöse Minderheiten kämpfen, wo diese doch eigentlich als Teile des „satanischen Babylon" gelten und in Harmagedon vernichtet werden.

Die Endzeitchronologie der Zeugen Jehovas

Für Jehovas Zeugen spielte und spielt die Chronologie die entscheidende Rolle, wenn sie dies auch heute nicht mehr wahrhaben wollen. Aus der Literatur der letzten Jahre wird doch deutlich, wie die Wachtturm-Fürsten in Brooklyn mit ihrer Datierung, „1914 Beginn der Endzeit", herumeiern. Die Zeit ist ihnen schon lange davongelaufen und läuft mit Riesenschritten weiter. Diesen „Verführern" in Brooklyn ist doch bewußt, daß eigentlich mit diesem 1914. Datum ihre Existenz auf dem Spiele steht. Mit 1914 steht und fällt die Wachtturm-Gesellschaft und ihre weltweite Organisation. „Das Ende ist nahe" läßt sich nicht mehr beliebig dehnen. Die „Überrestglieder", von denen noch einige leben sollten, wenn Harmagedon kommt, sterben aus. Was kommt danach? Man versucht jetzt schon die „Gesalbten" in Brooklyn zu ergänzen und Nichtgesalbte auf verantwortliche Posten zu setzen. Man hat zwei neue Gruppen kreiert, die „*Nethinim oder Gegebenen*" und die „*Söhne der Knechte Salomos*". Die einen sollen für den geistigen Beistand, die anderen für den Verwaltungsbereich mitverantwortlich sein. Natürlich muß hierzu wieder ein Text des Alten Testaments herhalten. Die Propheten Jesaja, Esra und Nehemia und auch Mose werden bemüht, die „neue Erkenntnis" zu belegen. „*Fremde werden tatsächlich dastehen und eure Kleintierherden Hüten*" *(Jesaja 61,5)* ist der Leittext des betreffenden Artikels im „Wachtturm" vom 15. April 1992. Den „geistigen Schreibern" Brooklyns fällt immer wieder etwas ein, wenn ihre „prophetischen Gaben" nicht in Erfüllung gehen. Sie gestehen ein: „*Manches mag sich zwar nicht so entwickeln, wie wir es persönlich erwartet haben.*" Alle hatten dies erwartet, weil es die Wachtturm-Führer so gelehrt hatten. Gott wird nun bemüht: „*Er gestattet vielleicht, daß etwas länger dauert, als viele erwartet haben*".[1]

Über ein Jahrhundert besagte die Wachtturm-Lehre, daß noch zu Lebzeiten der „Überrestglieder" die Vernichtung der alten Welt eintreten werde und einige von ihnen das irdische Paradies sehen würden, ehe auch sie dann ihren himmlischen Thron einnehmen und von dort aus das irdische Paradies mitregieren. Damit ist es vorbei. Die „Alten Gesalbten" sterben aus, und so tröstet „Der Wachtturm" vom 1. Februar 1999 mit „neuer Erkenntnis": „ *... während die letzten Gesalbten Zeugen ihren irdischen Lauf vollenden, werden fürstliche ßarim aus den anderen Schafen gut geschult, sich auf der Erde administrativer Pflichten als Klasse des Vorstehers anzunehmen.*"[2]

Es ist unerhört, mit welcher Dreistigkeit seit nun über einhundert Jahren, die „Wachtturm"-Schreiber das Nichteintreffen ihrer fortlaufend falschen Lehräußerungen kaschieren.

Wenn es gar nicht anders geht, muß Gott herhalten, der dann mehr gestattet, als man angenommen oder überlegt hat. Ständig bemühen die Schreiberlinge für ihre Lehränderungen den Text aus Sprüche 4 Vers 18. Das ist nur die halbe Wahrheit, denn Vers 19 gehört auch dazu. Wir lesen: *„Aber der Pfad der Gerechten ist wie das glänzende Licht, das heller und heller wird, bis es voller Tag ist. Der Weg des Bösen ist wie das Dunkel; sie haben nicht erkannt, worüber sie fortwährend straucheln."* Letzteres ist doch auf die Wachtturm-Schreiber vortrefflich anzuwenden.

„Jehovas Prophet" nennt „Der Wachtturm" am 1. Juli 1972 die *„Körperschaft, die damals als Internationale Bibelforscher bekannt war. Heute sind sie als christliche Zeugen Jehovas bekannt ... diese Gruppe gesalbter Nachfolger Jesu Christi, (war) der „Prophet" den Jehova beauftragt hatte ..."*.[3]

In der Heiligen Schrift wird gewarnt: *„Der Spruch, den der Prophet im Namen Jahwes verkündet, der aber nicht Wirklichkeit wird und nicht eintrifft, der Spruch ist ein solcher, den Jahwe nicht geredet hat. In Vermessenheit hat ihn der Prophet vorgetragen, vor ihm brauchst du nicht zu bangen."*[5]

Damit hat sich die Wachtturm-Gesellschaft als vermessener, falscher Prophet disqualifiziert.

Die Reaktion der Wachtturm-Führung auf kritische Anfragen

Wenn ein Zeuge Jehovas an die Wachtturm-Gesellschaft schreibt und um Aufklärung bezüglich der Vorwürfe bittet, die gegenüber der Organisation gemacht werden, antwortet die Gesellschaft in der Regel so:

„ Lieber Bruder...

Wir haben Deinen Brief erhalten und nehmen gern Stellung dazu:

Du möchtest wissen, ob wir auf die Angriffe von Herrn ... antworten werden oder nicht. Wir ziehen es vor, auf die konstruierten Argumente dieses Gegners nicht zu antworten,.. ".

Auch in Fragen zur Bedeutung der Chronologie innerhalb der Wachtturm-Lehre weiß die Organisation, wie sie sich herausreden kann, indem sie darauf, daß sie ihre Daten, die angeblich mit falschen Erwartungen verküpft waren, bereitwillig korrigiert hätte: *"(Es) spielte die Chronologie in der Vergangenheit nicht die überragende Rolle, die ihr heute von Gegnern zugewiesen wird. "*

Wenn dem tatsächlich so gewesen wäre, dann frage ich mich, warum dann z. B. im *„der junge Mann sein Ingeneurstudium abbrach, weil die Zeit bis zum Ende 1975 so kurz war, den Pionierdienst anzutreten ".*[1] Was macht dieser Mann heute? Im amerikanischen „Königreichsdienst"[2] wurde berichtet, daß treue Zeugen angesichts des Jahres 1975 ihre Häuser verkauft haben. Sie nahmen dieses Geld, um damit den Lebensunterhalt als *„ Wachtturm-Pioniere "* für die noch verbleibenden Jahre zu bestreiten. Was machen diese Menschen heute und wo wohnen sie?

Das Buch „Ewiges Leben in der Freiheit der Söhne Gottes" ist ein Beweis dafür, daß die Chronologie in der Wachtturm-Lehre in der Vergangenheit sehr wohl eine große Rolle gespielt hat.

„Der Wachtturm" 1967 berichtet über die Freigabe dieses Buches: *„An allen Stellen, wo das Buch auf den Versammlungen abgegeben wurde, wurde es mit Begeisterung entgegengenommen.*

Die Ausgabestände wurden von vielen umringt, und der Vorrat an Büchern war bald erschöpft. Sofort wurde der Inhalt untersucht. Es dauerte nicht lange, bis man die Tabelle fand, die auf Seite 31 beginnt und die zeigt, daß 6 000 Jahre des Daseins des Menschen im Jahre 1975 enden. Erörterungen über das Jahr 1975 überschatteten nahezu alles andere. „Das neue Buch zwingt uns, zu erkennen, daß Harmagedon tatsächlich sehr nahe ist", sagte ein Kongreßbesucher. Das war bestimmt eine der hervorragensten Segnungen, die wir mit nach Hause nehmen konnten."[3]

Die Tabelle sagte folgendes aus: *„1975 Ende des sechsten 1000-Jahr-Tages der Existenz des Menschen (im Frühherbst); 2975 Ende des siebenten 1000-Jahr-Tages der Existenz des Menschen (im Frühherbst)".*

Im „Wachtturm" vom 1. August 1968 wurde in dem Artikel *„Die verbleibende Zeit weise nutzen"* die Tabelle noch einmal wiederholt. Die Bibelchronologie wurde als *„zuverlässig"* erklärt und die *„freudige Erwartung"* ausgedrückt, daß die *„Zeichen der letzten Tage erfüllt sind"* und das Ende *„dieses gegenwärtigen bösen Systems der Dinge in der Schlacht von Harmagedon"* bevorstehe.[4]

Ist die Religionsfreiheit wirklich bedroht?

Diese Frage bildet den Titel der „Erwachet"-Ausgabe vom 8. Januar 1999. Die Umschlagseite zeigt zum Beten gefaltete Hände, die mit einer Kette gefesselt sind.

Der Hauptartikel ist überschrieben mit „Religiöse Intoleranz heute" und leitet mit Artikel 48 der „Allgemeinen Erklärung der Menschenrechte" von 1948 die verschiedenen Thesen ein:

„Jedermann hat das Recht auf Gedanken-, Gewissens- und Religionsfreiheit; dieses Recht umfaßt die Freiheit, seine Religion oder seine Weltanschauung zu wechseln, sowie die Freiheit, seine Religion oder seine Weltanschauung allein oder in Gemeinschaft mit anderen, öffentlich oder privat durch Unterricht, Ausübung, Gottesdienst und Beachtung religiöser Bräuche zu bekunden."

In der Präambel der „Allgemeinen Erklärung der Menschenrechte" heißt es weiter: *„Die Anerkennung der angeborenen Würde und der gleichen und unveräußerlichen Rechte aller Mitglieder der Gemeinschaft der Menschen sind die Grundlage von Freiheit, Gerechtigkeit und Frieden in der Welt."*

Ebenso sollte man auch das Grundgesetz der Bundesrepublik Deutschland bemühen, das in 19 Artikeln die Grundrechte eines jeden Bürgers erklärt.

In Artikel 1 (1) heißt es: *„Die Würde des Menschen ist unantastbar. Sie zu achten und zu schützen ist Verpflichtung aller staatlichen Gewalt."*

Artikel 4 klärt die Glaubens-, Gewissens- und Bekenntnisfreiheit.

Er lautet: *(1) „Die Freiheit des Glaubens, des Gewissens und die Freiheit des religiösen und weltanschaulichen Bekenntnisses sind unverletzlich."*

(2) „Die ungestörte Religionsausübung wird gewährleistet."

Ebenso ist Artikel 5 zur Meinungsfreiheit in der Auseinandersetzung zu beachten:

(1) „Jeder hat das Recht seine Meinung in Wort, Schrift und

Bild frei zu äussern und zu verbreiten und sich aus allgemein zugänglichen Quellen ungehindert zu unterrichten ..."

(2) "*Diese Rechte finden ihre Schranken in den Vorschriften der allgemeinen Gesetze ... und dem Recht der persönlichen Ehre.*"

(3) "*Die Freiheit der Lehre entbindet nicht von der Treue zur Verfassung.*"

Wenn man hier Bezug nimmt auf diverse Artikel des Grundgesetzes, dann sollte man diese auch alle auf sich anwenden. Konkret heißt das, daß für die Zeugen Jehovas als religiöse Gemeinschaft genauso Grenzen gesetzt sind wie für andere religiöse Gemeinschaften. Welche Organisationsform eine Religionsgemeinschaft wählt, bleibt ihr überlassen. Es muß sich nur alles im Rahmen des gesetzlich garantierten Freiheitsraumes bewegen.

In dem oben genannten Artikel in "Erwachet" wird provozierend gefragt: "*Geniessen wir in unserem Land Religionsfreiheit?*, um daraufhin festzustellen: "*Die meisten Staaten der Welt stehen dem Anschein nach zu diesem edlen Prinzip ... Allerdings kann man davon ausgehen, daß in etlichen Ländern, wo Intoleranz und Diskriminierung bittere Realität sind, unzählige Millionen keine Religionsfreiheit kennen.*"[1]

Solche Aussagen sollen den Leser zu dem zwingenden Schluß führen, daß die Wachtturm-Autoren und deren Leser ehrliche Verfechter der edlen Tugenden der Freiheit und Toleranz sind. Außerdem wird festgestellt, daß im Umfeld vieler demokratischer Länder einzelne Religionsgemeinschaften auf "*Intoleranz und Vorurteile*" stoßen würden. Zu diesen Religionsgemeinschaften gehören, wie dann an einigen kurzen Presseberichten als Beispiele aufgezeigt wird, auch die Zeugen Jehovas.

Mit Zitaten verschiedener Autoren wird darauf hingewiesen, daß die Gefahr bestehe, daß *„die Glut des Hasses neu entfacht wird, zunehmende Intoleranz die Gewissensfreiheit und Demokratie"* bedrohe. Dazu auch ein Zitat aus dem Bericht der „Organisation für Sicherheit und Zusammenarbeit in Europa" 1997, in dem es heißt: *„Die Religionsfreiheit ist einer der höchsten Werte in der Aufstellung der Menschenrechte, weil sie bis ans Innerste der Menschenwürde rührt. Kein System, das die Rechte verletzt oder deren methodische Verletzung zuläßt, hat legitimen Anspruch auf die Mitgliedschaft in der Gemeinschaft gerechter und demokratischer Staaten, die die fundamentalen Menschenrechte achten."*

Im Artikel *„Die Religionsfreiheit – Segen oder Fluch?"* heben die Verfasser darauf ab, daß in der Geschichte des Christentums ein ständiger Kampf gegen Dogmatismus, Voreingenommenheit und Intoleranz geführt werden mußte.

Schließlich wird in *„Erwachet"* festgestellt: *„Während die Pluralität der Glaubensrichtungen und das Recht anders zu denken, als Basis einer modernen Gesellschaft an Achtung gewann, war der Fanatismus zum Rückzug gezwungen ... So kostbar sie auch ist, Freiheit ist nur relativ ... Verschiedenen religiösen Gruppen hat man oft ohne handfeste Beweise Gehirnwäsche, finanzielle Ausbeutung, Kindesmißhandlung oder -mißbrauch und eine Unmenge weiterer schwerwiegender Straftaten vorgeworfen. Storys die sich um religiöse Minderheiten drehten, sind von der Presse groß herausgebracht worden. Herabsetzende Bezeichnungen wie „Kult" oder „Sekte" sind in die Alltagssprache eingegangen."* [2]

Und daraus wird dann ein entsprechendes Resümee gezogen: *„Wahre Religionsfreiheit existiert nur, wenn alle religiösen Gruppen, die das Gesetz respektieren und beachten, vom Staat* *gleich behandelt werden. Sie ist nicht gegeben, wenn der Staat will-kürlich entscheidet, welche Glaubensgemeinschaften nicht als Reli-gion gelten und ihnen damit Privilegien vorenthält, die er Reli-gionen zuerkennt.*" ... *In dem Bemühen, zu definieren, was religiös korrekt ist, haben sich Antisektenorganisationen beispielsweise selbst zu Staatsanwälten, Richtern und Schöffen berufen und anschlie-ßend versucht, ihre voreingenommenen Ansichten über Medien der Öffentlichkeit aufzuoktroyieren.*"³

Die Folge davon sei nun ein „*Hexenjagdklima*", und man bemüht wieder einen weltlichen Zeugen, der folgendes be-scheinigt:" *Die Sektenjagd bietet mehr Anlaß zur staatsbürger-lichen Sorge als die große Mehrzahl der sogenannten Sekten und Psychogruppen.*"⁴

So werden „*Musterbürger*" als „*die gefährlichste aller Sekten*" in einer spanischen Zeitung gebrandmarkt. Und wie nicht anders zu erwarten sind diese „*Musterbürger*" die Zeugen Je-hovas.

Drei Dinge fallen in dieser Argumentation auf. Erstens: Der Staat hat nicht zu entscheiden, welche Gemeinschaft Religion ist. Zweitens: Es geht um Privilegien. Drittens: Alle Antisek-tenorganisationen und Kritiker werden diffamiert.

Dazu gibt es einiges von meiner Seite anzumerken. Wenn die Wachtturm-Gesellschaft von Glaubensgemeinschaften, die Minderheiten sind, spricht, so meint sie damit z. B. auch „Die Familie Gottes" (auch „Kinder Gottes" genannt), eine Gemeinschaft, die mit ihren MO-Heften u. a. pornografische Ebenen beschreitet und Mädchen zur Prostitution anhielt, um Glauben zu verbreiten. Außerdem spricht sie damit auch für die Gruppen, die dem Satanismus huldigen und für Gruppen, die ihre Anhänger in den Massenselbstmord treiben, wie es in den letzten Jahren des öfteren durch die Presse ging.

Grundsätzlich gilt: Religionsfreiheit bedeutet nicht, daß jede vermeintlich religiöse Bewegung sich mit unlauteren Methoden ihr Recht auf Religionsfreiheit verschafft.

Wenn die Exekutive eines demokratischen Staates oder auch die Kirchen Beauftragte einsetzen, um bei Gruppen, die sich als religiös bezeichnen und bestimmte Privilegien beanspruchen, zu prüfen, ob die gesetzlichen Voraussetzungen dafür gegeben sind, ist dies doch keine Sekten- oder Hexenjagd.

Ich würde mir allerdings wünschen, daß so mancher, der über Kulte, Sekten und ähnliches referiert oder schreibt, sich vorher gründlicher sachkundig macht. Manches Mißverständnis würde dadurch einfach nicht entstehen, und manche Auseinandersetzung nicht zu falschen Verdächtigungen führen, wenn die Aufklärungsarbeit fundiertere Grundlagen hätte.

Man muß allerdings bedenken, daß die Lehren oder Ansichten vieler Sekten oft unverständlich und undurchschaubar für Außenstehende sind.

Die Publikationen, die aufklärend oder kritisierend über die Zeugen Jehovas und die Wachtturm-Gesellschaft berichten, sind Auseinandersetzungen im Rahmen der gesetzlich garantierten Religions-, Meinungs- und Pressefreiheit. Wenn ehemalige Zeugen Jehovas über ihre Erfahrungen mit ihren ehemaligen Mitbrüdern berichten oder sich mit der Zeugengeschichte und -lehre auseinandersetzen, wollen sie in der Regel weder diese Gemeinschaft diffamieren noch ihr die Religionsausübung streitig machen, aber es ist ihr demokratisches Recht, ihre Erfahrungen und Erkenntnisse anderen mitzuteilen. Daß es dabei Meinungsunterschiede, oft auch Mißdeutungen gibt, ist fast unvermeidbar. Redliche Bemühungen um sachliche Auseinandersetzung, Information und Aufklärung kann nicht als Verfolgung bewertet werden. Die Grenzen sind nur dort gesetzt, wo es um die Ehre und die Würde einzelner Personen geht. Sie zu verletzen ist nicht nur ein weltlicher Rechtsverstoß, sondern eines Christen unwürdig.

Interessant ist jetzt noch die Frage, wie die Zeugen Jehovas mit der proklamierten Freiheit der Religionsausübung in ihren eigenen Kreisen umgehen.

Meiner Erinnerung nach und den Erfahrungen unserer Familie, die sich über drei Generationen hinweg erstrecken, sind diese Freiheiten für die Zeugen Jehovas innerhalb ihrer Gemeinschaft immer eingeschränkt auf die von der Wachtturm-Führung festgelegten Grenzen, denn entweder gehorchen resp. glauben sie, dann gehören sie dazu, oder sie gehorchen und glauben der Organisation nicht, dann gehören sie zur satanischen Welt. Das kann unter den theokratischen und organisatorischen Bedingungen der Wachtturm-Gesellschaft gar nicht anders sein.

„Der Wachtturm" vom 1. April 1986 macht deutlich, was die Wachtturm-Führer unter Freiheit verstehen. Dort fragt ein Leser: *„Warum haben Jehovas Zeugen einige Personen, die sich immer noch zum Glauben an Gott, die Bibel und Jesus Christus bekennen, wegen Abtrünnigkeit ausgeschlossen?"* Der Kern der Antwort darauf lautete: *„Eine anerkannte Mitverbundenheit mit Jehovas Zeugen erfordert, daß man die Gesamtheit der wahren Lehren der Bibel akzeptiert, einschließlich jener biblischen Glaubensinhalte, die nur Jehovas Zeugen vertreten."*

„Der Wachtturm" formulierte bereits am 1. Juli 1959 in

Absatz 13 folgendes: *„Beachte bei allen diesen Beispielen die schnelle Bereitschaft zu gehorchen, die Abwesenheit von Eigenwillen, von Gleichgültigkeit oder von nur guten Absichten. Jene eifrigen Zeugen bekundeten Eifer, Gehorsamsbereitschaft, Wachsamkeit, Ernst, Promptheit, Ergebenheit und Fleiß."*[5]

Den Nicht-Zeugen billigt sie großherzig diese Freiheiten zu. Deren Lohn ist darum ja auch die Vernichtung in der Endabrechnung Jehovas mit dieser alten Weltordnung, im endzeitlichen Harmagedon.

Für Jehovas Zeugen gilt noch immer, was „Der Wachtturm" 1956 kurz und bündig schrieb: *„Der Wille des treuen und verständigen Sklaven,* (der Wachtturm-Führung; Anm. d. V.) *ist der Wille Jehovas und Rebellion gegen den Sklaven, ist Rebellion gegen Gott. Die richtige Geisteshaltung gegenüber der Leitung des Sklaven, gehört zu den Dingen, durch die wir mit der Neuen-Welt-Gesellschaft Schritt halten."*[6]

Daß die Zeugen Jehovas sich gehorsam ihrer Führung beugen, dafür sorgt unter anderem der Informationsdienst der Zeugen Jehovas, der von örtlichen Veranstaltungen bis hin zu den Medien hin alles beobachtet, was über oder von den Zeugen geschrieben oder gesprochen wird. Er hat bei Vorträgen über die Zeugen Jehovas seine Beauftragten im Saale sitzen, die dann darüber an die Zentrale berichten. Gegebenenfalls folgen auf diese Beobachtung hin, wenn sich daraus irgendetwas Negatives für die Organisation entwickelt, Interventionen rechtlicher Art. Das kann man dann aber auch als eine Art Hexenjagd bezeichnen.

Der Zeuge Jehovas hat real betrachtet bis heute nur eine Wahl, nämlich entweder die Wachtturm-Lehre anzunehmen oder diese abzulehnen. Im ersten Fall verhält er sich treu und bewahrt seinen Anspruch auf ewiges Leben im Paradies; im zweiten Fall ist er Abtrünniger und verliert seinen Anspruch auf ewiges Leben und wird in Harmagedon für immer vernichtet.

Allein in den letzten Jahren haben Hunderttausende die Organisation verlassen oder wurden ausgeschlossen. Einige dieser „Abtrünnigen" wurden ausgeschlossen aufgrund ihrer Verfehlungen gegen die Moral- und Sittenvorschriften der Zeugen Jehovas, die meisten aber verließen die Organisation wegen der Erkenntnis, daß z. B. die Wachtturm-Lehre von der bevorstehenden Endzeit nicht eingetroffen ist. Bei jeder dieser Endzeitprophezeiungen wurde auf Habakuk 2,3 verwiesen, und sich auf Jehova berufen: *„Die Verwirklichung „wird sich nicht verspäten", sondern seinem Zeitplan entsprechen"."*

Wer es wagt, die *„Brooklyner Wachtturm-Propheten"* nach der Erfüllung ihrer Voraussagen zu fragen oder diese Voraussagen kritisch hinterfragt, wird von *„Jehovas treuem Volk"* als *„Verleumder"* bezeichnet, wie im „Wachtturm" vom 1. Oktober 1938 geschehen. Da diese Aussage so aufschlußreich ist, möchte ich diese Passage ungekürzt wiedergeben:

„Verleumder. Jehovas treues Volk auf der Erde betonte öffentlich die Wichtigkeit der Daten 1914, 1918 und 1925. Es hatte viel über diese Daten auszusagen und was an diesen Zeitpunkten eintreten würde. Aber es traf nicht alles ein, was es vorausgesagt hatte. Was die Daten selbst betrifft, waren die Voraussetzungen ganz richtig; aber was da geschah, konnte im Voraus nur unvollständig gesehen werden. Das Ausbleiben etlicher der vorausgesagten Dinge hat den Satansdienern in der „Christenheit", besonders der Geistlichkeit und dem „ Menschen der Sünde", eine willkommene Gelegenheit geboten, die treuen Knechte des Höchsten zu verspotten und zu

schmähen und von ihnen und ihren veröffentlichten Erklärungen
zu sagen: Alle ihre Visionen und Voraussagen haben sich nicht
erfüllt, und das beweist, daßß sie alle im Unrecht sind, und daß all
ihre Voraussagen für die Zukunft zunicht werden müssen. "[7]

Wer auf diese Falschprophezeiungen verweist, insbesondere Geistliche und *„Menschen der Sünde"*, das sind in den
Augen der Zeugen Jehovas Verleumder.

Viele dieser ehemaligen Anhänger entschieden sich für eine
andere Religionsgemeinschaft oder Kirche. Aber wird diesen
Tausenden, die aus Gewissensgründen die Zeugen Jehovas
verließen, Toleranz erwiesen? Ja und Nein zugleich! Man
toleriert zwar ihre Entscheidung als den selbstgewählten Weg
in ihre Vernichtung mit dem teuflischen *„Großbabylon"* in
Harmagedon. Im allgemeinen ignoriert man sie aber. Treten
sie allerdings aufklärend an die Öffentlichkeit, können sie
von der Wachtturm-Gesellschaft mit juristischen Maßnahmen
belangt werden.

Es gibt aber auch noch die andere Seite: Wer sich von der
Wachtturm-Lehre absetzt, wird in diffamierender Weise mit
denen gleichgesetzt, vor denen die Apostel warnten, weil sie
die Lehre Christi verließen. Ja schlimmer noch, denn sie werden als *„Judasse"*, die den Herrn Christus verraten haben, beschimpft. Wer die Wachtturm-Lehre anzweifelt, zeigt einen
Geist der Unabhängigkeit, Unglauben, Undankbarkeit, Stolz
und Anmaßung.[8]

„Der Wachtturm" vom 15. November 1981 sagt über sie:
" Hin und wider stehen unter dem Volke Jehovas Personen auf, die
wie Satan eine unabhängige, kritische Haltung einnehmen ...
Diese Hochmütigen versuchen die „Schafe" von der einen inter-
nationalen „Herde",.wegzuziehen. Da sie die reine Sprache die

Jehova seit 100 Jahren so gütig gegeben habe verunglimpfen, und sagen es genüge die Bibel, hätten sie sich den Irrlehren der Geistlichen zugewandt. "⁹

Dann wird behauptet, diese Abtrünnigen würden in schamloser Weise in Jehovas irdischer Organisation Uneinigkeit stiften.

Aus welchem Grund heraus sollten sie denn auch Grund zur Kritik haben, denn der *„treue und verständige Sklave, der aus unvolkkomenen Menschen besteht, habe sich doch korrigiert. Die großartige Wahrheit die Jehova geoffenbart hat und die aufgrund von Korrekturen und Änderungen immer heller wurde"* ist unfehlbar.

Wer die Unfehlbarkeit des „Kanals Jehovas" anzweifelt, befindet sich auf dem satanischen Weg.

Die Ausgaben des „Wachtturm" vom 15. September 1983 und 15. August 1984 unterstellen den Abtrünnigen, daß sie ihre *„zersetzenden Schriften"* nur geschrieben und verbreitet haben, *„um damit unehrlichen Gewinn zu machen".* Und schließlich wird 1994 behauptet: *„Ja, Abtrünnige veröffentlichen Literatur voller Entstellungen, Halbwahrheiten und absoluten Unwahrheiten ... Was sollte man auch sonst vom Tisch der Dämonen erwarten? Und selbst wenn die Abtrünnigen irgendwelche Tatsachen anführen, sind diese gewöhnlich aus dem Zusammenhang gerissen ... Alle ihre Schriften kritisieren nur und reissen nieder."* ¹⁰

Der Vizepräsident des „Deutschen Zweiges der Wachtturm-Gesellschaft", Willy Pohl, hat in einer Fernsehsendung, in der er nach Abtrünnigen gefragt wurde, als Beispiel erzählt, daß ein Haus-zu-Haus Verkündiger bei seinem Dienst in diversen Wohnungen Gelegenheiten „ausbaldovert" hätte, wo er stehlen könne. Das habe er auch getan, und da mußte ihm die Gemeinschaft entzogen werden. Nach verbüßter Haft und Reue sei er wieder aufgenommen worden, hätte es aber bald wieder getan. Darauf folgte der erneute Ausschluß. Wenn man das hört, klingt das so verallgemeinernd, daß der Leser zwangsläufig zu dem Schluß kommen muß, alle Abtrünnigen seien kriminell.

Ich kann hier gar nicht alles aufzählen, was mir seit nunmehr fast 40 Jahren von Zeugen Jehovas schriftlich und mündlich nachgesagt wird. Von Verleumdungen übelster Art bis hin zur Androhung von Körpermißhandlungen und Totschlag reicht die Palette der Drohungen. Natürlich erfolgten diese nicht direkt von der Wachtturm-Führung, aber sie spiegeln den Geist wider, den sie unter den Zeugen Jehovas durch ihre *„bibelgestützte Lehre"* erzeugen.

Kritik am Wachtturm ist Bedrohung der Religionsfreiheit

Religionsfreiheit ist für die Wachtturm-Führer offensichtlich schon dann bedroht, wenn über sie sachlich-kritisch, aufklärend oder warnend berichtet wird. Religionsfreiheit besteht ja auch gerade darin pro und/oder kontra reden und schreiben zu können. Religionsfreiheit bedeutet auch, die Pressefreiheit zu tolerieren. Die Argumentation der Wachtturm-Gesellschaft bedeutet letztlich den Maulkorb für jede Art von Kritik.

Insbesondere Berichte von ehemaligen Zeugen Jehovas werden grundsätzlich als unobjektiv, verleumderisch und lügnerisch bezeichnet. Als gläubiger Zeuge Jehovas sollte man diese Berichte nicht erwerben oder lesen, auch nicht als Geschenk annehmen.

Offensichtlich ist die „Meinungs- und Gewissensfreiheit der Zeugen Jehovas" durch nichts stärker bedroht als durch die Schriften Abtrünniger.

Als Raymond Franz, der Neffe des ehemaligen Wachtturm-Präsidenten, Frederick W. Franz, sein Buch „Der Gewissenskonflikt" (1988) in deutsch veröffentlicht hatte – er war 1981 ausgeschlossen worden –, war dies für die Wachtturm-Gesellschaft nicht nur peinlich, sondern ein schwer verdaubarer Schlag. Raymond Franz war von Kind an Zeuge Jehovas, hauptamtlicher Mitarbeiter der Weltzentrale und 9 Jahre Mitglied des höchsten Gremiums der Wachtturm-Gesellschaft, der Leitenden Körperschaft. Für den kritischen Zeugen Jehovas war dieses Buch eine sachlich korrekte Quelle aus erster Hand. Hier erhielt er endlich einen Blick hinter die Kulissen der obersten Führung der Organisation, und das ohne jeden Haß oder unredliche Anschuldigung, allerdings mit Herzblut geschrieben. Franz war der Organsiation alle Zeit treu ergeben gewesen, bis zu dem Zeitpunkt, als er für ein Nachschlagewerk der Wachtturm-Gesellschaft Forschungen anzustellen hatte und dadurch zum Nachdenken und zu erschreckenden Erkenntnissen kam.

In den Jahren nach 1975 war die Enttäuschung über das erneute Nicheintreffen der *biblischen Zeitrechnung* insbesondere unter den Zeugen Jehovas groß, deren Familien schon einige Generationen glaubten, in der *Wahrheit* zu sein.

Sein Lebensbericht „Der Gewissenskonflikt" zeigt das Ringen eines Gläubigen, der schwer geprüft worden ist und zutiefst von seinen ehemaligen Brüdern enttäuscht wurde.

Die Erkenntnis darüber, daß man selbst schuldig geworden ist, und zwar unwissend, indem man Irrlehren verbreitet hat, ist für ehrliche Menschen keine leichte Sache.

In der Folge dieses Ausschlusses gab es im Hauptbüro Untersuchungen über Personen und Verhöre, die mit Raymond Franz enger bekannt waren oder zusammengearbeitet haben. Franz schreibt dazu: *„Der Apparat der organisationsinternen Justiz setzte sich in Bewegung."*

Franz schildert erschütternde Einzelfälle, wo nach solchen Verhören Angeklagte weinend zusammenbrachen. Er stellt fest: *„Viele Menschen wurden und werden einzig aufgrund der hiereingeführten Gedankenüberwachung aus der Gemeinschaft ausgestoßen. Nur weil sie im Innern nicht alle Auslegungen der Gesellschaft akzeptieren können, werden sie als Abtrünnige abgelehnt."*[1]

Raymond Franz berichtet in seinem Buch „In Search of Christian Freedom" aus seiner langjährigen Praxis mit den „Leitenden Brüdern" resp. den „Brooklyner Schreibern". Überschrieben hat er diesen Abschnitt mit *„Pitfalls of False Argumentation"* (Fallgruben falscher Argumentation) Von sieben Beispielen, die er anführt, habe ich drei ausgewählt:

(1) Misrepresentation of opposing arguments – Falschdarstellung gegnerischer Argumente durch Benutzung eines „Strohmannes" anstelle des wirklichen Punktes der Frage.

(5) The drapping of a „red herring" over the trail of argument – Das Schleppen eines „roten Herings" über die Spur des Arguments, heißt, im übertragenen Sinn, daß ein Argument eingebracht wird, das für die Diskussion nicht relevant ist und das nur

dazu dient, die Aufmerksamkeit des Lesers von den Schwächen in der Argumentation abzulenken.

(6) Ad hominem (meaning „to the man“) argument,.. (bedeutet „zum Mann“) Ein Argument, das in einem Angriff auf die Person besteht, gegen die argumentiert wird, anstatt auf sein Argument inhaltlich einzugehen.“[2]

Diese verschiedenen Methoden habe ich am eigenen Leibe immer wieder erlebt und erlebe sie zur Zeit wieder, wie der Artikel von Gerhard Besier wohl beweist.

Die Reaktion der deutschen Wachtturm-Führung darauf, daß einige Zeugen das Buch „Der Gewissenskonflikt“ kauften, zeigt überdeutlich, wie es mit der „Freiheit“ der Zeugen Jehovas bestellt ist. Zwei Briefe der „Wachtturm Bibel- und Traktat-Gesellschaft Deutscher Zweig e.V.“ machen dies deutlich:

AN DIE ÄLTESTENSCHAFTEN

Liebe Brüder!

In einem Schreiben vom 17. Oktober 1990 teilte uns ein Rechtskomitee der Versammlung ... mit, daß in einigen ... Versammlungen Verkündiger das Buch „ Der Gewissenskonflikt“ des Abtrünnigen Franz lesen.

Ihr seid inzwischen von der Ältestenschaft der Versammlung ... davon in Kenntnis gesetzt worden und wir bitten Euch, uns mitzuteilen, ob Ihr inzwischen in Erfahrung bringen konntet, welche Brüder dieses Buch besitzen. Es ist notwendig, daß jeweils zwei Älteste ernste und eindringliche Gespräche mit diesen Brüdern führen. und vor der Gefahr der Abtrünnigkeit warnen. Auch mag es angebracht sein, anläßlich einer Ansprache während der Dienstzusammenkunft auf die Gefahren der Schriften von Abgefallenen aufmerksam zu machen und die Verkündiger eindringlich zu war-

nen. Teilt uns bitte auch mit, ob die betreffenden Verkündiger auf Euren Rat gehört haben und ob sie bereit gewesen sind, die Literatur der Abgefallenen zu <u>Vernichten</u> (Unterstreichung d. V.). *Wir sehen gern Eurer Antwort entgegen.*

Gemeinsam im wichtigen Lehrwerk ohne Unterlaß tätig, senden wir Grüße brüderlicher Verbundenheit.

Eure Brüder

Wachtturm B.&.T. Gesellschaft, Deutscher Zweig e.V.[3]

Gerade die Passage über die Vernichtung von Literatur erinnert stark an die Bücherverbrennungen unseres Jahrhunderts und läßt ein äußerst schales Gefühl aufkommen.

Im zweiten Brief wurden die Glaubensbrüder und -schwestern an ihre Pflicht nochmals erinnert, da die Gesellschaft *„noch keine Antwort erhalten hat,.baten wir um die Überprüfung, ob auch Brüder Eurer Versammlung dieses Buch besitzen und sich von dem abtrünnigen Gedankengut beeinflußt werden könnten"*.[4]

Umgang der Zeugen Jehovas mit „glaubensfeindlicher Literatur"

In der Ausgabe von „Trost" vom 15. Januar 1946 kommentiert ein Wachtturm-Schreiber unter der Überschrift *„zum Nachdenken"* einen Auszug aus einem katholischen Pfarrblatt der Innerschweiz, in dem es hieß: " ... *er ist katholisch, aber er liest ohne Bedenken glaubensfeindliche Zeitungen, Schriften und Bücher."*

Dieser Schreiber verweist auf 1,Thessalonicher 5,21, wo es heißt *„Prüfet aber alles ... "* und schreibt dann: *„ – Diese biblische*

Anweisung sticht wohltuend ab vom fanatischen Geist der Un-
duldsamkeit, der sogar das Lesen von Zeitungen und Büchern ver-
bieten will. Glücklicherweise hat das Volk Überdruß an Zensur-
vorschriften oder Leseverboten ... Wer die Wahrheit lehrt, darf zum
Prüfen gegnerischer Lehren auffordern, weil er die Zuversicht hat,
daß die Wahrheit siegt. "[1]

Dieser Kommentar des Zeugen Jehovas von 1946 veranschaulicht die Zensur und das Leseverbot, das von der Wachtturm-Führung damals bereits ausging und heute auch noch
existent ist. Interessant ist in diesem Zusammenhang zu fragen, wovor die Organisation denn eigentlich Angst hat, wenn
sie doch die „Wahrheit" lehrte?

Die Wachtturm-Führung schneidet sich durch derartige
Äußerungen nur selber ins eigene Fleisch und merkt gar nicht,
wie unglaubwürdig diese Aussagen sind.

Den Gedanken, daß innerhalb der Organisation angeblich
freie Meinungsäußerung und Glaubens- und Gewissensfreiheit ganz groß geschrieben werden, möchte ich nochmals auf-
greifen und mit einem längeren Zitat aus dem „Wachtturm"
kontrastieren:

„Was ist, wenn es uns persönlich schwerfällt, einen bestimmten
Gedanken zu verstehen oder zu akzeptieren?. Ein Gespräch mit
einem Ältesten kann eine Hilfe sein. Sollten wir dann immer noch
nicht verstehen, ist es möglicherweise des beste, die Angelegenheit
nicht weiter zu verfolgen. Vielleicht wird später einmal zusätzlicher
Aufschluß zu dem Thema veröffentlicht, der unser Verständnis
vertieft. Es wäre allerdings verkehrt, wollten wir andere in der Ver-
sammlung davon Überzeugen, sich unserer eigenen, abweichenden
Meinung anzuschließen. Auf diese Weise würden wir Zwietracht
säen und nicht dazu beitragen die Einheit zu bewahren. "[2]

Zu dieser Aussage will ich noch die Äußerung eines Wacht-turm-Schreibers aus dem Jahre 1959 ergänzen, in der es um Fragen des Gehorsams von Personen im Alten Testament ging. Unter der Überschrift *„Schnell bereit sein zu gehorchen"* heißt es dann: *„Beachte bei allen diesen Beispielen die schnelle Bereitschaft zu gehorchen, **die Abwesenheit von Eigenwillen*** (Hervorh. d. V.), *von Gleichgültigkeit oder nur guten Absichten. Jene eifrigen Zeugen bekundeten Eifer, Gehorsamsbereitschaft, Wachsamkeit, Ernst, Promptheit, Ergebenheit und Fleiß. Deswegen liebte sie Jehova. Wo immer jemand in Jehovas Organsation dient, dient er durch seine unverdiente Güte. Er wird nur dann an seinem Platz bleiben, wenn er gehorcht."*[3]

Eine bessere Beschreibung eines Untertans, eines bloßen Befehlsempfängers fällt mir in diesem Zusammenhang nicht ein. Die Wachtturm-Führer sehen ihre Anhänger als willenlose

„Der Wachtturm" vom 15. August 1984.

treue Sklaven. Was auch immer aus der Zentrale in Brooklyn kommt, ist bedingungslos zu glaubende Wahrheit.

Jegliche Kritik an den Äußerungen des „Wachtturms" oder der leitenden Brüder war und ist schlichtweg gefährlich. Ich lasse besser wieder den „Wachtturm" sprechen: *„Es ist auch wichtig, niemals an der Organisation des Herrn oder an ihren Vertretern scharfe Kritik zu üben ... Personen, die Jehovas reine Organisation und ihre Regeln für die Aufrechterhaltung des Friedens und der rechten Ordnung kritisieren und sich darüber beklagen, gehören zu denjenigen, die die Liebe Jehovas verachten. Zwischen solchen Personen und ausgesprochenen Rebellen liegt nur ein schmaler Grenzstreifen."*[4]

Was ist Rebellion gegen die Wachtturm-Gesellschaft?

So machte sich in Schweden der langjährige Sonderpionier Carl Olof Jonsson Gedanken über die Endzeitlehre der Wachtturm-Gesellschaft. Vor allem betrieb er umfangreiche Forschungen zur Zeitrechnung, um der Wachtturm-Führung zu helfen, eventuelle Fehler zu erkennen und zu korrigieren. So wies er nach, daß das Ausgangsdatum der Wachtturm-Endzeit-Berechnung 607 v. Chr. falsch ist. Er zeigte auf, daß bei einem Ausgangsdatum 586/87 v. Chr. einige Probleme der Wachtturm-Endzeit-Lehre gelöst werden könnten.

Seine Forschungsergebnisse sandte er an die Wachtturm-Führung in Brooklyn, im guten Glauben, der Führung damit zu helfen. Die Korrespondenz ging hin und her, aber Jonssons Argumente wurden weitestgehend ignoriert. Das Ende dieser

Bemühungen war der Ausschluß Jonssons aus der Organisation.

In den siebziger und achtziger Jahren wurden im Hauptbüro Brooklyn laufend Mitarbeiter ausgeschlossen. Edmond C. Gruss bringt in seinem Buch „We Left Jehovah's Witnesses" (1974) sechs erschütternde Beispiele. Unter den Ausgeschlossenen waren Mitglieder des Schreibkomitees, deren Bücher noch heute von der Wachtturm-Gesellschaft verbreitet werden. Den Zeugen Jehovas in Deutschland sind diese Namen allerdings nicht bekannt.

In der Bundesrepublik wollte Erich Jüstel, der seit über 40 Jahren ein Zeuge Jehovas und Ältester einer Süddeutschen Versammlung war, seinen „Brüdern" in der Wachtturm-Führung ebenfalls mit seinen Forschungsergebnissen helfen. Er hatte sich mit dem Schöpfungsbericht der Bibel nach Genesis 1, der nach der Wachtturm-Lehre 6 mal siebentausend Jahre Zubereitung der Erde vom Chaos bis zum Eden Paradies umfaßt, beschäftigt.

Da er enge Beziehungen zu Altertumsforschern hatte, wollte er nachprüfen, ob der jeweilige Wandel in der Entwicklung der Erde in der von der Wachtturm-Gesellschaft angenommenen Zeit vor sich gehen könne. In seiner Ortsversammlung sprach er darüber mit seinen Glaubensbrüdern und bekam prompt Schwierigkeiten.

Da er mit Herrn Pohl und dem Ehepaar Konrad Franke in Selters sehr gut bekannt war – sie waren oft seine Gäste und hatten sehr großzügige Sachspenden von Jüstel erhalten –, rechnete er mit deren wohlwollender Aufmerksamkeit. Er fuhr nach Selters und erklärte Pohl sein Vorhaben und berichtete über seine bisherigen Erkenntnisse.

Zurückgekehrt in seine Heimatversammlung wurde er vor ein Rechtskomitee geladen und ausgeschlossen, *„weil er nicht in der Lehre Christi geblieben sei"*. Gegen diesen Ausschluß erhob er Einspruch, der dann vor einem größeren Komitee verhandelt wurde. Dessen Leitspruch war: *„Gott wirke nur durch die Leitende Körperschaft und die Ältestenschaften der Wachtturm Gesellschaft."*

An der unmenschlichen Behandlung zerbrach er geistig und körperlich. Unter großem zeitlichen und materiellem Einsatz hatte er in Treue zu dieser „Organisation Gottes", wie sich die Zeugen selbst nennen, gedient. Jeden Zweifler hatte er zurückgewiesen und in manchem Rechtskomitee Zweifelnden wegen Uneinsichtigkeit die Gemeinschaft entzogen. Und nun war er selbst angeklagt und ausgeschlossen worden. Keiner seiner ehemaligen Mitbrüder sprach mehr mit ihm. Er wurde bei Begegnungen in der Öffentlichkeit nicht mehr gegrüßt. Trotz des Rückhaltes in seiner Familie, überwandt er die ungeheure und schmerzhafte Enttäuschung nicht. Ein erster Schlaganfall warf ihn nieder, einen zweiten wenige Monate später überlebte er nicht.

Ich sehe ihn noch vor mir im Sessel sitzen. Nachdem er sich von dem ersten Schlaganfall etwas erholt hatte, hatte er mich mit seiner Frau besucht. Er konnte einfach nicht begreifen, wie seine „Brüder und Schwestern" mit ihm umgegangen waren.

Diskriminierung religiöser Gemeinschaften!

Wenn die Zeugen Jehovas sich in ungezählten Büchern, Broschüren und Zeitschriften ihres Verlages beklagen, daß sie sich

"Du kannst für immer im Paradies leben", 1982, S. 29.

diskriminiert und intolerant behandelt fühlen, sollten sie zunächst einmal prüfen, wie weit sie selbst zu dieser Situation beigetragen haben.

Die Wachtturm-Gesellschaft war nie zimperlich mit ihren Vorwürfen und Anklagen gegen die Kirchen. Es ist jetzt gerade zehn Jahre her, als sich „Der Wachtturm" vom 1. April 1989 in vier aufeinanderfolgenden Ausgaben diesem Thema widmete. Auf einer blutrot aufgemachten Titelseite wird die Frage gestellt „Ein Geheimnis; Wer ist Babylon die Grosse?" Ein Porträt zeigt eine rot verschleierte, mit Schmuck überladene Frau, die eine Hure darstellen soll, wie auch die Textüberschrift des ersten Artikels es deutlich ausspricht. Die Seite 4 ist dann überschrieben mit „Die grosse Hure entlarvt".

Eine weiter unten wiedergegebene Darstellung ist unterschrieben mit *„Wer von ihnen – Politik, Großkapitel oder Religion – wird durch „Babylon die Große" dargestellt."* Abgebildet ist ein Papst mit Kreuzstab und Mitra. Neben der Mitra ein lachender Geschäftsmann, in die Mitra hineingezeichnet wurde Hitler mit Hakenkreuzarmbinde und zum typischen Gruß erhobenen Arm. Es ist nicht nur eine Zeichnung, die irgendeinen Papst darstellen soll, sondern es ist eindeutig und unmißverständlich Papst Johannes Paul II. damit gemeint.

Die Begriffe Diffamierung und Diskriminierung reichen hier nicht mehr aus. Das hat auch gar nichts mehr mit Ausübung der Religionsfreiheit zu tun.

„In der Bibel wird die falsche Religion wegen ihrer unmoralischen Beziehungen mit den ‚Königen der Erde‘ als eine Prostituierte dargestellt." (Offenbarung 17: 1, 2, 16)

Was biblische Wahrheit ist, bestimmt Brooklyn

Was die „wahre biblische Lehre" ist, bestimmt also die Wachtturm-Führung. Kritik ist weder an ihr noch an der Lehre erlaubt. Ob man versteht, was dort als „ gegenwärtige Wahrheit von Gott" ausgegeben wird oder nicht, spielt keine Rolle, deshalb schweigt man lieber. Miteinander Reden könnte zu Uneinigkeit führen, und das zieht disziplinarische Folgen nach sich. Den „treuen Sklaven" wird suggeriert, daß sie bei Zuwiderhandlung gegen die Grundsätze der Organisation Gefahr laufen, als Rebell gegen Gott zu gelten, und daß sie dadurch ihr ewiges Leben verlieren. Der „Rebell" hat dann die Freiheit der *„göttlichen Wachtturm-Organisation"* verloren. Stattdessen sind Tod und Vernichtung in Harmagedon sein Lohn.

Das Titelbild von „Erwachet" vom 8. Januar 1999 mit den gefesselten Händen gibt die Zwanghaftigkeit dieser Organisation treffend wider. Der einzelne Zeuge Jehova ist Gefangener eines anti-religionsfreiheitlichen Systems. Wer die Einheit dieses Systems stört und gefährdet, lebt gefährlich.[1]

Bei den Ansprüchen der Organisation *Jehovas „reine Organisation"* zu sein oder *„der Wille des Sklaven ist der Wille Jehovas"* usw., stellen sich die Wachtturm-Führer auf eine Stufe mit Gott. Dazu fällt mir der Spruch des Propheten Ezechiel gegen den König von Tyrus ein: *„Dein Herz wird hochmütig, und du sprachst: „Ein Gott bin ich, ... wo du doch nur ein Mensch bist, und hieltest dich in deinem Sinn für einen Gott."*[2]

Ist es nicht Gotteslästerung, wenn ein Mensch seinen Willen als den Willen Gottes ausgibt? Es ist doch Vermessenheit, wenn die Wachtturm-Führer ihre Organisation als die „Organisation Gottes" ausgeben.

Man könnte verleitet sein zu glauben, daß die Organisation tatsächlich für die Freiheit aller Religionen eintritt, wenn man den Ausführungen in „Erwachet" Glauben schenkt. Freiheit für die „Wachtturmorganisation", aber Untergang und Vernichtung für die *„babylonischen Weltreligionen"* und die *„Ordnung der alten Welt"* sind die wichtigsten Forderungen der Wachtturm-Lehre.

„So kostbar sie auch ist, Freiheit ist nur relativ", wurde in „Erwachet" richtig festgestellt. Richtig ist auch die Festellung, daß die Medien die Diskussion über öffentliche und private religiöse Freiheiten ausgelöst haben und weiterhin führen.

Ein Schreiber klagt in „Erwachet" an: *„ Verschiedenen religiösen Gruppen hat man, oft ohne handfeste Beweise, Gehirn-*

wäsche, finanzielle Ausbeutung, Kindesmißhandlung oder -miß-
brauch, und eine Unmenge weiterer schwerwiegender Straftaten
vorgeworfen. Storys, die sich um religiöse Minderheiten drehten,
sind von der Presse groß herausgebracht worden. Herabsetzende
Bezeichnungen wie „Kult" oder „Sekte" sind in die Alltagsprache
eingegangen."[3]

Diese Klage ist nur bedingt berechtigt. Stellt es denn eine
Bedrohung der Religionsfreiheit dar, wenn in den Zeitschriften über den Massenselbstmord des Sonnentempler Kultes
berichtet wird? Ist die Religionsfreiheit denn dadurch bedroht, daß die Medien über den Mord an einem Jungen in
Thüringen durch Satanisten berichten und vor solchen Kulten
warnen?

Was tummelt sich nicht alles auf diesem Feld. Von *„Fiat*
Lux", *„Schamanen"* verschiedenster Richtungen, über die
„Scientologen" bis hin zum angeblichen Sprachrohr Christi,
dem *„Universellen Leben".*

Nach der Meinung von „Erwachet" müßten alle vom *„Staat*
gleich behandelt werden", bzw. *„der Staat dürfe nicht willkürlich*
entscheiden welche Glaubensgemeinschaft nicht als Religion an-
erkannt wird".

Die Gesetzgebung der Bundesrepublik Deutschland beruht
auf dem Grundgesetz, in dem auch die Religionsfreiheit
garantiert ist. Wie „Erwachet" richtig feststellt, ist *„Religions-*
freiheit relativ".

Artikel 4 des Grundgesetzes garantiert die Glaubens- und
Gewissensfreiheit, und 4.2 besagt: *„Die ungestörte Religions-*
ausübung wird gewährleistet." Dies schließt aber nicht aus, daß
der Gesetzgeber prüft, wer diesen Anspruch stellt; denn Artikel 1 des Grundgesetzes fordert verpflichtend: *„Die Würde des*

Menschen ist unantastbar. Sie zu achten und zu schützen ist Verpflichtung aller staatlichen Gewalt."

Die Religionsfreiheit war und ist in der Bundesrepublik nicht in Gefahr. Wenn die Medien über religiöse Gemeinschaften, Sekten oder Kulte kritisch berichten, so ist dies ihr gutes Recht. Unter Umständen ist es auch ihre Pflicht, im Rahmen der Meinungs- und Pressefreiheit zu berichten.

Wenn ich über meine Erfahrungen mit den Zeugen Jehovas berichte und ihre Handlungsweisen beurteile, so nehme ich meine Rechte als Staatsbürger wahr. In „Erwachet" wurde ja festgestellt, daß *„Religionsfreiheit ein Kampf gegen Dogmatismus, Voreingenommenheit und Intoleranz war"*. Dann müssen es sich die Wachtturm-Führer auch gefallen lassen, an diesen Kriterien gemessen zu werden.

Ungeduldiges Warten auf das Paradies

Nicht nur ältere Zeugen Jehovas sind wegen der sich immer mehr verzögernden Paradieserwartung unsicher geworden. Eigentlich wollten sie ja nicht mehr sterben, sondern Harmagedon überleben. Doch diese Erwartung schwindet mehr und mehr. Zweifel und Ängste werden übermächtig, denn eigentlich dürfte ein Zeuge Jehovas an der von Jehova gegebenen *„Wahrheit"* nicht zweifeln.

Ein Ältester, der noch der Wachtturm-Gesellschaft treu ergeben ist, sagte mir vor einigen Monaten im Januar 1999, daß in den über dreißig Jahren, die er in der Organisation dient, er vielen Menschen geholfen hat, die *„Wahrheit"* zu finden. Viele von diesen, ja die überwiegende Mehrheit, habe inzwischen die „*Wahrheit*" verlassen oder wurde ausgeschlossen. Die meisten der „Ausgeschlossenen" hatten sich nicht moralischer Vergehen schuldig gemacht, sondern hatten begonnen selbständig über die Wachtturm-Lehre nachzudenken.

Als sie dann Fragen oder Zweifel äußerten, wurden sie als schwache oder gar als rebellische Personen gebrandmarkt, die Unruhe in die Gemeinschaft brächten und die Einheit stören würden.

Mein Informant hat inzwischen auch seinen Predigtdienst von Haus zu Haus eingeschränkt mit dem Argument, er könne doch den Leuten nicht etwas als „*Wahrheit*" verkünden, an das er selbst nicht mehr so recht glaube könnte. Er kenne viele andere Älteste, die genauso denken würden wie er, nur hätten sie alle Angst vor den Konsequenzen. Denn die „*Wahrheit*" zu verlassen oder gar ausgeschlossen zu werden, bedeute ja letztlich, Freunde und unter Umständen auch die Familie zu verlieren. So bleiben sie trotz ihrer Zweifel und Ängste und dienen mehr schlecht als recht weiterhin der Wachtturm-Organisation.

Ablenken vom „endlosen Endzeitwarten"

Früher hat sich die Wachtturm-Führung über solch „*schwierige Zeiten*" mit einer neuen Endzeitberechnung hinweg geholfen. Doch dazu müßte die Organisation heute zu viel an ihren Lehren ändern. Sie versucht zwar krampfhaft, das Aussterben der „Gesalbten" noch vor Harmagedon zu rechtfertigen, doch will da die „neue Erkenntnis" bei den älteren Zeugen nicht so recht fruchten. Zur Zeit besteht offensichtlich die

Gefahr, daß innere Auseinandersetzungen zu weiteren Absplitterungen führen könnten. So wird das beliebte Feindbild weiter kultiviert, die *„satanische babylonische Christenheit"*, die an allem Unheil unserer Welt schuld sei.

Zudem vermarktet die Organisation das „Helden- und Martyrertum" der Zeugen Jehovas während des Nationalsozialismus zu ihren Gunsten, überdeckt damit die skandalöse Lehr- und Geschichtsentwicklung und hilft die ständigen „Falschprophezeiungen" zu vertuschen. Die Opfer der NS-Zeit werden instrumentalisiert, um von der inneren Krise der Organisation abzulenken.

Dr. Detlef Garbe hat mit seinem Buch „Zwischen Widerstand und Martyrium" (1993) die *„Zeugen Jehovas zu den vergessenen Opfern"* erhoben. Die Wachtturm-Führer haben diese Formulierung bereitwillig aufgenommen und kolportieren sie eifrig.

Es steht außer Frage, daß die Zeugen Jehovas Verfolgte und Opfer des Nationalsozialismus sind, aber von vergessenen Opfern kann man nicht sprechen.

Wenn man sich die Wachtturm-Literatur betrachtet, so erschienen laufend Abhandlungen über Zeugen Jehovas im allgemeinen oder auch über Einzelpersonen, die das Leben der Zeugen im NS-Deutschland schilderten. Die Zeitschrift „Trost" brachte ausführliche Berichte schon unmittelbar nach dem Zweiten Weltkrieg. In der Serie *„Neuzeitliche Geschichte der Zeugen Jehovas"* in den Wachtturm-Jahrgängen 1955/56, im Buch „Jehovas Zeugen in Gottes Vorhaben", (1959/1960) und besonders im „Jahrbuch 1974" wurde die Geschichte der NS-Zeit ausführlich behandelt.

Die Schriften sind in Millionen von Exemplaren in allen

Weltsprachen von den Zeugen von Haus zu Haus und Tür zu Tür verbreitet worden. Zudem haben seit Jahrzehnten Autoren wie z. B. Eugen Kogon oder der katholische Pater Lenz als ehemalige KZ-Häftlinge sowie der ehemalige SS-Kommandant von Auschwitz, Höss, über ihre Begegnung mit den Zeugen Jehovas aus ihrer Sicht sehr objektiv berichtet.

In nahezu allen Publikationen über die Konzentrationslager und in den regionalen Widerstandsschilderungen finden sich Erinnerungen an oder Berichte über die Zeugen Jehovas.

In der Zeitschrift „Der Wachtturm" erschienen laufend Berichte ehemaliger Häftlinge, so z. B im „Wachtturm" vom 15. November 1980 *Ich überlebte den Todesmarsch"*, ein Bericht über meinen Vater. Er wurde von dem Erzähler Louis Piechota wegen seiner Korrektheit und Treue als *„ein nachahmenswertes Beispiel"* bezeichnet. Diese Erlebnisberichte sind Einblicke in einzelne Schicksale, die aber nicht verallgemeinert oder übertragen werden können.

In „Erwachet" vom 22. August 1995 bezieht man sich auf „Das Goldene Zeitalter" vom 15. Oktober 1929: *„1929, mehr als drei Jahre bevor Hitler an die Macht kam, machte die deutsche Ausgabe des **Goldenen Zeitalters** folgende kühne Aussage: „ Der Nationalsozialismus ist ... eine Bewegung, die ... direkt im Dienste des Feindes der Menschen, des Teufels, ... tätig ist. "*[1]

Ehe ich diese Passage kommentiere, blicken wir lieber in „Das Goldene Zeitalter", um dort den Originaltext nachzulesen.

Eine Frau hatte an die Redaktion unter der Überschrift „Hakenkreuz?" einen Leserbrief geschrieben:

„An die Redaktion des „G. Z. "

Ich komme heute nochmals auf die Nummer 8 des G.Z. zurück,

in der wieder einige Worte über den Kommunismus=Artikel von
Nr. 2 zu lesen sind. Da Sie sich ... nicht hindern lassen, das Unrecht
bloßzustellen, das manche derer treiben, die auf politischem Gebiet
ihren Einfluß mißbrauchen, so denke ich keine Fehlbitte zu tun, im
G. Z. auch mal eine Abhandlung über den Nationalsozialismus zu
schreiben ... "

Die Redaktion antwortete darauf: „*Der Nationalsozialismus*
ist eine jener extremen Erscheinungen der durch die Ereignisse über-
reizten Volksseele, an denen unsere Zeit so reich ist. Er ist zweifellos
– wie auch die verehrte Schreiberin sagt – eine Bewegung, die, ob
gewollt oder ungewollt, direkt im Dienste des Feindes der Menschen,
des Teufels, und gegen Jehova den erhabenen Schöpfer von Himmel
und Erde tätig ist ... Der Nationalsozialismus ist eine Krankheits-
erscheinung, die zur gegebenen Zeit ihr Ende finden wird. Wir
nehmen ihn nicht für ernst, wie breit er sich auch immerhin machen
möchte. Nach seiner höchsten Steigerung wird er nur einen um so
kläglicheren Untergang finden. "[2]

Einen entsprechenden Artikel, wie ihn sich die Leserin
gewünscht hatte, gab es nicht.

Aus der Antwort der Redaktion kann ich beim allerbesten
Willen keine „*kühne*" oder „*mutige Aussage oder Erklärung*" ersehen. Es war keine Warnung vor den Nazis, und Mut gehörte
1929 wirklich nicht dazu, eine solche Antwort auf eine Leser-
anfrage zu publizieren. Die Nazis wurden hier nicht anders
eingeschätzt, wie schon einige Nummern vorher die Kommunisten, oder wie z. B. Parteien oder auch Regierungen demokratischer Länder. Genau besehen haben die Antwortgeber
den Nationalsozialismus sogar verharmlost, indem sie ihn zu
einer „*Krankheitserscheinung*" degradierten, die nicht so „*ernst*
zu nehmen ist". Diese Aussage aus „Erwachet" (1995), die

wiederum bereits im „Goldenen Zeitalter" 1929 publiziert wurde, wird im übrigen auch im Video „Standhaft trotz Verfolgung" weiter verwendet.

Schaut man genau auf die Zusammenhänge der Texte in „Erwachet" und dem Video (1996), ist die Tendenz dieser Aussagen klar, denn es geht eindeutig gegen die Kirchen. Angeblich hätten die Kirchen vor den Nazis nicht so *„mutig oder kühn"* gewarnt, wie es die Zeugen Jehovas getan hätten. Gerade in diesen Jahren kann man allerdings Warnungen von seiten der Kirchen seitenweise belegen.

Es soll der Eindruck vermittelt werden, daß die Zeugen Jehovas von Anfang an kompromißlose Kämpfer gegen die NS-Diktatur gewesen seien. Im Video heißt es ja auch: *„Von Anfang an, nahmen Jehovas Zeugen eine klare Position oder Haltung ein, und bewahrten ihren Standpunkt politischer Neutralität."*

Die in dem Video „Standhaft" als Historikerin vorgestellte Dr. Susannah Heschel sagt dazu: *„Wenn die evangelische Kirche sich genauso verhalten hätte, wie die Zeugen Jehovas oder die Katholiken, meiner Meinung nach wäre die Geschichte völlig anders verlaufen."*

Solche Aussagen kann ich nur als einfältig bezeichnen, aber nicht mit Unwissenheit entschuldigen. Sie werden weltweit publiziert und zeichnen ein Geschichtsbild, das der Wirklichkeit nicht ferner sein kann.

In diesem Zusammenhang soll ein Brief vom 25. Juni 1933 „An den sehr verehrten Herrn Reichskanzler" zitiert werden, in dem es heißt: *„In gleicher Weise hat sich das Präsidium unserer Gesellschaft in den letzten Monaten nicht nur geweigert, an der Greuelpropaganda gegen Deutschland teilzunehmen,* *sondern sogar dagegen Stellung genommen ... Eine sorgfältige Prüfung unserer Bücher und Schriften wird deutlich zeigen, daß die hohen Ideale, die sich die nationale Regierung zum Ziel gesetzt hat und die sie propagiert, auch in unseren Veröffentlichungen dargelegt, gutgeheißen und besonders hervorgehoben werden.* "[3]

Ob im nationalsozialistischen Deutschland der „Hitlergruß" verweigert wurde oder in den USA der „Flaggengruß", es wäre für den gläubigen Zeugen Jehova so oder so *„Götzendienst"* gewesen. In den USA hatten die Schulkinder wegen Verweigerung des Flaggengrußes und des morgendlichen Absingens der Nationalhymne in den meisten Fällen die Schulen verlassen müssen. Auch Erwachsene bekamen Schwierigkeiten durch ihr *„nichtpatriotisches Verhalten"*. Die Zeugen Jehovas richteten eigene Schulen ein, weil ihre Kinder von den öffentlichen Schulen verwiesen wurden. Jahrelang zogen sich die Prozesse um die Verweigerung des Flaggengrußes und der Nationalhymne in den USA hin, sogar bis vor das oberste Bundesgericht.

Die Gläubigen hielten sich an die von Richter Rutherford proklamierte „neue Erkenntnis", *„dass die Obigkeiten, denen Jehovas Zeugen Gehorsam zu zollen hätten, allein Jehova Gott und sein seit 1914 amtierender König, Jesus Christus seien. Die weltlichen Obrigkeiten waren Dienerinnen des satanischen Welt-Systems"*.[4]

Wenn man sich diese Verhaltensweise näher betrachtet, so kann man hier nur von einer Verweigerungshaltung gegenüber den Gesetzen der jeweiligen Länder und Regierungen sprechen, die der Wachtturm-Führung nicht paßten.

Es finden sich noch zahlreiche Beispiele, die diese Verweigerungshaltung der Zeugen belegen, wie z. B die Verweigerung des Militärdienstes und die Nichtteilnahme an Wahlen auf den verschiedensten Ebenen.

Wie seit eh und je müssen für das *„nahe Ende"* Drogensucht, Kriminalität, Terror, Unsittlichkeit, Umweltverschmutzung und natürlich die korrupten Politiker als Beweis herhalten. Die Zeugen Jehovas mißbilligen diese verderbten Zustände, *„respektieren aber die Herrscher der Nationen".* Sie halten sich als gesetzestreue Bürger an die biblischen Maßstäbe für Ehrlichkeit, Wahrhaftigkeit usw. und sind somit vorbildliche Bürger.

Alles menschliche Bemühen jedoch könne die Welt nicht bessern. Im Gegenteil, denn die Zustände würden immer schlechter und lassen nur Böses ahnen. Wer diesen, sich ständig verschlechternden Zuständen entfliehen will, müsse sich zum *„Volke Jehovas"* flüchten, dem einzigen Volk auf der Erde, dessen Gott Jehova sei.

Die Tätigkeit dieses *„Volkes Gottes"* besteht heute darin, den *„Tag der Rache Jehovas"* anzukündigen.

„Der Wachtturm" bemüht, wie schon zu Rutherfords Zeiten, die *„Heuschrecken"* der Offenbarung und deren Anführer: *„Heuschrecken verwüsten das Land. Was hat das zu bedeuten?"* Die Antwort des „Wachtturm" darauf ist: *„ In Offenbarung 9: 1–12 wird eine Plage beschrieben, Heuschrecken, die Jehova sendet, und zwar unter der Führung ‚eines Königs, des Engels des Abgrundes', bei dem es sich um niemand anders als um Jesus Christus handelt. Seine Namen Abaddon (hebräisch) und Apollyon (griechisch) bedeuten „Vernichtung" und „Vernichter". Die Heuschrecken stellen den Überrest gesalbter Christen dar, der heute, am Tag des Herrn, die Weidegründe der Christenheit verwüstet, in-*

dem er die falsche Religion völlig entlarvt und ihr die Rache Jehovas ankündigt. "[5]

Und wieder werden die Geistlichen als *„weinende und heulende Trunkenbolde".* Wieder wird *„Gott die politischen Herrscher"* dazu benutzen, *„Babylon die Große, das gesamte Weltreich der falschen Religion zu vernichten".* Wenn die politischen Herrscher die Religion vernichtet haben, kommen sie selbst an die Reihe, sie werden am *„großen und furchteinflössenden Tag Jehovas, dem System Satans vernichtet".*

Jehovas Zeugen erhielten 1953 *„neue Erkenntnis"* durch das Buch *„Neue Himmel und eine Neue Erde".* Hierin wird ihnen gelehrt, daß die *„Neue Welt"* bereits im Werden sei. Die Zeugen Jehovas seien jetzt schon *„die Neue-Welt-Gesellschaft",* die das baldige Ende dieser *„Alten-Welt-Gesellschaft"* erleben wird.

Diese *„Neue-Welt-Gesellschaft ist heute die einzige Bewegung, die wahre Aufbauarbeit tut. Alle anderen, die ein Teil dieser Welt sind und an ihren Plänen, Programmen und Werken teilhaben",* werden vernichtet werden.[6]

Für die Zeugen Jehovas bringe die nahe Zukunft die *„Erneuerung der Schöpfung"* und für *„alle Gesetzlosen der heutigen Generation die Vernichtung in Harmagedon.* Überleben würden nur die, die der *„Neuen-Welt-Gesellschaft"* der Zeugen Jehovas angehören.

Ihnen wurde prophezeit: *„Nach der Schlacht werden sie hinziehen und die Leichen derer ansehen, die Jehova getötet hat und die nicht begraben werden, und als Speise für Würmer dienen, die 'nicht sterben', nämlich nicht aufhören sich in Menge über die widerlichen Leichen herzumachen, bis sie die Gebeine kahlgenagt haben, und als Speise für das Feuer, das mit Schwefel vermischt ist und nicht verlöscht, bis alle Leichenreste völlig verzehrt sind."*[7]

Im Buch „*Babylon die Grosse ist gefallen*" (Ausgabe Selters 1990) wird die über die Erde kommende „*große Drangsal*" beschrieben. Am Beginn dieser Drangsal stehe der „*Zusammenbruch aller politischen Einrichtungen und aller politischen Bündnisse, ... und wilde Unordnung und Verwirrung werden eintreten*".

Dann folgt der „*Höhepunkt jener großen Drangsal*". Es werden die Herrscher der Nationen, der Armeen und „*alle Menschen die das Zeichen des wilden Tieres tragen getötet*". *Es wird an ihnen das Todesurteil vollzogen, ... Ihre Leichnahme werden nicht mit religiösen, militärischen oder bürgerlichen Ehren beigesetzt. All die aasfressenden Vögel werden sich daran ergötzen; auch die Augen des von Gott beschützten Überrests und der „große Volksmenge" gottgefälliger Gefährten."* Mit Befriedigung sehen Jehovas Zeugen diesem grausigen Geschehen zu: „*Sie werden sich darüber freuen, im Interesse der Reinigung der Erde, die übrigbleibenden Geripper der Gesetzlosen zu begraben.*"[8]

Im Buch „Offenbarung ..." (1988) wird das Ende der Nationen, unter Hinweis auf eine Bibelstelle aus dem Propheten Joel, mit einer Weinernte verglichen: „*Joel prophezeite, daß riesige „Mengen", ganze Nationen, in der „Weinkelter" ... zertreten, vernichtet werden. (Joel 3: 12–14) Das ist wahrlich eine Rekordernte, wie es sie nie mehr geben wird. Gemäß der Vision des Johannes werden nicht nur die Trauben abgeerntet, sondern der ganze symbolische Weinstock wird umgehauen und in die Kelter geworfen, wo er zertreten wird ... Der Blutstrom aus der Kelter ist sehr tief, das Blut reicht den Pferden bis an die Zäume und der Blutstrom erstreckt sich 1600 Stadien weit. Die Vernichtung wird vollständig und unwideruflich sein. Nie, nein niemals wird Satans Weinstock der Erde wieder Wurzeln schlagen können.*"[9]

„Die Offenbarung – Ihr großartiger Höhepunkt ist nahe!", 1988.

Es geht weiter mit dem Hinweis: „ ... *die Vögel und die wilden Tiere werden zu einem Fest eingeladen. Sie reinigen die Erdoberfläche von den Leichen der Feinde Jehovas, indem sie sie auffressen.* " Diese Worte stehen hier unter der Überschrift *„Das große Abendessen Gottes".*

Die grausamen Schilderungen steigern sich noch:" *Grimmig blickende Angreifer werden das Augenlicht verlieren ... Ihre Augen werden verwesen. Die Muskeln mächtiger Krieger werden versagen, während sie auf den Füßen stehen ... Das Fleisch, das ihr Knochengerüst umgibt, wird verwesen ... Mobiles Kriegsgerät wird lahmgelegt ... ungeheure Massenvernichtung (wird) kommen, kein Teil der Erde wird verschont bleiben, Alle Arten von Vögeln und Tieren des Feldes werden an den Segnungen des Triumphes Gottes teilhaben und gleichzeitig mithelfen, die Erde von vielen Leichnamen zu reinigen, die wie Dünger zerstreut auf dem Boden liegen. und von den Überlebenden nicht beklagt und nicht begraben, sondern verabscheut werden."* [10]

Und, damit ja keine Mißverständnisse auftreten: *„Jedes UNO-Mitglied, auch die Republik Israel, wird aus dem Dasein ausgelöscht werden.“*[11]

Das Maß ist aber noch nicht voll, die Wachtturm-Führer beten: *„ Daher voran in die Schlacht, o Jehova der Heerscharen, mit deinem königlichen Sohn, Jesus Christus, an deiner Seite. Laß deine treuen Zeugen auf der Erde freudige Zeugen deines unvergleichlichen Sieges werden ... Laß die Glieder der „großen Volksmenge“ triumphierend „aus der großen Drangsal kommen“ ... Dank sei dir dafür, daß du das wunderbare Finale des „Buches der Kriege Jehovas“ schreibst. Möge dieser Bericht über deinen Sieg ohnegleichen für alle Ewigkeit in die Annalen des Universums eingehen.“*[12]

Welch ein schreckliches, unmenschliches Szenario wird hier in die Köpfe der Wachtturm-Gläubigen projiziert. Harmagedon als der Super-Holocaust! Die Erde von Milliarden von Toten übersät, die niemand beerdigt. Unschuldige Kinder, gutwillige und gläubige Menschen, die, einfach zum Tode verurteilt und grausam hingerichtet werden, nur weil sie nicht den richtigen Glauben haben. Jesus Christus wird hier als alttestamentlicher Racheengel dargestellt!

Können Staatsbürger, die die bestehenden Gesetze ihrer Nation für sich in Anspruch nehmen, gleichzeitig für die Vernichtung dieser Nation beten?

Die Wachtturm-Führer belehren ihre Anhänger, daß Jehovas Zeugen gesetzestreue Bürger seien und loben sich selbst als ethisch, moralisch und vorbildlich.

In einer Pressemitteilung vom 18. März 1996 erklärt die *„Religionsgemeinschaft der Zeugen Jehovas in Deutschland“* über ihren Informationsdienst ihr *„Verhältnis zum Staat“.*

In dieser Mitteilung verwahren sich die Leiter des Dienstes dagegen, von *„einigen Kirchenvertretern und Sektenbeauftragten"* als staatsfeindlich bezeichnet zu werden.

Unter anderem heißt es darin: *„ Jehovas Zeugen unterstützen den Staat und seine Vertreter und sind als gesetzestreue Bürger bekannt. Sie bleiben wie Jesus Christus in bezug auf politische und militärische Handlungen neutral."* Nachfolgend wird auf den „Wachtturm" vom 1. Mai 1996 verwiesen, in dem ihr Staatsverständnis grundsätzlich erklärt sei.

Gemäß der Wachtturm-Lehre glauben Jehovas Zeugen, daß Satan der Teufel der Gott und Herr dieser gegenwärtigen Weltordnung sei: *„ Satan kann nur mit Gottes Zulassung Gewalt über die Königreiche dieser Welt ausüben. In ähnlicher Weise übt der Staat seine Gewalt allein deshalb aus, weil Gott als souveräner Herrscher dies gestattet. Daher kann von den „bestehenden Gewalten" gesagt werden, daß sie „in ihren relativen Stellungen als von Gott angeordnet (stehen)"* ... *Sie sind allerdings „ Gottes Dienerin" oder „ Gottes öffentliche Diener", nämlich insofern, als sie notwendige Dienste leisten, Recht und Ordnung aufrechterhalten und Übeltäter bestrafen. Christen müssen daher verstehen, daß sie sich nicht Satan unterwerfen, wenn sie ihre relative Unterordnung unter den Staat anerkennen, selbst wenn Satan der unsichtbare Herrscher dieser Welt oder dieses Systems ist ... Sie gehorchen zwar den eingesetzten Gewalten, aber sie mischen sich nicht in deren Politik ein. "*[13]

In Römer 13 ist keineswegs von *„relativer"*, also eingeschränkter, beschränkter oder teilweiser Unterordnung die Rede.

Die Betonung liegt heute auf *„politische und militärische Neutralität"* und erklärt sich aus der 1962 erfolgten *„neuen Er-*

„Der Wachtturm" vom 1. März 1997: Christus als Anführer
der himmlischen Hinrichtungsheere in Harmagedon.

kenntnis von Römer 13", die besagte, „daß Christen das Gesetz in
jeder Weise zu beachten hätten". Aufgrund der Deutung von
Russell leisteten die Zeugen Jehovas im Ersten Weltkrieg auch
Militärdienst an der Front.

Der „Wachtturm" machte 1962 folgende Einschränkung,
die ein Rückschritt ist zu Russells Einstellung: „ ... die Unterordnung eines Christen unter diese Gewalten kann niemals abso-
lut sein. Sie muß relativ sein, darf also nicht so weit gehen, daß
Gottes Diener in Konflikt mit Gottes Gesetzen geraten." [14]

In der Praxis wirkt sich das so aus, daß die Wachtturm-Führer bestimmen, was die derzeitigen „Gottesgesetze" sind, die sie
dann verändern können, um sie ihren jeweiligen Bedürfnissen
anzupassen.

So wurde vor wenigen Jahren in der Frage Ersatzdienst ja

oder nein, entschieden, dem einzelnen Zeugen freizustellen, diesen Dienst zu leisten.

Bis dahin war es unter Androhung des „*Gemeinschaftsentzuges*" verboten, diesen militärischen Ersatzdienst zu leisten. Die Wachtturm-Anhänger wurden von den Gerichten wegen Verweigerung verurteilt und bestraft. Leistete ein Zeuge dennoch diesen Dienst, wurde er als Übertreter des „*Gottesgesetzes*" ausgeschlossen.

Gemäß des „Wachtturm" von 1996, hatte die von Rutherford 1929 eingeführte Obrigkeits-Lehränderung ihren Zweck erfüllt.

Die „*neue Erkenntnis*", die besagte, daß die obrigkeitlichen Gewalten allein Jehova Gott und Jesus Christus seien und Christen somit nur ihnen gehorsamspflichtig seien, hatte nun ausgedient.

Damals waren mit dieser Rutherford „*Erkenntnis*" die Zeugen wegen des Buchverkaufs und der Feiertags-Gesetze in Konflikt gekommen. In ihrem Gewissen vor Gott waren sie so keine Gesetzesbrecher, sondern wegen ihres „Gehorsams Gott" gegenüber leidende Märtyrer.

So sollte auch „Der Wachtturm" von 1996 verstanden werden, wenn es dort heißt: „*Rückblickend muß man sagen, daß der damalige Standpunkt* (gemeint ist Rutherfords; Anm. d. V.), *der die Oberhoheit Jehovas und seines Christus hervorhob, Gottes Volk geholfen hat, in dieser schwierigen Zeit stets kompromißlos neutrale Haltung einzunehmen.*"[15]

Somit war der damalige Gesetzesbruch praktisch eine „*neutrale Haltung*". An Sonn- und gesetzlichen Feiertagen von Tür zu Tür Bücher zu verkaufen, war zwar nicht den „weltlichen Gesetzen", aber dem Gesetze Gottes gemäß.

Aber hierum ging es nicht allein. Das sind aber alles nur Halbwahrheiten hinsichtlich der Veränderungen innerhalb der Wachtturm-Lehre.

Es ging in erster Linie um die Durchsetzung und Stärkung der Macht Rutherfords und der von ihm ernannten Vorsitzenden.

Was damals wirklicher Standpunkt war, ist in den Ausgaben des „Wachtturm" vom 1. und 15. Juli 1929 nachzulesen: *„ Da wir nun sehen, daß die Gesellschaft aus den Gesalbten Gottes auf Erden besteht, und daß sich die Körperschaft oder Schar von Christen fleißig bemüht, die Gebote des Herrn auszuführen, und da wir wissen, daß der Herr Jesus ihr Haupt ist, so sollte sich jedes ihrer Glieder eifrig bemühen, mit der Richtlinie, der Handlungsweise und dem Werk dieser Gesellschaft in Einklang zu sein ... jedes Glied muß auch im Einklang mit dem Herrn sein, und da dies wahr ist, muß es auch den höheren Gewalten untertan sein. "*[16]

Wie sah dieses „Untertansein" aus? Im „Wachtturm" vom 15. Juli 1929 wird unmißverständlich darauf verwiesen, daß in Gottes Organisation oder Versammlung die Ältesten, die *„der Herr ernannt hat, die Obrigkeiten sind, denen Gehorsam zu zollen ist"*.[17]

Parallel zu dieser Aussage wird ein Beispiel für Gehorsamkeit angeführt. Ein Buchverkäufer, der seinen Dienst auf Mitteilung der Regierung einstellen sollte, beachtete diese Aufforderung nicht. Der Verkäufer *„fuhr dessenungeachtet mit der Arbeit fort und brachte eine große Anzahl Bücher unter das Volk. Wenn er der weltlichen Obrigkeit gehorcht hätte, so würde er das Evangelium nicht gepredigt haben. Er gehorchte aber dem Herrn, ..."*[18]

Der „Herr", dem er zu gehorchen hatte, war Rutherford! Es ging nicht darum, *„ in schwieriger Zeit kompromißlose neutrale*

Haltung einzunehmen", sondern darum, den von den *„obrig-keitlichen Gewalten der Wachtturm-Gesellschaft, geforderten Gehorsam"* über die weltlichen Gesetze zu stellen, d. h. den Buchverkauf trotz der Ungesetzlichkeit durchzuführen und zu versuchen, ihn als *„Evangeliumspredigt"* zu erklären.

In der Zeit von 1929 bis 1962 hatte diese Gehorsamshaltung sehr unterschiedliche Folgen für die Zeugen Jehovas. Nach der heutigen Wachtturm-Formel *„biblisch geschultes Gewissen"*, können die Zeugen Jehovas über ihr Handeln in relativer Freiheit entscheiden. Das war in der Zeit des absoluten Gehorsams während der obengenannten Zeitspanne nicht möglich.

Im „Wachtturm" von 1954 wurde es so formuliert: *„ ... der Wille des Sklaven (die Wachtturm-Führung; Anm. d. V.) ist der Wille Jehovas und Rebellion gegen den Sklaven ist Rebellion gegen Gott."* [19]

Rutherford war sich der Folgen bewußt, die für den einzelnen Anhänger eintreten würden. Überdeutlich zeigt dies die „Wachtturm"-Aussage: *„Der Christ sollte sich lieber dem Zorn einer irdischen Regierung aussetzen, als den Grimm Gottes durch Ungehorsam gegen sein Gesetz auf sich zu ziehen. Der geweihte gesalbte Christ weiß, daß er sterben muß, um zu einem Gliede des herrlichen Leibes Christi gemacht zu werden ... Er muß daher die Wahl treffen, entweder den Menschen oder Gott zu gehorchen, wohl wissend, was die Folgen sein werden."* [20] *„Ungehorsam würde die Vernichtung bedeuten ... Ein jedes Glied ... muß nun ... gehorchen. Willendlicher Ungehorsam wird Verurteilung zur Folge haben, ... und nicht nur den Tod des Leibes bedeuten, sondern vollständige Vernichtung des Geschöpfes, das heißt das absolute Ende seines Daseins."* [21]

Mit anderen Worten: Gehorsam leisten gegenüber der Rutherfordschen Forderung bedeutet Verwandlung zu *„himmlischer Herrlichkeit"* oder zumindest *„Hoffnung auf Auferstehung im Paradies"*. Ungehorsam bedeutet den *„Verlust"* des künftigen *„ewigen Lebens"* oder der *„himmlischen Herrlichkeit"*.

Aus diesen „Wachtturm"-Wahrheiten resultierte das Verhalten der Zeugen weltweit.

Die beteuerte Gesetzestreue der Wachtturm-Führung zu den *„weltlichen Gesetzen"* ist in Wirklichkeit inhaltlich abhängig vom Willen dieser „Führer". Die Folgen tragen immer die gehorsamen Untertanen.

Ein Beispiel aus der damaligen Ostzone verdeutlicht, wie weit die Orientierung am Willen der Wachtturm-Führung die inhaltlichen Aussagen beeinflußte:

In einem Artikel in „Erwachet" ist folgendes zu lesen: *„ Heisse Flammen der Gewalttätigkeit, von Katholiken und Protestanten geschürt, umlodern wiederum die Zeugen Jehovas in der Ostzone. Die tollwütigen Kommunisten versuchen das zu erreichen, was den dämonisierten Nazis versagt blieb."*[22]

Ein persönliches Erlebnis aus meiner Zeit als Zeuge Jehovas soll die Gehorsamspflicht und die Abhängigkeit gegenüber der Organisation veranschaulichen. Im Frühjahr 1947 bekam ich das erste Mal Ärger wegen der Verbreitung einer Broschüre der Zeugen Jehovas mit dem Titel „Jehovas Zeugen im Feuerofen". Ich wurde von der politischen Abteilung der sowjetischen Kommandantur, Blankenburg, Helsunger Straße, zu einer Vernehmung vorgeladen.

Zwei Offiziere, an die ich mich noch sehr gut erinnere – Leutnant Magnitzky und Major Cleskow – wechselten sich mit ihren Vorhaltungen ab. Mir wurde vorgeworfen, durch die Verteilung dieser Broschüre politische Hetze betrieben und andere Christen und Kirchen verleumdet zu haben. Ich wurde gefragt, wer *„mit den anderen totalitären Horden ausser den Nazi"* denn noch gemeint sei? Vielleicht auch die Sowjetunion?

Die heftigsten Vorwürfe machte man mir aber wegen Hetze gegen andere Kirchen. Ich würde damit den Religionsfrieden in der Stadt stören. Aussagen wie z. B. *„das weltliche Schwert der römisch katholischen Kirche, der Naziführer Hitler"* oder *„ Hitler sollte die Welt für den Vatikan erobern"*, seien keine religiöse Predigt, sondern eindeutig politisch und würden die Blankenburger Pfarrer beleidigen. Die rein religiöse Predigt sei gestattet, aber politische Äußerungen, müßten von der Kommandantur genehmigt werden. Ich versuchte mich mit Bibeltexten zu verteidigen. Zu einer Einigung kamen wir nicht. Mir wurde deutlich gesagt, daß ich Nachsicht erfahren hätte, weil ich ein Opfer des Faschismus sei. Nach stundenlangen Verhören wurde ich entlassen, und mir wurde zur Auflage gemacht, meine Predigttexte in Zukunft Leutnant Magnitzky zur Genehmigung vorzulegen.

Nach Absprache mit den „oberen Brüdern" in Magdeburg, legte ich natürlich der Kommandantur nichts zur Genehmigung vor. Ich hatte schließlich den „göttlichen" Obrigkeiten zu gehorchen und nicht den „weltlichen" und schon gar nicht kommunistischen Militärs.

Wie aus den heutigen Akten der Gauck-Behörde hervorgeht, wurde ich schon damals beobachtet. Am 27. Mai 1947 wurde mir ein Strafbefehl zugestellt: *„ Auf Anordnung der russischen Militärkommandantur in Blankenburg-Harz, vertreten* *durch Leutnant Magnitzky, werden Sie mit einer Geldstrafe von 200,– Mark, oder im Nichtbeitreibungsfall mit 40 Tagen Haft bestraft. Gegen diese Strafverfügung besteht kein Einspruchsrecht.*"

Der Grund war, daß ich eine schriftliche Einladung zu einem Vortrag, die ich im Fenster unseres angemieteten Raumes im Hotel Braunschweiger Hof ausgehängt hatte, nicht zur Genehmigung vorgelegt hatte. Nach meinem damaligen „Obrigkeitsverständnis" handelte ich richtig. Allerdings hatte ich nicht nur mich, sondern auch den Hotelbesitzer, der uns seit Monaten den Raum vermietet hatte und kein Zeuge Jehova war, in Schwierigkeiten gebracht. Künftig erhielten wir dort keinen Raum mehr.

Ein leiser Zweifel regte sich bei mir anläßlich einer späteren Vorladung. Major Cleskow legte mir einen im Westen gedruckten „Wachtturm" vor. Darin war folgender Eindruck zu lesen: *„Veröffentlicht unter der Zulassung License Nr. US-W-1052. 24. Januar 1946 der Nachrichtenkontrolle der Militärregierung."* Die Wachtturm-Führung in Wiesbaden hatte sich die Veröffentlichung dieses „Wachtturms" durch die amerikanische Militärbehörde genehmigen lassen, wohingegen ich mich aber weigerte, der sowjetischen Kommandantur zu gehorchen.

Ich redete mir ein, daß die Brüder schon wissen würden, warum dies so geschehen war. Ich mußte mich an die *„biblischen Obrigkeiten"* halten, die weltlichen hatten mir bezüglich meiner Glaubensausübung nichts zu sagen oder vorzuschreiben. Dies war nicht nur meine Haltung, sondern auch die meiner Mitbrüder in der Ostzone.

Vor allem die Aussagen zum Kommunismus, der von uns

als „Rote Religion" bezeichnet wurde, brachten uns mehr und mehr Schwierigkeiten ein. Bei Vernehmungen wurde ich immer wieder gefragt „Wie kommen Sie dazu den Kommunismus rote Religion zu nennen?" „Warum stimmen Sie nicht für den Stockholmer Appell gegen die Atomwaffen?" oder „Wo steht etwas über Stalin in der Bibel?" Uns war bewußt, daß wir mit vielen Aussagen unserer Literatur mitten in der Politik gelandet waren, aber wir durften es unseren „Feinden" nicht zugestehen.

Im Frühjahr 1948 wurde uns von der Kommandantur ein Versammlungsverbot für den Kreis Blankenburg erteilt. Wir bekamen für unsere Zusammenkünfte keinen Raum mehr, also versammelten wir uns in Privatwohnungen. Da wir in der Tränkestr. 8 ein großes Wohnzimmer hatten, wurden die Versammlungen bei uns abgehalten.

Eines Nachmittags im Juli 1948, als wir zum sogenannten „Wachtturmstudium" mit über zehn Zeugen zusammen waren, klopfte es an der Tür. Als ich öffnete, traten Leutnant Magnitzky und drei Volkspolizisten in den Raum. Die Zusammenkunft wurde aufgelöst, und meine Frau und ich als Wohnungsinhaber festgenommen. Eine Nacht verbrachten wir bei der Polizei in der Langenstraße in einer Gefängniszelle. Am späten Nachmittag des folgenden Tages wurden wir entlassen mit der Mahnung, uns an die Anweisung der sowjetischen Kommandantur zu halten. Vom Magdeburger Büro kamen die Brüder Ernst Wauer und Willi Heinicke, um uns in unserem Bemühen, das örtliche Verbot aufzuheben, zu unterstützen. Eine Zusammenkunft mit ihnen und örtlichen „Verkündigern" in unserer Wohnung wurde nicht mehr gestört und wenige Tage später das Verbot zurückgenommen.

Ich kann mich noch gut erinnern, wie wir diesen „*Sieg über die Feinde Gottes und der Wahrheit*" feierten.

Die Zeugen Jehovas sind den jeweiligen Oberen im Hinblick auf den Gehorsam ausgeliefert. Ihr Verhalten basiert immer auf der gleichen Grundlage, dem absoluten Gehorsam gegenüber der Wachtturm-Lehre, die oft wechselt. Die Auswirkungen im alltäglichen Leben sind allerdings sehr unterschiedlich. Es kommt darauf an, unter welcher „weltlichen" Staatsform die Zeugen leben. Eine Volksgemeinschaft mit einer demokratischen Grundordnung geht z. B. mit der Wahlenthaltung der Zeugen anders um, als das in einer diktatorischen Ordnung der Fall ist. Wenn ein Zeuge sich zu seinem Glauben bekennt und taufen läßt, hat er „*eine vorverlagerte persönliche Gewissensentscheidung getroffen*", die ihn für alle „*Glaubenswahrheiten*" verpflichtet. Was ist unter einer solchen „vorauseilenden Gewissensentscheidung" zu verstehen?

Der Rechtsanwalt der Zeugen Jehovas, Pikl, schreibt in einem Beitrag zum Sammelwerk „Die neuen Inquisitoren" im April 1999 folgendes: *Das Prinzip der vorgelagerten Gewissensentscheidung ist auf alle Lehren und die gesamte Glaubenspraxis der Zeugen Jehovas anwendbar. Jede Person, die Zeuge Jehovas wird, trifft vor ihrer Taufe eine bewußte, unbeeinflußte Entscheidung darüber, nach welchen Prinzipien sie ihr weiteres Leben gestalten möchte ... Die bewußte Entscheidung, sein weiteres Leben als Zeuge Jehovas leben zu wollen, stellt eine Gewissensentscheidung in Fragen wie z.B. Kriegsdienstverweigerung, der Wahlenthaltung, der Ablehung von Blut als medizinische Heilmethode usw. dar, um künftig in Übereinstimmung mit den Lehren der Religionsgemeinschaft zu leben.*"[23]

Ein Zeuge Jehovas hat demnach im akuten Falle einer notwendigen Bluttransfusion nicht die Wahl, sich dafür oder dagegen zu entscheiden. Das kann durchaus tödliche Folgen haben. Erst vor wenigen Wochen erfuhr ich von einem tragischen Fall. In einer süddeutschen Kleinstadt lag eine 32-jährige Frau mit einer lebensbedrohlichen Krankheit im Krankenhaus, die durch eine Bluttransfusion hätte gerettet werden können. Daß sie dann doch ohne Transfusion überlebte, grenzt an ein Wunder. Sie selber und ihr Ehemann lehnten allerdings eine Blutübertragung ab. An ihrem Bett stand zudem ein „Ältester", der sicherstellen sollte, daß die Frau in ihrer Entscheidung nicht negativ beeinflußt wird und ihre vor Jahren abgegebene „Erklärung der Ablehnung" hinfällig wird.

Raymond Franz schildert in seinem Buch „Der Gewissenskonflikt", daß dieses Verbot der Bluttransfusion vor Jahren kurze Zeit vor der Aufhebung stand. Damals fehlte nur eine Stimme zum Erreichen der Zweidrittelmehrheit. Die Wachtturm-Führung übernimmt mit ihrer verantwortungslosen Entscheidung, das Verbot beizubehalten, die Verantwortung für zahlreiche Todesfälle.

„Nieder mit der alten Welt"

Der Leittext des „Wachtturm" vom 15. März 1959 war Jeremia 1,10 Die „Neue-Welt-Übersetzung" dazu lautet: „ *Sieh, ich habe dich an diesem Tag über die Nationen und über die Königreiche bestellt, um auszurotten und niederzureißen und zu vernichten und abzubrechen, zu bauen und zu pflanzen.* "[1]

Dieser Text wird folgendermaßen erläutert: „*Jehovas Zeugen verhalten sich gegenüber den politischen, ideologischen und mili-*

tärischen Konflikten dieser Welt völlig neutral, doch stehen sie unter Gottes Gebot, Jehovas Botschaft hinsichtlich der Nationen und Königreiche dieser Welt zu predigen. Wie einst Jeremia es darstellte, sind auch sie beauftragt, „auszurotten und niederzureißen und zu zerstören und abzubrechen, um zu bauen und zu pflanzen. Das ist das Werk, das Jehovas Zeugen während der vergangenen vierzig Jahre getan haben. Dabei haben sie sich nicht in die Politik eingemischt, haben nie umstürzlerisch gewirkt, noch die Hand gegen irgendwelche Einrichtungen oder politischen Gefüge irgendeiner Nation dieser Welt erhoben.“ [2]

Wenn man noch einmal rekapituliert, so muß man feststellen, daß sich die Wachtturm-Führung eigentlich schon seit 1919 nicht mehr in die Politik einmischen wollte.

Und doch ist im „Goldenen Zeitalter“ 1926 folgende „*Warnung*“ zu lesen: „*Wir warnen zum wiederholten Male vor Deutschlands Eintritt in den Völkerbund;. Deutschlands Eintritt in den Völkerbund wird Land und Volk in w e i t e r e Not stürzen. Der Völkerbund ist ein erneuter Täuschungsversuch Satans und eine Nachahmung des Königreichens Gottes auf Erden ... Deutsches Volk! Die Augen auf! Deine Rechte und Freiheiten in Gefahr! Protestantismus, wo bleibt dein Protest?*“ [3]

Diese Aussagen als keine Einmischung in politische Angelegenheiten darzustellen, grenzt doch an ein gewisses Maß an Unverfrorenheit.

In der ersten Nummer der Zeitschrift „Das Goldene Zeitalter“ vom 1. Oktober 1922 stand im Geleitwort geschrieben: „*Das Goldene Zweitalter umfaßt seinem Wesen und Inhalt nach, alle Gebiete des menschlichen Wissens.*“

Das Inhaltverzeichnis listet auf: „ EINFÜHRUNG; SOZIALES UND ERZIEHERISCHES; POLITIK; WIS-

SENSCHAFT UND ERFINDUNGEN; LANDWIRT-
SCHAFT UND ACKERBAU; LITERATUR UND
KUNST; RELIGION UND PHILOSOPHIE; GEGEN-
WÄRTIGES".

In der Folge erschienen dann laufend Artikel, die eindeutig
in den Bereich Politik gehörten. 1923 handelte ein Hauptartikel über *„Frauenrecht, Kommunismus, Anarchie, Sozialismus
und Kollektivismus."*

Ferner erschienen in der Zeitschrift Artikel über den Zusammenbruch der europäischen Ordnung. Außerdem wurde
auch die leidige Reparationsfrage als Folge des Versailler Ver-
trages thematisiert: *„ Die Ablehnung des Deutschen Angebotes.
Am 2. Mai 1923 hat die deutsche Regierung den allierten Mächten einen Vorschlag zur Erledigung der Reparationsfrage unter-
breitet ... Erwartungsvoll richtet die Welt die Augen nach Berlin
um zu sehen, ob die Landesväter dort sich zu einer großen Tat
aufschwingen und einen Schritt unternehmen werden, der einen
Ausweg für das bedrängte Europa darstellen könnte."*[4]

Am 10. September 1922 wurde anläßlich des ersten Bibel-
forscher-Kongresses nach dem Ersten Weltkrieg die Proklamation *„Ein Aufruf an die Herrscher der Welt"* veröffentlicht
und millionenfach weltweit verbreitet. Darin heißt es beispielsweise: *„ ... dass das Bemühen der Herrscher der Erde, der
Welt die Demokratie zu sichern sich als Blendwerk erwiesen hat.
Alle Bemühungen der Konferenzen, ob in Paris, Washington oder
Genua den Weltfrieden zu sichern haben fehlgeschlagen."* Schließlich wurde dort festgestellt: *„Das sämtliche gegenwärtig bestehenden Organisationen der Welt der sichtbare Teil von Satans
Herrscherreich oder Organistion darstellen."*

Ebenso ist das Traktat „Der Papst-Steigbügelhalter des Faschismus" vom 1. Januar 1948 ein Politikum, denn dort wird erklärt, daß *„der katholische Klerus für die Kriege innerhalb der Christenheit verantwortlich ist"*.

Selbst 1992 schrieben die Wachtturm-Führer noch, daß die Zeugen quasi als biblische *„Heuschrecken die Weidegründe der Christenheit vernichten"* sollen.

Insgesamt bleibt festzuhalten, daß politische Äußerungen und Stellungnahmen der Wachtturm-Führer über Jahrzehnte hinweg zu belegen sind, auch wenn die Organisation steif und fest behauptet, sie hätte sich nicht in die Politik der Nationen oder Völker eingemischt.

Angewandte Kriegslist im Kampf mit der satanischen Welt

Wenn man den Lehraussagen folgt, dann befinden sich Jehovas Zeugen ständig im Krieg. Als *„Soldaten Jesu Christi"* führen sie Krieg gegen die sie umgebende satanische Weltordnung. Natürlich benutzen sie dabei keine militärischen Mittel, sondern ihre Waffenrüstung ist geistiger Natur. Diese besteht aus der Bibel und den *„bibelerklärenden Schriften"*, der *„geistigen Speise der Leitenden Körperschaft"*.

Zur Kampfesweise der Zeugen gegen die Feinde des *„theokratischen Volkes Gottes"* gehört die *„theokratische Kriegslist"*.

Im „Wachtturm" vom 1. Juli 1957 war ein Artikel überschrieben mit „Wende theokratische Kriegslist an", in dem den Anhängern erklärt wird, was unter diesem Begriff zu verstehen ist und wie diese List gegen „Feinde" angewendet werden kann.

Ein Beispiel sollte helfen, die Hintergründe dieser Kriegslist zu verstehen: Eine Predigerin ging in einer Stadt der DDR,
wo die Zeugen seit September 1950 verboten waren, trotz des
bestehenden Verbotes von Haus zu Haus, um die Wachtturm-
Lehre zu verbreiten.

Sie stieß dabei „ ... *auf einen heftigen Gegner ... Da sie sogleich
wußte, was nun zu erwarten war, zog sie im nächsten Hausflur ihre
rote Bluse aus und legte dafür eine grüne an. Kaum war sie auf
die Straße getreten, fragte ein kommunistischer Beamter, ob sie eine
Frau mit einer roten Bluse gesehen habe. 'Nein', erwiderte sie. War
das eine Lüge? Nein, sie log nicht; sie war keine Lügnerin. Vielmehr
wandte sie theokratische Kriegslist an, indem sie die Wahrheit ...
verbarg.*"[1]

Biblische Vorbilder für solch ein Verhalten seien laut der
Wachtturm-Führung z.B. Rahab gewesen, die einen israeliti-
schen Kundschafter *„durch Wort und Tat"* verbarg oder auch
„Abraham, Isaak, David und andere, die bei *„feindseligen Gegnern ... den Tatbestand durch Wort und Tat verbargen"*.

Es wird darauf verwiesen, daß bei einer Eidesleistung jeder
Christ verpflichtet sei, die Wahrheit zu sagen. Jeder Christ hat
aber auch Gott gegenüber ein Gelübde abgelegt. Dieses
Gelübde Gott treu zu sein, steht vor oder über jeder Eidesleistung. Deswegen könne es vorkommen, daß ein Christ *„es
vorziehe, lieber die Aussage zu verweigern, und die Konsequenzen
zu tragen, als seine Brüder oder die Interessen des Werkes Gottes zu
verraten"*.

Darüber hinaus könne es aber auch passieren, daß ein Zeuge
Jehovas einen Eidesbruch gegenüber bestehenden Gesetzen
begehen müsse, um dem *„höheren Gesetz Gottes zu gehorchen"*.

„Der Wachtturm" vom 1.September 1987 konstruierte zur

Belehrung folgendes Beispiel. Eine Krankenschwester in einem Krankenhaus erhielt aus den Krankenakten einer ledigen Zeugin Jehovas Kenntnis von deren Schwangerschaftsabbruch. Nach der Wachtturm-Lehre müßte einer solchen Zeugin die Gemeinschaft entzogen werden. Gemäß ihrer gesetzlichen Schweigepflicht hätte sie diese Information nicht weitergeben dürfen, denn damit hätte sie Eidesbruch begangen. Nach der Wachttturm-Lehre wäre es die Pflicht der Zeugin gewesen, das Vergehen ihrer Glaubensschwester den „Ältesten" zu melden, wenn es diese schon nicht durch Selbstanzeige getan hat. Die Krankenschwester *„kam dann zu der Überzeugung, daß in diesem Fall die biblischen Grundsätze mehr Gewicht hätten als die Forderung, die ärztlichen Unterlagen vertraulich zu behandeln".*[2]

Es wird als allzu selbstverständlich angesehen, den Mitbrüdern immer die Wahrheit zu sagen. *„Im Verkehr mit ihnen, sagen wir die Wahrheit,. Die Wahrheit aber einem Feinde zu verhehlen, der kein Anrecht darauf hat, sie zu wissen, schadet ihm nichts,."*[3]

Im Nachschlagewerk der Zeugen „Einsichten über die Heilige Schrift" wird über die „Lüge" gesagt *„ Lüge ist das Gegenteil von Wahrheit ... Bösartiges Lügen wird zwar in der Bibel deutlich verurteilt, aber das bedeutet nicht, daß man verpflichtet ist, jemandem wahrheitsgemäß irgendwelche Informationen zu geben, die er zu erhalten kein Recht hat. Jesus Christus gab den Rat: „Gebt das Heilige nicht Hunden, noch werft eure Perlen Schweinen vor, damit sie sie nicht etwa mit ihren Füßen zertreten und sich umwenden und euch zerreißen" (Mat. 7:6) Deshalb hielt sich Jesus bei gewissen Gelegenheiten zurück, eine vollständige Auskunft zu geben oder gewisse Fragen direkt zu beantworten,. Zweifellos muß* die Art und Weise, wie Abraham, Isaak, Rahab und Elisa handelten, als sie Personen, die keine Anbeter Jehovas waren, irreführten oder ihnen gewisse Tatsachen verschwiegen, ebenso beurteilt werden."[4]

Die Lüge ist also nach diesen Aussagen als erlaubt anzusehen, wenn es sich um Gegner handelt. Das Recht, die „Wahrheit" zu erfahren, haben nach obigen Aussagen also nur „Brüder" der Zeugen, aber eben längst nicht alle. Obwohl die Bibel gebietet, nicht zu lügen und zur „Wahrheit mit deinem Nächsten" auffordert, sagt „Der Wachtturm" vom 1. August 1960: „Dieses Gebot verlangt jedoch von uns nicht, daß wir jedem, der etwas von uns wissen will, alles sagen. Denen, die ein Recht haben, die Wahrheit zu erfahren, müssen wir die Wahrheit sagen, doch jemanden, der hierzu nicht berechtigt ist, können wir ausweichende Antworten geben ... der Christ sollte jedoch stets im Sinn behalten ... Als Soldat Christi nimmt er an einem theokratischen Kriegszug teil, und den Feinden Gottes gegenüber muß er größere Vorsicht walten lassen. Die Bibel zeigt deshalb, daß es zum Schutz der Interessen der Sache Gottes angebracht ist, die Wahrheit vor Feinden Gottes zu verdecken."[5]

Wenn man diese Aussagen jetzt auf die eigentümliche Geschichtsauffassung der Zeugen Jehovas anwendet, so kann es passieren, daß „Forscher" getäuscht werden, weil „es in der Zeit des geistigen Kampfes" angebracht sei, „den Feind auf eine falsche Fährte zu weisen, indem man die Wahrheit verbirgt, . das schade niemandem; im Gegenteil, es bewirkt Gutes".[6]

Im Buch „Harmagedon" (1958) wird den „Gefährten der Zeugen Jehovas" vermittelt, daß sie den „Brüdern Jesu Christi gegenüber loyal" zu sein hätten. Die „ Brüder Jesu Christi" sind die sogenannten Überrestglieder der 144 000 Zeugen mit „himmlischer Berufung", also die „echten Zeugen Jehovas". Von diesen leben angeblich jetzt noch ca. 8 000 auf der Erde, und einige von ihnen bilden heute die *„Leitende Körperschaft"* der Zeugen Jehovas.[7]

Loyalität im Kampf mit den „Feinden" bedeutet für die anderen Schafe folgendes: „ *... weiseste Strategie anzuwenden, nämlich Kriegslist, um den Einfluß, die Macht und die Wirksamkeit weltlicher Herrschermächte, die Jehovas Volk zu bedrücken und Gottes Namen zu schmähen suchen, zu Tode zu hämmern."* Dies müssen sie jetzt vor Harmagedon tun, und wenn es sein muß, unter *„Einsatz des Lebens".*[8]

Mit ihrem Geschichtsbuch „Jehovas Zeugen Verkündiger des Königreiches Gottes" (1993), ist den jetzt lebenden Zeugen eigentlich die Hoffnung auf ein Erleben des Paradieses genommen worden. In diesem Buch werden dem 1992 verstorbenen Präsidenten Franz folgende Worte in den Mund gelegt: *„ Darauf zu warten lohnt sich selbst wenn es noch eine Million Jahre dauern würde."* (Hervorhebung im Original; Anm. d. V.)[9]

Mit dieser Aussage ist die gesamte Endzeitverkündigung gescheitert, als falsche Prophezeiung entlarvt.

Vor falschen Propheten zu warnen ist christliche Pflicht

„Der Wachtturm" befaßt sich immer wieder mit den falschen Propheten und verweist darauf, daß diese an ihren Früchten zu erkennen seien. Er behauptet, die Früchte der Kirchen beweisen, daß sie die falschen Propheten der Christenheit seien.

Die Wachtturm-Oberen verweisen auf die Früchte, die das „wahre Volk Gottes", die Zeugen Jehovas, bringen. Ihre Früchte sind weltweite Einheit im Handeln und im Glauben und das ständige Wachstum der Organisation. Sie bestreiten vehement, jemals falsch prophezeit zu haben.

Weltweite Einheit in Handeln und Glauben sowie ständiges Wachstum haben viele der heutigen „Sekten" aufzuweisen. Manche von diesen wachsen sogar noch schneller und stärker als die Zeugen Jehovas. Wenn man nur diese Kriterien anlegen würde, so wären auch andere religiöse Vereinigungen *„von Gott gesegnet"*.

Es muß ein anderer Maßstab angelegt werden, und an diesen Früchten sind sie zu messen.

Das Lehrgebäude der Wachtturm-Führung ist am Zusammenbrechen, denn seine Hauptstütze, die Endzeitlehre, ist morsch und brüchig geworden, und es besteht die Gefahr, daß das Ganze einstürzt. Die Gesamtzahlen für die mitteleuropäischen Länder zeigen Stagnation trotz ansehnlicher Neutaufen. Das bedeutet doch nichts anderes, als daß viele der seit Jahren oder Jahrzehnten Zugehörigen sich von der Wachtturm-Organsisation zurückziehen oder sie verlassen. Auf den letzten Kreiskongressen wurde bei den Ältestenbesprechungen beklagt, daß der Versammlungsbesuch, der früher bei 95–99 % gelegen habe, nun auf 70–80 % zurückgegangen sei.

Nach einem Pressebericht über den regionalen Kongreß für 1 000 Zeugen aus der Umgebung von Reutlingen am 13. Dezember 1998 sagte Wolfram Slupina vom Informationsdienst in Selters, daß *„der Kampf immer härter"* würde. In ganz Europa *„schürten die Kirchen Angst vor den sog. Sekten"*.

Die Frage ist wohl eher so zu stellen: wer schürt hier wirklich Angst mit seiner absurden Weltuntergangstheorie?

In seinem Bericht über die Tätigkeit des Informationsdienstes der Zeugen vom 26. März 1997 verwies Slupina auf die *„positive"* Steigerung der Pressemeldungen über die Zeugen. Er nannte dies *„die regelmäßige Bewässerung, die auf 6 verschiedenen Ebenen erreicht sei"* und zählte dann auf: *„... zuerst einmal die lokale und überregionale Presse; darin waren die Zeitschriften und Zeitungen, aber auch die Buchverlage eingeschlossen. Dann Rundfunk und Fernsehen; Drittens die Behörden und ihre Vertreter, eingeschlossen auch verschiedene Ministerien. Viertens Schulen, Bibliotheken und Universitäten; in Verbindung damit auch die Kultusministerien der einzelnen Bundesländer. Fünftens wären die Gedenkstätten und Museen zu nennen. Und sechstens die Politiker; und 2 Brüder vom Informationsdienst, sind ja auch in der Enquete-Gruppe eingebunden."*[1]

Er nannte dann die Zahlen der positiven Meldungen und Artikel und kündigte weitere Aktionen zu bestimmten Themen an, so z. B. Pressefreigaben anläßlich von Bezirkskongressen, die wir *„ faxen oder durch unsere Mitarbeiter den Redaktionen überbringen lassen"*. Diese internen Berichte geben Einblick in den Umfang der Tätigkeit des Informationsdienstes, der seine Vertreter und Berichterstatter bis hin zur örtlichen Ebene eingesetzt hat. So entgeht der Zentrale in Selters praktisch nichts, was irgendwo über die Zeugen verlautbart wird, und sie versucht, die Berichterstattung zu beeinflussen. Wie eine Anfrage einer Freudenstädter Schule beweist, wird das Thema „Zeugen Jehovas" auch im Schulunterricht behandelt und in den Schulberichten erwähnt.

Die Gegner der Organisation sind in erster Linie die kirchlichen Beauftragten: „*Diese Gegner freuen sich nicht über die vermehrte positive Berichterstattung in den Medien. Aber, liebe Brüder und Schwestern, sie haben keine Chance.*"

Wie der Pressedienst auf Meldungen in den Medien reagiert, legt Slupina wie folgt dar: „*1. Durch gezielte Leserbriefe gegen Falschaussagen, entweder von uns oder von den Brüdern in den Bereichen oder in den einzelnen Versammlungen. 2. Und das sehr wichtig, durch sofortiges Vorsprechen in den jeweiligen Redaktionen, oder durch telefonische Kontaktaufnahme. Vor einiger Zeit erschien eine Falschaussage, eine Falschmeldung über Jehovas Zeugen bei der Deutschen Presseagentur (dpa), und es bedurfte eines ganzen Tages, ... daß wir mit ihnen richtig gerechtet haben, auch Brooklyn eingeschaltet haben. Sie haben Druck ausgeübt* (gemeint ist der Brooklyner Info-Dienst; Anm. d. V.), *auch auf Washington, weil von dort die Falschmeldung kam.*"[2]

Slupina verwies darauf, daß in einigen Fällen auch Rechtsmittel eingesetzt werden müssen, wenn Drohungen nichts mehr helfen, und lobte in diesem Zusammenhang die Hilfe der organisationseigenen Rechtsabteilung. Diese Androhung solcher Rechtsmittel haben schon die meisten Verlage, die über die Zeugen Jehovas Bücher publizierten, erfahren müssen. Problematisch gestalte sich laut Slupina noch die Zusammenarbeit mit dem Fernsehen, „*aber auch da machen wir Fortschritte*". Hoffnung setzt er auf die Kabelkanäle, die schon Interesse an einer Zusammenarbeit gezeigt hätten.

Wie genau dieser „Informationsdienst" arbeitet, wurde mir persönlich im Januar 1999 bewußt. In der *Welt* erschien ein Artikel von Prof Dr. Dr. Gerhard Besier, der überschrieben war mit „*Kreuzzug als Familienunternehmen*" und eigentlich als Buchbesprechung angelegt war. Anlaß für diesen Artikel war die Buchveröffentlichung unseres Sohnes Klaus-Dieter im St. Benno Verlag, Leipzig „Die Angstmacher, wer (ver)führt die Zeugen Jehovas?"

Statt sachlich das Buch zu besprechen, nutzte Besier die Gelegenheit eines Pauschalangriffs gegen den „Pape-Clan". Durch den Artikel wird unter anderem der Eindruck erweckt, als wäre ich „Stasi-Informant" gewesen, was sich angeblich auch durch eine gerichtliche Ermittlung und Urteil bestätigt habe.

Die Wirklichkeit sieht doch ein bißchen anders aus. Anläßlich eines Seminars der Konrad-Adenauer-Stiftung, Rostock, waren mein Sohn Klaus-Dieter und ich als Referenten geladen. Die „Wachtturm-Gesellschaft", Selters, vertreten durch Herrn Günter Künz, und die „Religionsgemeinschaft der Zeugen Jehovas" Berlin, vertreten durch Herrn Willi Pohl, hatten über ihren Anwalt Pikl in einem Schreiben an die Konrad-Adenauer-Stiftung, Rostock, behauptet, daß *die Referenten zum Teil schon mit der Staatssicherheit der DDR gegen Jehovas Zeugen zusammengearbeitet hätten*. Und zudem hätten diese *„ sich wiederholt aggressiv gegen die Zeugen Jehovas geäußert und diese Glaubensgemeinschaft zum wiederholten Male verunglimpft, dabei haben sie Falschdarstellungen gegeben, die keinerlei Wahrheitsgehalt haben. "*

Kopien dieses Schreibens wurden an den damaligen Bundespräsidenten Richard von Weizsäcker und den Bundeskanzler Helmut Kohl als Schirmherren der Stiftung und den Stiftungsvorstand geschickt.

Falschdarstellungen und Verunglimpfungen war ich ja mittlerweile gewohnt im Umgang mit der Wachtturm-Führung. Allerdings war mit dem Versuch, die „Stasi-Keule" gegen mich zu schwingen die Grenze des Ertragbaren wirklich überschrit-

ten. Ich klagte wegen dieser Behauptung gegen die Wachtturm-Gesellschaft und die Religionsgemeinschaft.

Im Gerichtsurteil heißt es: „ ... *für Recht erkannt: Die
Beklagten werden verurteilt, es bei Meidung eines für jeden Fall
der Zuwiderhandlung festzusetzenden Ordnungsgeldes bis zu
50 000,– DM, ersatzweise Ordnungshaft bis zu zwei Monaten, zu
unterlassen, über den Kläger zu behaupten, dieser habe mit dem
Staatssicherheitsdienst der ehemaligen DDR zusammengearbeitet.*"

Dieses Urteil wird in dem Artikel von Besier nicht mit einer
Silbe erwähnt. Besier bringt hingegen Bemerkungen aus Stasi-
Akten als Beweise an, die den Vorwurf oder den Verdacht der
Stasi-Mitarbeit beweisen sollten. Er schreibt nicht, daß dieser
Verdacht aus Gerüchten entstand, die ein „Stasi-IM" aufgrund
von Hörensagen zu Papier gebracht hatte und aus der Be-
hauptung heraus, daß mein Bruder mein Buch „Ich war Zeuge
Jehovas" in total veränderter Form für den DDR-Buchmarkt
herausgegeben hatte. Der Verdacht der Zusammenarbeit mit
der Stasi war nicht haltbar, weil er nie stattgefunden hat.

Interessant ist nun, daß dieser Artikel von Mitarbeitern des
„Wachtturm-Informationsdienstes" benutzt wird, um damit
meine Familie und unsere Veröffentlichungen zu diskreditie-
ren. Mir liegen schriftliche Berichte aus den verschiedensten
Gegenden Deutschlands vor, die besagen, daß Mitarbeiter des
Informationsdienstes bei Personen vorsprechen und denen
diese Berichte überreichen. Anläßlich eines Vortrages in Dresden meines Sohnes im Februar 1999 wurde er vom Leiter
des regionalen Informationsdienstes Sachsen, Herrn Jahn,
daraufhin angesprochen. Da unsere Veröffentlichungen sachlich und rechtlich nicht anfechtbar sind, wird versucht, die
Personen zu diffamieren und als unglaubwürdig hinzustellen.

Abtrünnige sind das Schlimmste, was es für einen gläubigen Zeugen geben kann. Sie sind *„ Schweine die sich in ihrem Schlamm wälzen, Hunde die zu ihrem eigenen Gespei zurückgekehrt seien"*, wurde mir in einem Brief von einem Zeugen geschrieben.

Im „Wachtturm" vom 15. Januar 1953 wurde in einer Leserfrage nach der Behandlung von *„gemeinschaftsentzogenen Familienmitgliedern"* gefragt.

Aus der Antwort möchte ich zitieren: *„Wir leben heute nicht unter theokratischen Nationen, wo solche Glieder unserer Familiengemeinschaft im Fleische ausgerottet werden können, weil sie von Gott und seiner theokratischen Organisation abgefallen sind, ... Da uns durch die Gesetze der weltlichen Nationen, unter denen wir leben, und auch durch die Gesetze Gottes durch Christus Jesus Schranken auferlegt sind, können wir nur bis zu einem gewissen Grade gegen Abgefallene Schritte unternehmen."*[3]

Klingt daraus nicht ein Bedauern, daß es nicht so einfach möglich ist die Abtrünnigen umzubringen? Zumindest ist es ein schweres Vergehen für einen Zeugen Jehovas, Bücher von Abtrünnigen zu besitzen. Man sollte sie auch nicht als Geschenk annehmen: *„Es ist nicht wert sie zu lesen, sie seien doch nur voller Falschanklagen und Unwahrheiten"*, schreibt die Wachtturm-Gesellschaft als Antwort auf eine Anfrage.

Die Erfahrungen, die ehemalige Zeugen Jehovas mit der Wachtturm-Organisation machten und noch machen, sind vielfältiger Natur. Eine Versammlungsverkündigerin, wie z. B. Margarete Huber, die von einem angesehenen Ältesten zum Ehebruch verführt und mißbraucht wurde – in ihrem Buch „Mißbraucht, benutzt und weggeworfen in Namen Jehovas" (1997) beschreibt sie dies ausführlich[4] –, berichtet anders als das ehemalige Mitglied der Leitenden Körperschaft, Raymond Franz, es in seinen Büchern zu pflegen tut. Doch jeder Bericht erschüttert auf seine Art. Ich kenne eigentlich niemanden, der aus Rache über seine ehemaligen Brüder geschrieben hätte. Natürlich gibt es auch immer wieder Berichte spekulativer Natur, die mit wenig Wahrheitsgehalt versehen sind.

Die „Früchte" der Wachtturm-Lehre

Die Frucht der Wachtturm-Lehre ist das weitgehende Aussteigen aus der bisherigen Gesellschaft. Bevor sich ein Zeuge Jehovas taufen lassen kann, sollte er seine Mitgliedschaft in weltlichen Vereinen, wie z. B. Schützenvereinen, Musikvereinen, Sportvereinen u.a. kündigen und selbstverständlich alle Vereine verlassen, die irgend etwas mit der *„falschen Religion"* zu tun haben könnten.

Immer wieder wird von Zeugen Jehovas bestritten, daß Mitgliedschaft bei ihnen zum Bruch mit ehemaligen Bindungen führt. Im Lehrbuch „Gebet acht auf euch selbst" wird den Ältesten geraten, durch persönliche Zuwendung an Neubekehrte, *„ das Vakuum auszufüllen, das entsteht, wenn sie frühere Bekanntschaften und weltliche Unterhaltung aufgeben."*[1]

Es entstehen sehr oft fast unlösbare Probleme, wenn z. B. bei einem Ehepaar nur einer der Partner zu den Zeugen übertritt.

Ferner wird unter der Frucht der Wachtturm-Lehre die *„ weltweite Einheit der Liebe und der Gottergebenheit"* unter den

Zeugen verstanden. Jehova Gott hätte 1914 in die Weltgeschichte eingegriffen, um durch Jesus Christus die Welteinheit herbeizuführen. Seit 1914 habe sich die Offenbarung 11,15 erfüllt: *„Das Königreich der Welt ist das Königreich unseres Herrn und seines Christus geworden"*, wird in „Erwachet" vom 22. Mai 1979 festgestellt. Und es geht noch weiter: *„Statt jedoch zu Gottes Königreich aufzublicken, haben sich die Organisationen – in der UN und in anderen Organisationen – gegen dieses Königreich vereinigt."*[2]

In diesem Zusammenhang stellt sich mir die Frage, wann und wo sich die Regierungen und Organisationen denn gegen dieses „Königreich von 1914" vereinigt haben? Wie hätten sie es tun sollen? Wem hätten die damaligen Regierungen ihre Macht abtreten sollen? Etwa Russell oder seinen Nachfolgern? Die angebliche Übergabe an die alttestamentlichen „Fürsten" konnte ja nicht stattfinden, weil diese ja nicht auferstanden sind.

Die Antwort auf all diese ungelösten Fragen wußten die Autoren von „Erwachet", die widerum Rat und Hilfe bei „weltlichen" Zeitschriften suchten. Aus einer belgischen Zeitschrift wurde übernommen, *„daß amerikanische Experten nur eine Lösung gefunden hätten um eine Atomkrieg in den nächsten 25 Jahren zu vermeiden: die der Zeugen Jehovas! ... Aussicht auf Erfolg besteht nur, wenn jedes Land auf seine Souveränität verzichten würde ... zugunsten einer Weltregierung."*

Eine Pressemeinung aus Australien wird noch verstärkend hinzugezogen: *„ Jehovas Zeugen sind die einzige Friedensbewegung die Erfolg haben wird."*[3] Dabei vergessen sie zu erwähnen, daß gemäß ihrer Friedensbewegung alle Nicht-Zeugen vernichtet werden.

Es gab noch zahlreiche ähnliche Lösungsvorschläge, die aber letztlich alle nur unterstreichen, daß die Schreiberlinge von „Erwachet" nur das abschreiben, was ihnen der Pressedienst der Organisation zur Verfügung stellt. Dieses Verfahren kenne ich noch aus meiner Zeugenzeit. Schon damals haben wir, besonders anläßlich großer Kongresse, der jeweiligen Presse die entsprechenden „Berichte" fertig geliefert. In Kassel 1948 und Nürnberg 1953 hatten wir Sonderausgaben extra drucken lassen, die wir dann stolz mit nach Haus nahmen und sie bei unserem *„Predigtdienst"* herumzeigten, mit der Bemerkung, daß uns die eine oder andere Zeitung beachtet und gleich ganze Ausgaben unseren Kongressen widmet.

Jehovas Zeugen – ein eigenes Staatsvolk?

„Ein theokratisch organisiertes Volk für Jehovas Namen (Apg 15:14)", so überschrieben die organisationsinternen Lehrer im dritten Teil des „Lehrbuches für die Königreichsdienstschule (ksX 81)" für die reisenden Aufseher und Versammlungsältesten" den Unterrichsstoff des Lehrstückes 8a. Darin wird den Lernenden gesagt: *"Jehova hat eine irdische Organisation, die sein Werk verrichtet, ... Jehova bringt seine Auserwählten als ein organisiertes Volk zusammen, wie das beim natürlichen Israel der Fall war und setzt eine Führung ein, die für die Einhaltung seines Willens sorgt ... Heute sind Jehovas Zeugen ein eigenes Volk"*.[1]

Da die weltlichen Regierungen nach Meinung der Zeugen das *„seit 1914 regierende Königreich"* mißachten würden, richteten Jehovas Zeugen ein eigenes weltweites Reich auf und sind diesem „Reich" *„loyale Untertanen"*. Sie würden bedenkenlos gehorchen und nicht versuchen, die Regierung zu stürzen oder zu hintergehen oder gar *„Entscheidungen der ausführenden Organe zu mißachten".* In „Erwachet" vom 22. Mai 1979 wird beschrieben, wie Jehovas Zeugen sich gegenüber ihrer Regierung zu verhalten haben:

„Die Untertanen von Gottes regierendem Königreich gehorchen den Gesetzen dieses Königreiches so gut sie es in ihrer Unvollkommenheit können, auch wenn die Umstände unbequem sind,. Sie sind sogar bereit, für ihre himmlische Regierung, sozusagen für ihr Vaterland, zu sterben ... Die geplante Organisation der „Vereinigten Staaten von Europa" und selbst die UN sind ein kümmerlicher Ersatz – in Wirklichkeit kein Ersatz – für Gottes Königreich trotz der Tatsache, daß Papst Paul VI, in seiner Ansprache vor der UN im Jahre 1965 davon sprach, daß sich die Völker „ an die Vereinten Nationen als Hoffnung für die Eintracht und den Frieden" wenden." [2]

In einem „Wachtturm"-Artikel „Wodurch wird eine Regierung für dich zu einer Realität" wird für Jehovas Zeugen ein Vergleich zu den Staaten, die der UN angehören und einem *„Königreich"* gezogen, „das *„kein Mitglied dieser Weltorganisation ist",* weil es ein Königreich mit besonderer Bedeutung sei:

„ Ein Vergleich mit den 150 Mitgliedstaaten der Vereinten Nationen ergibt, daß dieses Königreich heute mehr Untertanen hat als 42 der Mitgliedstaaten der Weltorganisation. Ja es hat über 2 100 000 loyale Untertanen ... ingesamt 5 095 831 Personen ... Nur 77 Mitgliedstaaten der Vereinten Nationen – oder rund die Hälfte - weisen größere Bevölkerungszahlen auf ... Das Bildungssystem des Königreiches ist noch besser ... als die der anderen Staaten ... Das Kennzeichen einer echten Regierung besteht darin, daß sie Untertanen hat ... Sie erläßt Gesetze auf deren Einhaltung

geachtet wird ... Diese Untertanen ... bilden eine erstaunliche Einheit ... Sie gehorchen den Anweisungen ihres Königs und mischen sich nicht in die politischen Angelegenheiten oder Konflikte der weltlichen Nationen ein."[3]

Aus dieser Aussage wird der Anspruch der Organisation deutlich, auch ein eigener Staat mit Regierung und Untertanen sein zu wollen. Sie sind ein eigenes „Staatsvolk", das in Geborgenheit den drohenden Untergang der jetzigen Weltordnung überstehen wird. Vor dieser drohenden Weltzerstörung würde es nur eine Rettung geben, die Einheit der Welt unter einer Weltregierung.

Angesehene Personen der Öffentlichkeit werden zur Beweisführung herangezogen. So bemüht z.B. „Der Wachtturm" einen Atomwissenschaftler namens Harold Urey sowie Albert Einstein dafür, daß der Frieden unter den Nationen nur dann bewahrt werden könne, wenn diese Einheit hergestellt wird. Am 15. Juni 1984 fragte „Der Wachtturm": „ *Ist es aber wahrscheinlich, daß die Nationen der Welt ihre Souveränität aufgeben werden?*" Da sie davon ausgehen, daß dies nicht eintreten wird, trete folgende Konsequenz auf: „ *... steuert die Welt mit ihrer entzweiten politischen, kommerziellen, sozialen und religiösen Systemen auf einen Sturz zu*". Aus Sicht der Organisation sei aber Rettung in Aussicht. „*Es gibt bereits Menschen, die das, was Einstein sagte, tun, die die Hindernisse des Nationalismus überwinden. Es gibt bereits ein wirklich vereintes Volk auf der ganzen Erde. Es gibt bereits eine Weltregierung, der Millionen Menschen aus allen Nationen in erster Linie die Treue halten.*"[4]

Wieder werden Zitate aus ausländischen Zeitungen zur Problemlösung herangezogen. Die brasilianische Zeitung *O Tempo* und die belgische Zeitung *La Nouvelle Gazette* verweisen darauf: „. *es gibt nur eine Lösung in einem radikalen Wandel im Lebenstil der Menschen ... zugunsten einer Weltregierung ... und die stimme genau mit der Idee der Zeugen Jehova überein."*

Von dieser „*Weltregierung*" behaupten Jehovas Zeugen, daß sie seit 1914 im Amt sei und die „*Bürger der neuen Ordnung*" einsammle. In diesem Zusammenhang fehlte nur noch die Aufforderung, die Rutherford in seinem „Aufruf an die Herrscher der Welt" in den zwanziger Jahren aufgestellt hatte, nämlich „*die Regierungsgewalt niederzulegen und die himmlische Regierung anzuerkennen*". In der besagte Juni-Ausgabe des 1984 wird das Ganze nochmals betont: „*Jehovas Zeugen als Bürger dieser neuen Ordnung halten in jedem Land in erster Linie der himmlischen Regierung die Treue."*

1985 erklärt die Wachtturm-Führung in dem Buch „Das Leben – Wie ist es entstanden?": „ *Jehovas Zeugen ... stimmen völlig mit der Lehre der Bibel überein, daß das Königreich Gottes eine wirkliche Regierung ist, die Gesetze erläßt und Macht ausübt, und daß es bald über die ganze Erde herrschen wird. Es hat bereits Millionen Untertanen, die darauf vorbereitet werden, die Grundlage einer künftigen Zivilisation zu bilden."*[5]

So wird folgerichtig in der internen Dienstanweisung 1991 für die „Ältesten" in den Versammlungen, „*die dem Volk Jehovas als Unterhirten dienen*", der Teil 5 a wie folgt überschrieben: „Aufseher, ‚die für das Recht herrschen'". Sie herrschen über „*ein abgesondertes Volk, das aus allen Nationen eingesammelt wird*".[6]

„*Ein theokratisch organisiertes Volk für Jehovas Namen (Apg. 15:14)*" ist der Unterrichtsteil 8 (a) des „Lehrbuches für die Königreichsdienstschule (ksX 81)", in dem die Ältesten für die Organisation einer besonderen Schulung unterzogen werden.

Dieses *„Lehrbuch ist für reisende Aufseher und Versammlungs-
älteste bestimmt und sollte niemand anders gegeben oder ausgelie-
hen werden, auch nicht Familienangehörigen."*[7]

Darin werden die Schüler unter anderem darüber belehrt:
*„ Jehova hat eine irdische Organisation, die sein Werk verrichtet, ...
Jehova bringt seine Auserwählten als ein organisiertes Volk zu-
sammen, wie das beim natürlichen Israel der Fall war, und setzt
eine Führung ein, die für die Einhaltung seines Willens sorgt ...
Heute sind Jehovas Zeugen ein eigenes Volk."*[8]

Im darauffolgenden Unterricht wird diesen Funktionären
der Organisation beigebracht, wie sie das *„heilige Volk gemäß
Gottes Maßstäben zu leiten hätten".*

In der revidierten Ausgabe dieses Lehrbuches 1991 wird es
klar ausgesprochen: *„Jesus Christus beaufsichtigt alle Ältestenschaften".* Die *„eine Verwaltung",* (sprich die Brooklyner Leitende
Körperschaft; Anm. d. V.) *„wird von Christus geleitet",* und so
leitet *„ Christus alle Versammlungen"* in der ganzen Welt.

Durch solche Lehraussagen verstehen sich Jehovas Zeugen
wirklich als das „Staatsvolk des Königreiches Gottes" oder als
„Bürger der Neuen-Welt-Gesellschaft von Jehovas Zeugen".

Letztlich bedeutet das nichts anderes, als daß die Greise der
„Leitenden Körperschaft" in Brooklyn die irdischen Regenten des von Himmel her wirkenden Königreiches sind. Ihnen
bezeugt das *„das eine Volk ... absoluten Gehorsam, da ja ihr Wille,
der Wille Gottes sei".*[9]

Die interne Schrift „Unser Königreichsdienst" sagt zum
Verhalten des Einzelnen gegenüber den Aufsehern: *„ Wenn
wir denen, die unter uns die Führung übernehmen gehorchen und
unterwürfig sind, können sie ihrer Arbeit noch freudiger nachgehen."*[10]

Das ist die Geisteshaltung von unfreien Untertanen. „Der Wachtturm" formulierte es so: „ *Er wird nur dann glücklich sein, wenn er bereit ist schnell zu gehorchen ... Abwesenheit von Eigenwillen"*.[14]

Die Tätigkeit der Zeugen Jehovas – Gesetzestreues Bildungswerk?

In den Anträgen auf Anerkennung der „Religionsgemeinschaft der Zeugen Jehovas" als Körperschaft öffentlichen Rechts wird insbesondere auf ihr Bildungswerk und ihr gesetzestreues Verhalten verwiesen.

1997 veröffentlichte die „Wachtturm Bibel- und Traktat-Gesellschaft Deutscher Zweig e.V." eine Dokumentation unter dem Titel „Anerkennungsverfahren der Religionsgemeinschaft der Zeugen Jehovas in Deutschland 1990–1997". Im Vorwort zur Dokumentation ist zu lesen: „ *Jehovas Zeugen sind in Deutschland seit 100 Jahren tätig und damit älter als die Demokratie in unserem Land. Sie haben all die Jahre als Teil der Gesellschaft gelebt, gearbeitet Kinder großgezogen und ihre Glaubensansichten vertreten. Es gab keine Beanstandungen, außer zur Zeit des Hitler-Regimes und während der kommunistischen Zwangsherrschaft in Ostdeutschland.* "[1]

Der Vizepräsident der Wachtturm-Gesellschaft Willi K. Pohl, dem diese Worte zugeschrieben werden, hat entweder nur sehr oberflächliche Kenntnisse der Geschichte seiner Gemeinschaft oder er betreibt bewußte Verschleierung bzw.

Verfälschung dieser Geschichte, um einen günstigeren Ausgang für die Anerkennung als Körperschaft öffentlichen Rechts zu schaffen. Es kann natürlich auch sein, daß Pohl in den zwanziger Jahren noch kein Zeuge Jehova war und erst sehr viel später oder nie von den Prozessen wegen Gesetzesübertretung erfahren hat.

Inwieweit kann man eigentlich von einer Voraussetzung für einen Anspruch auf Anerkennung als Religionsgemeinschaft sprechen? Dazu müssen wir zurück zu den Anfängen der Organisation in Deutschland. Meines Wissens gab es im Jahre 1897 eine einzige Frau in Berlin, die den aus den USA bezogenen und dort in deutsch gedruckten „Zions Wachtturm" erhielt, diesen ausführlich las und in geringen Stückzahlen an Bekannte verteilte. Man kann hier aber noch nicht von der Existenz einer Religionsgemeinschaft sprechen. Das erste Büro wurde 1902 in Barmen eingerichtet, und von einer „organisierten", religionsgesellschaftlichen Tätigkeit kann erst Jahre später gesprochen werden.

Die deutsche Niederlassung der amerikanischen *„Watchtower Bible & and Tract Society"* mit Sitz in Barmen wurde 1921 offiziell anerkannt. Im Vorwort zum Anerkennungsverfahren könnte allerdings durch die Formulierung *„auf der Grundlage des Artikels 10 des Einführungsgesetzes zum BGB am 7. Dez. 1921 vom Reichsrat beschlossen"* ein Mißverständnis entstehen. Ich finde dort keine explizite Nennung der Bibelforscher oder der Watchtower-Society. Es ging schlechthin um die Zuerkennung der Rechtsfähigkeit von Gesellschaften der verschiedensten Art entsprechend den Ausführungen des neuen Bürgerlichen Gesetzbuches.

Ab 1933 bezeugen Briefbögen und offizieller Stempel die

„*Watch Tower Bible and Tract Society, German Branch, Magdeburg*" als Deutschen Zweig der amerikanischen Gesellschaft.

1932 gab es in Deutschland folgende eingetragene Gesellschaften: „Internationale Bibelforscher=Vereinigung e. V."; „Verlag Wachtturm Bibel= und Traktatgesellschaft"; „Gezet e.V." (Abkürzung für Goldenes Zeitalter; Anm. d. V.). Wenn die Organisation aus diesen Eintragungen auf eine staatliche Anerkennung als Religionsgemeinschaft oder Kirche schließt, so ist dies höchst fraglich.

Ähnliche Überlegungen greifen, wenn man sich darüber Gedanken macht, ob diese Organisation als gemeinnützig angesehen werden kann oder nicht. Die kostenlose Literaturverteilung seit 1991 ist doch in Wirklichkeit ein geschickter Schachzug, um auf diese Weise Werbematerial unter die Leute zu bringen und unter Umständen dadurch neue Mitglieder zu gewinnen. Sogenannte kostenlose Bibelstudien werden angeboten, obwohl es ein Studium der Bibel im eigentlichen Sinne bei den Zeugen Jehovas nicht gibt. Unter Studium versteht man vielmehr das Abfragen von eingepaukten Lehren, die von der Wachtturm-Führung vorgegeben werden. Die Bibel wird nur dazu benutzt, um mit ausgewählten Texten die Wachtturm-Lehre zu belegen. Daß es in der Bibel auch andere Texte gibt, die dieser Lehre widersprechen, bleibt unerwähnt oder wird wegdiskutiert.

Die Organisation handelt äußerst eigennützig. Alles was sie tut, geschieht zu ihrem Nutzen. Wenn man sich ihr Geschichtsbuch mit über 700 Seiten vornimmt, dann findet man dort seitenweise Ausführungen und Bilder über die weltweite Expansion der Kongreßzentren (z. B. in Glauchau und Berlin), der Druckereien, der Verwaltungsgebäude, der Betriebe und

Ländereien für die Eigenversorgung. In letzter Zeit hört man des öfteren, daß in deutschen Großstädten laufend neue Königreichssaalgebäude aus den Spendengeldern der Anhänger und der freiwilligen Arbeitskraft von sogenannten Nachbarschaftshelfern – das sind zusammengestellte Baukolonnen von Zeugen Jehovas, die in ihrem Urlaub oder an Wochenenden oder sonstigen Freizeit dort arbeiten – errichtet werden.

Allerdings betrifft die Spendenbereitschaft der Zeugen Jehovas und ihr Engagement keine karitativen Einrichtungen. In Einzelfällen findet man Zeugen Jehovas bei kommunalen Einrichtungen, wie z. B. der Feuerwehr, aber niemals die Organisation als solches. Alles entsteht nur zur „Ehre" der Wachtturm-Organisation, des sogenannten Volkes Gottes.

Es ist auch nicht gemeinschaftsfördernd, wenn Menschen seit über hundert Jahren der Untergang bzw. die Zerstörung der Weltordnung gepredigt wird. Tausende von gutwilligen Menschen wurden und werden bis heute davon abgehalten, z. B. an Kommunalwahlen teilzunehmen, um Menschen in Positionen zu wählen, in denen diese ernsthaft versuchen, eine funktionierende Verwaltung auf die Beine zu stellen und Mißstände zu beseitigen.

Täuschende Versprechen oder falsche Prophezeiungen sind in der Geschichte der Wachtturm-Organisation die wirklichen Früchte. Noch immer ist die Welt unvollkommen und sündig. Selbst unter den Zeugen gibt es nach wie vor schuldbeladene Sünder, wie z. B. Ehebrecher, Diebe, Verleumder, Steuersünder usw. Jede andere Behauptung läßt sich tausendfach widerlegen.

Und natürlich gibt es unter den Zeugen Jehovas, genauso

wie in allen anderen Religionen und Kirchen auch, Menschen, die sich in ehrlicher christlicher Barmherzigkeit und Nächstenliebe üben.

Die Zeugen Jehovas werden durch die Ansprüche ihrer „Führer" zeitlich derart in Anspruch genommen, daß ihnen wenig oder gar keine Zeit bleibt, wirklich nächstenliebend zu handeln. Den Zeugen wird weisgemacht, ihre *„Predigttätigkeit"* sei Nächstenliebe. Dem muß entschieden widersprochen werden. Diese *„Tätigkeit"* ist reiner Eigennutz und dient der Erweiterung und Bereicherung der Wachtturm-Organisation, denn mit dem personellen Wachstum geht letztlich auch die materielle Bereicherung einher.

Die Taktik der Verleumdung

1994 erlebte ich selbst eine Reaktion der deutschen Wachtturm-Führung, die als politische Einflußnahme zu werten ist. Unser Sohn Klaus-Dieter und ich waren von der Konrad-Adenauer-Stiftung, Rostock, zu einer Tagung für Pädagogen über die „Zeugen Jehovas" als Referenten eingeladen worden. Wenige Tage vorher erhielt die Stiftung per Fax einen Brief des Anwaltes der Wachtturm-Gesellschaft, Pikl, von dem auch Kopien an den damaligen Bundespräsidenten Dr. Richard v. Weizsäcker und den Bundeskanzler Dr. Helmut Kohl gesandt wurden.

Im Namen seiner Mandantschaft, der „Wachtturm Bibel- und Traktat-Gesellschaft deutscher Zweig e.V." und der Religionsgemeinschaft der Zeugen Jehovas in Deutschland, vertreten durch Günter Künz und Willi Pohl, protestierte Pikl gegen die Durchführung der Veranstaltung und forderte deren Absetzung.

Im Schreiben führte er unter anderem aus: *„ Wir sind der Ansicht, daß es einer Stiftung, die es sich zum Ziel gesetzt hat, für die Sicherung der Freiheit und des Friedens in der demokratischen Gesellschaft sowie für die Aufarbeitung der geschichtlichen Vergangenheit Deutschlands, nicht gut zu Gesicht steht, wenn sie sich an einer Hetzkampagne gegenüber einer Glaubensgemeinschaft beteiligt, die seit Bestehen der Demokratie in Deutschland stets ein fester Bestandteil der Gesellschaft gewesen sind. So waren Jehovas Zeugen bereits in der Weimarer Republik religiös aktiv, um in ihrem religiösen Bildungswerk die Menschen mit der Bibel bekannt zu machen. "*

Speziell zu der letzten Bemerkung möchte ich an die unter Rutherford arbeitenden Buchverkäufer und ihre Praktiken erinnern, die nun wahrlich kein vorbildhaftes Verhalten an den Tag gelegt hatten. Zudem ist es in meinen Augen keine Bildungsmaßnahme, die Bibel und ihre Inhalte bekannt zu machen.

Der Anwalt Pikl forderte in diesem Schreiben weiter: *„Namens und mit Vollmacht unserer Mandantschaft fordern wir Sie somit auf, diese Tagung abzusetzen und auf deren Durchführung zu verzichten. Anderfalls sehen wir uns genötigt, unserer Mandantschaft Schritte zur Durchsetzung ihrer Rechte zu empfehlen. Da Sie außerdem mit Bundesmitteln gefördert werden, weisen wir darauf hin, daß Bundesmittel aufgrund der staatlichen Verpflichtung zu Religionsneutralität nicht zur Warnung vor einer Religionsgemeinschaft, die im Rahmen der geltenden Gesetze tätig ist, oder gar auf Angriffe gegen sie verwandt werden dürfen. Wir würden im Falle eines Verstoßes gegen die Rechte unserer Mandant-*

schaft dann auch entsprechende Schritte einleiten, daß den staat-
lichen Gremien untersagt wird, Sie weiterhin mit öffentlichen,
nicht zweckgebundenen Mitteln zu fördern. "

Das ist wohl als eine unmißverständliche Drohung „mit des Cäsars eigenen Gesetzen" zu verstehen. Mein Sohn und ich wurden des weiteren als *„äußerst aggressiv"* und die *„Zeugen verunglimpfend"* bezeichnet. Uns wurde vorgeworfen, die Zeugen mit *„Falschdarstellungen die keinerlei Wahrheitsgehalt haben"* bewußt zu schädigen.

Natürlich wurde die Veranstaltung programmgemäß durch-geführt, aber es zeigt deutlich, wie subtil von der Wachtturm-Führung im Hinblick auf Diffamierung bestimmer Personen vorgegangen wird.

„Standhaft trotz Verfolgung"

Seit 1996 betreibt die Wachtturm-Gesellschaft eine intensive Presse- und Öffentlichkeitskampagne, insbesondere im Hin-blick auf die Dokumentation der angeblichen Widerstands-haltung der Zeugen Jehovas während des Nationalsozialis-mus.

Am 6. November 1996 wurde in Berlin eine Pressekon-ferenz zur Weltpremiere einer „Videodokumentation" im ehemaligen Konzentrationslager Ravensbrück veranstaltet. Dieses Video wird seither zusammen mit einer Foto- und Plakatausstellung in deutschen Städten gezeigt. Begleitet werden diese Ausstellungen von sogenannten Zeitzeugen und

„Wachtturm"-Kommentatoren. Auch wurden einige amerikanische und deutsche Historiker in diese Kampagne miteingebunden. Darüber hinaus gelang es den Zeugen Jehovas, Personen des öffentlichen Lebens zu Grußworten zu bewegen. Das Video mit dem Titel „Standhaft trotz Verfolgung" soll bisher in 20 Sprachen übersetzt und insgesamt in ca. 860 000 Exemplaren (Stand Dezember 1998) weltweit kostenlos verbreitet worden sein. Zu dem Inhalt des Videos nur vorab eine kurze Anmerkung: Die Erinnerungen der hier auftretenden Zeitzeugen werden eingebettet in zeitgenössische Szenen, die die nationalsozialistische Politik widerspiegeln, die in diesem Zusammenhang natürlich zu einer Überbetonung der Bedeutung der Zeugen Jehovas als „Widerstandsgruppe" führt. Ich empfinde dieses Video als eine Collage bewußt zusammengefügter Bildausschnitte. Hier findet eine gezielte Vermischung von zeithistorischen Filmausschnitten und Zeitzeugenberichten statt, mit der die Wachtturm-Führung versucht, ihre spezielle Sicht auf die Geschichte der Zeugen Jehovas während des Nationalsozialismus zu transportieren.

Zeitzeugen an sich sind nicht ganz unproblematisch zu handhaben. Oft identifizieren sie sich in ihren „Erinnerungen" mit Erlebnissen anderer, die sie selbst nur aus Schilderungen kennen. Je größer der Zeitabstand zu dem Erlebten ist, desto eher kommt es zu einem Zusammenfließen von eigenen Erinnerungen und projizierten Erlebnissen. Dies ist kein Vorwurf, sondern eine Feststellung, die in der Natur der Sache des jeweiligen Einzelschicksals liegt. In jedem Fall ist es so, daß Schilderungen von Zeitzeugen keine empirisch-historische Forschung ersetzen können und im Zusammenhang mit Dokumentationen kritisch zu hinterfragen sind.

Die Presseberichte über das Video und die Ausstellung bewegen sich in einer Bandbreite, die vom Propagandafeldzug bis hin zur Dokumentation reicht. Teilweise lassen sich manche Redner zu Aussagen hinreißen, die nicht belegbar sind. In Bad Waldsee gab ein Vortragsredner beispielsweise folgendes von sich: *„Jehovas Zeugen seien liedersingend in die Gaskammer oder zum Henker gegangen."* Das konnte man in einem Bericht vom 2. Dezember 1997 in der *Schwäbischen Zeitung* nachlesen, den ich mir auf Rückfrage noch einmal bestätigen ließ.

Wie geht die Organisation mit Kritik an der Ausstellung und am Video um? Ein willkürlich ausgewähltes Beispiel verschafft uns einen Eindruck über die Kritikfähigkeit der Zeugen Jehovas. Im März 1999 wurde in Konstanz ein Sektenexperte beschuldigt, *„mit nicht mehr auf neuestem Stand befindlichen Textdeutungen versucht zu haben, die Zeugen Jehovas als Antisemiten darzustellen".* In der Einladung zur Ausstellungseröffnung wurde für die Konstanzer Bürger eine Beilage eingelegt, in der der Lokalredakteur des *Südkurier* beschuldigt wird, die Situation ausgenutzt zu haben, um *„einen diskriminierenden Rundumschlag gegen die Zeugen Jehovas der Neuzeit"* durchzuführen. Von den Zeugen-Verantwortlichen wurde sogar noch nachgefragt: *„Was geht hier vor?"*

Die Frage ist nicht nur berechtigt, sie ist zwingend notwendig, allerdings in einem anderen Sinne, als es die Zeugen hier meinen. Was für Textdeutungen sind denn nicht mehr auf neuestem Stand?

Der Schlußsatz dieser Beilage macht deutlich, worauf es den Zeugen ankommt: *„Auch wenn es einige nicht begreifen wollen: Jehovas Zeugen sind Menschen wie Du und ich und sie wenden sich einmal mit einem nichtreligiösen Anliegen an ihre*

Mitbürger, nämlich mit der Erinnerung an die Opfer des NS-Regimes."

Und was soll die Behauptung, *„daß einige einfach nicht begreifen wollen"*. Wer sind denn diese Wachtturm-Fürsten, daß sie sich anmaßen, vorschreiben zu wollen, was jemand zu begreifen hat?

Es geht doch hier auschließlich um das Verhalten der Zeugen Jehovas in der NS-Zeit. Deren Verhalten war kein Widerstand gegen den Nazismus, sondern ein Opfergang aufgrund des Gehorsams gegenüber der Wachtturm-Lehre.

Am 4./5. Oktober 1997 nahm ich als Zeitzeuge und Betroffener an einer solchen Veranstaltung teil, die von der Bundeszentrale für politische Bildung, Bonn, dem Fritz Bauer Institut, Frankfurt/Main, dem Kreismuseum Wewelsburg und dem Regionalen Informationsdienst der Zeugen Jehovas veranstaltet wurde.

Diese Veranstaltung rief nicht nur Erinnerungen in mir wach, sondern machte mich höchst betroffen. Mit einem wissenschaftlichen Diskurs hatte diese Veranstaltung wenig oder besser gar nichts zu tun. Mir kam es vor wie eine von der Wachtturm-Organisation bestens gemanagte Propaganda-Kampagne. Offensichtlich wird mit diesen Veranstaltungen ein doppeltes Ziel verfolgt: zum einen den Weg zu ebnen zur staatlichen Anerkennung als Körperschaft öffentlichen Rechts in Deutschland, und zum anderen die Selbstdarstellung der Zeugen Jehovas als „alleinwahre Christen", die auch dem Nationalsozialismus widerstanden haben, zu untermauern. Einen weiteren Grund sehe ich darin, daß die Wachtturm-Gesellschaft versucht, ihr angeschlagenes Image nach den nicht eingetroffenen Endzeitprophezeiungen sowohl innerhalb der Organisation als auch nach außen hin wieder aufzupolieren.

Es geht nicht darum, die Opfer des Nationalsozialismus zu ehren oder ihrer zu gedenken, sondern einzig und allein um das Ansehen der Wachtturm-Organisation, die mit dieser Verschleierungstaktik von der Unglaubwürdigkeit der Endzeitlehre ablenken will.

Im Rahmen dieser Veranstaltung sprach ich Herrn Pellechia, den Leiter des Informationsdienstes *„Publik Affairs Office* (Abteilung für Öffentlichkeitsarbeit), New York, der als Regisseur dieses Videos bezeichnet wird und Herrn Wrobel vom deutschen Informationsdienst, auf das Video an.

Mir ging es vor allem darum, beide Herren darauf aufmerksam zu machen, daß dieses Video den Ansprüchen eines „historischen Dokumenst und Bildungsmittels" nicht gerecht wird. Zwar mögen die subjektiven Berichte der hier zu Wort kommenden Opfer ihrer Erinnerung nach erlebte Erfahrung sein, so ist jedoch zu bedenken, daß Verallgemeinerungen daraus kein wirklich geschichtsgetreues Bild ergeben. Aussagen, seien sie nun von „Historikern" oder von „Opfern" gemacht, wie z. B. *„Heil Hitler kam nicht über ihre Lippen"* oder *„Die Zeugen blieben wirklich fest, wie wir wissen bis in den Tod"* oder *„ ... daß Jehovas Zeugen offen Stellung bezogen haben und das von Anfang an, mit einer Stimme und mit ungeheurem Mut"*, haben einfach einen subjektiven Charakter. Sie sind eindeutig tendenziös zugunsten der Zeugen Jehovas und geschichtsverfälschend. Wenn ich schon dokumentarische und historische Beweiskraft auf meine Fahnen schreiben will, dann muß ich auch alle Quellen sprechen lassen und nicht nur die, die zur Steigerung des eigenen Ansehens nützlich sind.

Herr Pellechia hatte in einem von der Wachtturm-Gesellschaft herausgegebenen Bericht vom 6. Februar 1997 erklärt: *„Das Publik Affairs Office New York sei eingerichtet, um auf der ganzen Welt positiv darauf einzuwirken, daß Jehovas Zeugen und ihre Tätigkeit in der Öffentlickeit besser wahrgenommen werden."* Diese Abteilung würde *„ ... auch falsche Auffassungen berichtigen und Vorurteile auszuräumen suchen. Sie soll den Medien, den im Bildungswesen tätigen Personen und der Öffentlickeit insgesamt, ... ein richtiges Bild vermitteln"*. Nach seinem Bericht wurde dieser „Dokumentarfilm" dem „Verband der Holocaust-Organisationen" vorgeführt. Das Urteil des Präsidenten dieser Organisation dazu sei gewesen: *„ ... ein wunderbarer Film."*[1]

In dem Bericht heißt es dann weiter: *„In Brooklyn haben wir schon viele Anfragen für dieses Video erhalten, und wir stellen es den Holocaust-Bildungszentren zur Verfügung. Zusammen mit dem „Standhaft Video" versenden wir einen Lehrplan, der Lehrern als Grundlage für den Unterricht in deutscher Geschichte oder für den Holocaust-Unterricht dienen soll. Wenigstens drei Universitäten in den Vereinigten Staaten haben den Lehrplan akzeptiert und arbeiten ihn in den Unterricht in deutscher Geschichte ein sowie in den Holocaust-Unterricht."*[2]

Laut Pellechia sollen mit dieser Integration in den Lehrplan *„moralische Grundsätze"* an Schüler und Studenten vermittelt werden.

Im Gespräch mit Herrn Pellechia habe ich darauf aufmerksam gemacht, daß dieses Video den von ihm geäußerten Ansprüchen nicht genüge, da es einseitig aufbereitet sei und zum Teil falsche Aussagen enthalte und aus diesen wiederum falsche Schlüsse gezogen werden können. Außerdem verwies ich auf die Verantwortlichkeit, die mit einer derartigen Dokumentation einherginge. Die Antwort darauf war, daß dieses Video ja noch überarbeitet werde und die von mir angemerkten Punkte bereinigt werden würden.

Meine sachlichen Anmerkungen zum Video interessierten nicht weiter, und ich fand dann auch keine Möglichkeit mehr, diese mitzuteilen. Mir wurde von der Ausstellungsleitung die Möglichkeit in Aussicht gestellt, meine Anmerkungen an die Zentrale nach Selters zu senden.

In diesem Video wird das *„Zeugen-Restkommando"*, Wewelsburg, besonders hervorgehoben. An den hier verarbeiteten Zeitzeugenberichten bestehen erhebliche Zweifel. Sie betreffen die Schilderungen der Zeit ab Mai 1943 und die Situation im April 1945. Im Konzentrationslager Wewelsburg bauten Zeugen Jehovas seit 1941 „Himmlers Germanen-Kultstätte" mit zahlreichen nationalsozialistischen Symbolen – einschließlich SS-Runen und Hakenkreuz – bedenkenlos weiter aus. Wegen ihrer Zuverlässigkeit durften sie nach Auflösung des Baukommandos sogar die Bewahrung und Sicherung dieser NS-Kultstätte übernehmen, in der Erwartung, diese nach siegreichem Kriegsende als „Nabel der NS-Welt" fertigstellen zu können.

Wenn ich bedenke, daß es Zeugen Jehovas eigentlich nicht erlaubt war, z. B. an dem Bau einer Kirche als Handwerker teilzunehmen, so ist es schon erstaunlich, wie man heute über den Dienst der Zeugen Jehovas im Kultzentrum der SS-Ideologie berichtet. Eigentlich hätten sie diese Arbeit selbst bei Todesandrohung verweigern müssen, spätestens als sie erfuhren, was sie da bauen sollten, nämlich ein „heidnisches SS-Kultzentrum".

Leider war Herr Willi Pohl, der Vizepräsident der Wacht-turm-Gesellschaft nicht als Zeitzeuge anwesend. Ihn hätte ich gern nach seiner Haftzeit gefragt. Mir ist bekannt, daß er vom 29. Juni 1937 bis zum 3. Februar 1938 und noch einmal am 11. April 1938 zu drei Monaten Haft verurteilt wurde. Von einem KZ-Aufenthalt konnte ich bei all meinen Recherchen jedoch nichts erfahren. Nach eigener Aussage im Video, ging er zur Zeit der „Reichskristallnacht" einer weltlichen Arbeit nach. Gehört er vielleicht zu denen, die damals unterschrie-ben, daß ihm nichts mehr passiert ist?

Die „Erklärung" von 1933 war kein Protest gegen die NS-Regierung und sollte es auch nicht sein. Im Gegenteil. Sie war, wie Pohl es im Video sagte, *„Darlegung unseres Zeugen-Glau-bens".* Man muß diese „Erklärung" im Kontext mit den „Zir-kularschreiben" des „speziellen Beauftragten des Präsidenten von Richter Rutherford" sehen, einem Mann namens Martin Harbeck, der damals in der Schweiz als Leiter für Zentral-europa tätig war. Dieser hatte in dem Schreiben als *„Ruther-fords Bevollmächtigter"* im August 1933 zum Stillhalten auf-gefordert und von *„den lieben Freunden verlangt, gute Bürger des Landes zu sein"*

Viele „Bibelforscher-Freunde" verhielten sich nach diesem Rat.

Einheit unter den Zeugen Jehovas
in Konzentrationslagern

Die heute propagierte Einheit unter den KZ-Häftlingen gab es de facto nicht. Im KZ Ravensbrück gab es vier verschiedene Gruppierungen von Zeugen Jehovas, die sich z. T. nicht nur schnitten, sondern sogar bekämpften. Die aus dem KZ geschmuggelten Briefe – vor allem des Jahres 1943 – drücken entsprechende Klagen aus. Die Berichte in zwei Briefen über Zeugen, die aus Wewelsburg nach Ravensbrück kamen, beklagen die mißlichen Zustände, die offensichtlich in Wewelsburg unter den Zeugen geherrscht haben. Dies wird auch in den Berichten aus dem KZ Buchenwald über Wewelsburg-Rückkehrer deutlich. Ähnliche Klagen kenne ich aus den Berichten der aus den Lagern zurückgekehrten Häftlinge nach Kriegsende. Ich kenne ehemalige KZ-Häftlinge, die sich wegen ihrer Erfahrungen mit ihren „Schwestern" in Ravensbrück nach dem Krieg von der Organisation zurückgezogen haben.

Viel Ärger gab es unter den Ravensbrückern auch über die Verteilung von Wertsachen, die nach der Befreiung aus den Verstecken hervorgeholt wurden. Zeuginnen wurden in Ravensbrück mit dem Sortieren der aus Auschwitz angelieferten Effekten der ermordeten jüdischen Häftlinge beschäftigt. Sie galten wohl als besonders ehrlich im Ausführen derartiger Arbeiten. In die Kleidung der Juden war häufig Geld und Schmuck eingenäht, das wieder herausgetrennt werden mußte. Dabei war es ihnen offensichtlich möglich, einiges für sich auf die Seite zu schaffen und für den Tag der Befreiung zu verstecken.

Meine Mutter war zwar nicht bei diesem Kommando, aber sie brachte ein breites weiß- und rotgoldenes Gliederarmband, einen dazugehörenden Ring mit großem grünen Stein und eine Brieftasche mit Geldscheinen der verschiedensten Währungen aus dem Konzentrationslager mit. Den Ring und die Brieftasche habe ich vor dem Tode unserer Mutter von ihr erhalten und besitze beide noch heute.

Es gab unter den Zeugen ebenso heldenhaftes Verhalten wie menschliche Schwächen, wie sie sich auch bei anderen Häftlingen zeigten. Das Auffallendste an den Zeugen war ihr bedingungsloses Festhalten an der jeweiligen „Wachtturm-Erkenntnis" und „Bibeldeutung". Natürlich gab es auch solche Zeugen in den Lagern, die ihre Stellungen als „Anweisehäftling" oder ähnliches nicht gerade zum Vorteil der Mitgefangenen, sondern mehr zu ihrem eigenen ausnutzten. Aber auch das ist ja menschlich und nachvollziehbar. Hier aufzurechnen steht mir nicht zu.

Um noch einmal auf die Wertigkeit des Videos zurückzukommen: Es kann nicht als historisches Dokument und als Beitrag zur deutschen Geschichte angesehen werden. Es dokumentiert ja noch nicht einmal objektiv, wie unterschiedlich die Schicksale der Zeugen Jehovas in der Zeit des Nationalsozialmus gewesen sind. Es handelt sich hier um Legendenbildung, bei der die Zeugen Jehovas als Gruppe instrumentalisiert werden. Diese kann nicht zur Wahrheitsfindung bzw. Verständnis beitragen, sondern gibt Anlaß zu neuen emotionsgeladenen Auseinandersetzungen.

Den im Video auftretenden Historikern möchte ich raten, ihren Blick zu weiten und sich erst dann zu Wort zu melden, wenn sie sich nach eingehendem Studium der Aktenbestände

der Wachtturm-Organisation und der Archive der Länder
einen Überblick verschafft haben.

Jehovas Zeugen – vergessene Opfer der NS-Zeit?

Es stellt sich nun die Frage, warum die Wachtturm-Führer
über die Aufklärungsarbeit verschiedener Institutionen oder
auch einzelner Personen so viel Aufregung auslösen. Warum
gibt es einen Informationsdienst, der alle Medien scharf
beobachtet? Warum werden immer wieder Warnungen ausgesprochen im Hinblick auf die Bücher vonAbtrünnigen?

Zudem ist es schon sehr auffällig, daß die Zeugen Jehovas
soviel Arbeit investieren in die Presse- und Öffentlichkeitskampagne in puncto NS-Verfolgung.

Die Behauptung, daß die Zeugen Jehovas heute *„vergessene
Opfer der Nazi"* seien, glaubt doch noch nicht einmal die
Wachtturm-Gesellschaft selbst und ist kritisch zu hinterfragen.
Wohl keine andere Organisation hat weltweit auch nur an-
satzweise eine vergleichbare publizistische Vermarktung ihrer
NS-Verfolgungsgeschichte betrieben wie die Zeugen Jehovas.

Seit einigen Jahren zeigen die jährlichen Berichte, die jeweils in der Wachtturm-Ausgabe im Januar und im Jahrbuch
veröffentlicht werden, für Europa stagnierende oder sinkende
Mitgliederzahlen.

Vergleicht man die dort verzeichneten Zugänge an Täuf-
lingen mit der Gesamtzahl, so fällt auf, das trotz der Neuzu-
gänge sich die Gesamtzahl nicht erhöht hat, sondern sogar
niedriger als im Vorjahr ausfällt.

Der Bericht über die Bundesrepublik Deutschland weist als

Gesamtzahl 1997 einen Durchschnitt von 166 780 Predigern aus. Der Zugang betrug 4 979, und dennoch liegt die Gesamtzahl für 1998 bei 166 135, zeigt also ein Minus von 645 auf.

Laut „Unser Königreichdienst" vom Juli 1999 haben sich im März 1999 nur noch 162 636 Zeugen Jehovas am Predigtdienst beteiligt. Das ist ein Rückgang von ca. 3 500 im Vergleich zum Jahr 1998.

Vergleicht man nun die Zahlen der letzten 20 Jahre, fällt auf – wenn man die Sterbequote abrechnet –, daß einige zehntausend Zeugen Jehovas abhanden gekommen sind.

Wo sind sie geblieben? Sie wurden entweder ausgeschlossen, sind freiwillig ausgetreten oder haben sich einfach still zurückgezogen. Vergleicht man diese Zahlen mit denen der großen Kirchen, so ergibt sich, daß bei den Zeugen Jehovas im Verhältnis zu ihren Angehörigen doppelt so viel wie aus der evangelischen, viermal so viel wie aus der katholischen Kirche austreten.

Wenn man nun den Zeitaufwand, den finanziellen Aufwand an Literaturkosten, die Fahr- und sonstigen Aufwandskosten berechnet, die ein einzelner Zeuge investiert, so arbeitet diese weltweit operierende Organisation auf Dauer sehr uneffektiv.

Ein Bekannter von mir hat sich die Mühe gemacht, anhand der Zahlen der Jahre 1997 und 1998 festzustellen, wie zeitaufwendig der Predigtdienst der Zeugen Jehovas ist. Er kam zu dem Ergebnis, daß die deutschen Zeugen Jehovas mit ca. 25 Millionen Predigtstunden von Haus zu Haus – das entspricht bei jedem neu getauften Mitglied, etwa 7 752 Stunden – 49,9 Jahre gearbeitet haben.

Wahrlich für so manchen Verkündiger eine großartige Leistung, aber auf die Dauer doch wohl deprimierend, wenn es nach solch einem Aufwand keinen direkten Fortschritt und keine Erfüllung der Wachtturm-Lehre gibt.

Für die Wachtturm-Führer erwächst daraus natürlich eine schwierige Situation. Die Kontrolle darüber, was ihre Anhänger lesen, hören oder sehen, ist z. B. durch das Internet sehr unkontrollierbar geworden. Insbesondere jüngere Zeugen greifen intensiv auf die neuen Medien zurück und korrespondieren untereinander. Frustriert äußert sich dort so mancher in einer Weise, die der Wachtturm-Führung nicht angenehm sein kann. Das Beispiel eines Zeugen, der sich offensichtlich so provoziert fühlte, daß er einen für die Zeugen unüblichen sarkastischen Ton anschlug, unterstreicht diese Entwicklung. Am 28. Juli 1998 erschien im Internet folgender Brief:

„Ich möchte mich heute einmal ganz offen zu meinem miesen Charakter bekennen, weil ich die Aussage der Überschrift auf Dauer nicht verheimlichen kann. Denn schließlich könnt ihr ja in meinen erstklassigen Beiträgen nachlesen, daß ich ein WAHRER ANBETER JEHOVAS bin. Und damit ist ja eigentlich auch alles schon klar!

Ich gehöre zu denen, die bei jeder günstigen Gelegenheit nachmittags in öffentliche Gebäude eindringen, um dort religiöse Botschaften meiner einzig WAHREN Religion an die Wände der Klo's zu schmieren. Ich bin auch stets dabei, wenn es darum geht, die Ruhe der Anhänger FALSCHER RELIGIONEN möglichst weit zu zerstören und KIRCHENBÄNKE mit Reliefs aus Kaugummi zu schmücken ... Jaja, ich weiß natürlich auch, daß ich zusammen mit allen anderen Mitgliedern unserer VERSAMMLUNG dem Image der „anerkannten" ZEUGEN JEHOVAS sehr schade. Aber wenn es nun einmal eine solche Ansammlung von miesen Typen in einer Versammlung gibt, ist es doch verständlich, daß es zur Bildung randalierender Propheten Jehovas kommt ...

Über das INTERNET selber brauche ich wohl nichts zu sagen: Es ist ja eh klar, daß dies nur unser Propaganda MEDIUM ist, das wir benutzen, um unsere gewaltverherrlichenden, für die Anhänger FALSCHER RELIGIONEN tödliche WAHRHEITEN unter die Leute zu bringen ...

mit theokratischen Grüßen

FREDDY A

Die Unruhe unter vielen Zeugen treibt seltsame Blüten. Im Internet ist dies nicht kontrollierbar und auch nicht mehr überschaubar.

Neben dem Bemühen, offen miteinander zu korrespondieren in Form einer einigermaßen sachlichen Auseinandersetzung, findet man oft stark gefühlsbetonte Äußerungen. Beispielsweise schrieb mir eine 16jährige Schülerin:

„ ... Mit 3 meiner Klassenkameradinnen habe ich fast 2 Jahre ein Buchstudium mit dem Paradies und dem Erkenntnisbuch gemacht. Nun sind sie zuende, weil meine Kameradinnen an solch ein Paradies nicht glauben können ... Durch deren Argumente bin ich nun auch in Zweifel geraten. In der Versammlung habe ich wegen meiner Fragen auch Ärger gekriegt und auch mit meinen Eltern. Es geht darum, wenn die Tiere im Paradies nur noch Pflanzen fressen und wie die Menschen auf den Paradiesbildern in den Büchern und Zeitschriften gezeigt wird, nur noch Obst, Gemüse und Getreide ernten, also keine Tiere mehr geschlachtet werden, müßten die Tiere ja ewig leben. Aber dann gibt es ja auch keine Tiergeburten mehr sonst wird die Erde ja von Tieren überfüllt. Es gibt keine Eier mehr und keine Milch und keinen Käse. Haben die

Rosen dann noch Dornen und was ist mit den Brennesseln und Die-
steln? Was ist mit den Insekten? Werden die dann noch von den
Vögeln gefressen? Gibt es dann noch Pilze und Bakterien?

In der Schule werde ich ausgelacht, denn solch ein Paradies kann
es nicht geben. Meine Elten sagen, solche Dummen Fragen stellt
man nicht. Jehova weiß schon was er macht ... "

Sind die Zeugen Jehovas eine Sekte?

Das internationale Werk und die Verkündigung der Zeugen
Jehovas wurde im März 1998 von zehn alten Männern geleitet und überwacht, die sich als der „treue Sklaven" Gottes bezeichnen. Diese leitende Körperschaft, die von Brooklyn
(USA) aus regiert, verfügt über die „irdische Habe Gottes"
und überwacht die weltweit zerstreuten Organisationen. Sie
bilden mit ca. 8 000 Personen weltweit die „Auserwählten" für
den Himmel, die „wahre Kirche", der sich Gott bedient, um
die „geistige Speise" der Endzeitverkündigung zu bereiten
und sie als „gegenwärtige Wahrheit" von den gewöhnlichen,
auch „Untertanen" benannten Zeugen Jehovas, verbreiten zu
lassen.

Eine sprachlich inhaltliche Klärung des Begriffs „Sekte" an
dieser Stelle vorzunehmen soll bewußt vermieden werden. Ich
beschränke mich darauf, die Zeugen Jehovas als eine religiöse
Splittergruppe zu bezeichnen, die neben den anerkannten
Kirchen existiert.

Der Informationsdienst der Zeugen Jehovas bezieht in

einer seiner Schriften mit dem Titel „Antwort auf häufig gestellte Fragen" (Juni 1996) zur Begriffsbestimmung „Sekte"
folgende Position: *„Jehovas Zeugen verstehen sich nicht als Sekte,
da sie keine Abspaltung von einer Kirche sind und keinen menschlichen Führer haben.*"[1]

Für die Zeugenführer ist also das Kriterium für den Begriff
„Sekte" die Abspaltung von einer Kirche oder einer anderen
religiösen Bewegung.

Noch deutlicher wird diese Ansicht im „Offenbarungs"-
Buch (1988): *„Wie entsteht Sektierertum? Ein Lehrer von eigenen
Gnaden mag Zweifel säen und biblische Wahrheiten anfechten
(zum Beispiel daß wir in den letzten Tagen leben), worauf sich eine
Splittergruppe loslöst und ihm nachfolgt. Und was noch schlimmer
ist, einige lassen sich von Satan dazu bringen, ihre „Mitsklaven"
oder ihre einstigen Brüder zu „schlagen".*[2]

Im „Wachtturm" vom 15. Februar 1994 befaßt sich die
Wachtturm-Führung ausführlicher mit der Klärung des Sek-
tenbegriffes aus ihrer Sicht. Offensichtlicher Anlaß war die in
den Medien stark zunehmende Informations- und Aufklä-
rungsaktion, in der die Zeugen Jehovas mit religiösen Fana-
tikern und pseudoreligiösen Kultgruppen in einen Topf geworfen wurden.

Zur Klärung des Begriffes „Sekte" bemühte „Der Wachtturm" verschiedenste Quellen und führte u. a. aus: *„Wie die
katholische Publikation Die Sekten und wir schreibt, bezeichnet es
(das Wort Sekte; Anm. d. V.) unter anderem „eine Anzahl Menschen, die einem bestimmten Führer Gefolgschaft leisten und so eine
Gemeinschaft bilden". Und wie Meyers Enzyklopädisches Lexikon
sagt, „ist heute mit dem Wort 'Sekte' noch immer weitgehend die
Vorstellung von etwas Abartigem, Gefährlichem, Widersetzlichem*

signalisiert". Diesen populären Gebrauch des Begriffs bestätigte die Zeitschrift Newsweek, die davon sprach, daß Sekten „normalerweise kleine Randgruppen sind, deren Mitglieder ihre Identität und ihr Ziel von einer charismatischen Einzelperson ableiten".

Gelegentlich werden Jehovas Zeugen von Anti-Sekten-Organisationen und von Medien als Sekte bezeichnet. Doch ist es korrekt, Jehovas Zeugen als eine kleine Randgruppe zu bezeichnen? Sektenmitglieder kapseln sich oft von Freunden, Familienangehörigen und sogar von der Gesellschaft im allgemeinen ab. Sektenführer sind dafür bekannt, daß sie gewisse Manipulationsmethoden anwenden, um den Sinn ihrer Anhänger zu beherrschen. Gibt es irgendwelche Hinweise darauf, das Jehovas Zeugen das tun? Folgen sie einem menschlichen Führer, den sie verehren? Oder direkt gefragt: Sind Jehovas Zeugen eine Sekte?" [3]

Auf diese Weise wird versucht zu beweisen, daß auf die Zeugen Jehovas keines dieser Merkmale zutrifft.

Im „Wachtturm" wurde weiter gefragt: *„Wäre es zutreffend, Jehovas Zeugen als eine religiöse Gruppe mit radikalen Ansichten und Praktiken zu bezeichnen, die zu dem im Widerspruch stehen, was als normales Sozialverhalten akzeptiert wird?"*

Als Antwort auf diese Frage ist zu lesen: *„Ein Behördenvertreter der Stadt St. Petersburg (Rußland) erklärte: „Jehovas Zeugen werden von manchen als eine Art Untergrundsekte angesehen, deren Mitglieder sich in der Dunkelheit treffen und Kinder schlachten und sich gegenseitig umbringen." Doch die Bewohner Rußlands haben in letzter Zeit das wahre Wesen der Zeugen Jehovas kennengelernt. Als der zitierte Beamte anläßlich eines internationalen Kongresses mit Jehovas Zeugen zusammenarbeitete, sagte er: „Heute sehe ich ganz normale, lächelnde Menschen, die sogar besser sind als viele Leute, die ich kenne. Es sind friedliche, ruhige Men-*

schen, die einander sehr lieben." Er fügte hinzu: „Ich kann überhaupt nicht verstehen, warum man solche Lügen über sie verbreitet."[4]

Natürlich sind Jehovas Zeugen, wo sie legalisiert sind, keine Untergrundsekte. Das zu behaupten wäre lächerlich. Auch treffen sie sich nicht in der Dunkelheit, wo sie das nicht müssen, und sie schlachten weder Kinder oder bringen sich gegenseitig einfach um. Vielleicht ist diese Spekulation eine Reaktion auf das Verbot der Bluttransfusion innerhalb der Organisation, in dessen Folge einzelne Zeugen Jehovas bzw. deren Kinder starben. Dieses Verhalten löst natürlich heftige Reaktionen aus, weil die meisten Menschen kein Verständnis dafür haben.

„Die Bewohner Russlands haben das wahre Wesen der Zeugen Jehovas kennengelernt"? Das grenzt doch an Hochstapelei. Da müßten ja Millionen Bürger Rußlands ein „Studium" der Wachtturm-Literatur absolviert haben und alle vom Kind bis zum Greis in den Dörfern, Städten, Siedlungen des Landes von der europäischen Westgrenze bis nach Wladiwostok von den Zeugen erreicht worden sein! Solche Erklärungen sind doch einfach nicht ernst zu nehmen. Und friedliche, sich einander liebende Menschen findet man überall auf der Welt, auch bei den Andersgläubigen. Das ist doch überhaupt nicht die Streitfrage, um die es geht. Das sind doch im Endeffekt eher Ablenkungsmanöver von den strittigen Punkten.

Zur Behauptung, daß Jehovas Zeugen keine radikalen Absichten oder Praktiken gegenüber normalem sozialen Verhalten zeigen würden, ist noch einiges anzumerken: Ist es etwa ein normales soziales Verhalten, wenn sie Andersdenkende mit Verbrechern gleichsetzen? Oder wenn sie das „Politiktreiben" ihrer Mitmenschen als gottesfeindlich brandmarken und verteufeln und mit ihrer Endzeitverkündigung unter ihren Mitmenschen Unsicherheit und Mißtrauen schaffen?

Oder wenn sie die realpolitische Mitverantwortung von anderen Christen und Kirchen als „Hurerei" diffamieren und verteufeln? Oder wenn sie alle menschlichen Pläne zur Überwindung von Not und Elend als nutzlos, zwecklos und zum Scheitern verurteilt ansehen?

Als sogenannte weitere Beweise werden Autoren und Journalisten zitiert, die sich lobend über die Zeugen Jehovas äußern. Als voreingenommen werden alle bezeichnet, die sich kritisch mit den Zeugen auseinandersetzen.

Den Höhepunkt setzt wohl „Der Wachtturm" mit dem Urteil, das unlängst der Europäische Gerichtshof für Menschenrechte fällte. Er erklärte, „ ... *daß den Zeugen Gedanken-, Gewissens- und Religionsfreiheit zu gewähren ist und daß sie das Recht haben, über ihre Glaubensansichten zu sprechen und andere darüber zu belehren. Das wäre wohl kaum der Fall gewesen, wenn Jehovas Zeugen dafür bekannt wären, daß sie sich der Täuschung und gegen die Moral verstoßender Praktiken bedienen, um Mitglieder anzuwerben, oder wenn bei ihnen Manipulationsmethoden angewandt würden, um den Sinn ihrer Anhänger zu beherrschen.*"[5]

Niemand beschneidet den „Zeugen" die besagten Freiheiten und ihre Rechte. Doch haben auch die Kritiker und Gegner ihnen gegenüber Rechte, so z. B. die Selbstdarstellung der Organisation sachlich zu prüfen. Dabei stellt sich heraus, daß diese beschönigt, verschleiert, verschweigt und oft nicht der Wirklichkeit entspricht. „Der Wachtturm" polemisiert, wenn er vorgibt, daß sich die Zeugen Jehovas von Sekten unterscheiden: *„Wir fragen Millionen Nichtzeugen, mit denen Jehovas Zeugen die Bibel studieren oder irgendeinmal studiert haben: Gab es irgendwelche Bemühungen, Sie einer Gehirnwäsche zu unterziehen? Haben die Zeugen durch das Anwenden irgendwelcher Praktiken versucht ihren Sinn zu beherrschen? Ihre ehrliche Antwort wird zweifellos lauten:„Nein“.“*[6]

Es kommt doch darauf an, was man aus den Köpfen entfernen will. Wollen sie nicht eine neue Gesinnung schaffen? Wollen sie nicht „schmutzige politische und religiöse“ Gedanken und Praktiken aus den Köpfen ihrer Anhänger bzw. solcher, die es werden sollen, austreiben? Und natürlich soll durch das „Studium“ der Wachtturm-Literatur der Sinn des Menschen verändert werden, „rein von weltlichem Denken und Handeln“ beherrscht werden.

Mehrere tausend Briefe, die ich in über dreißig Jahren meiner Tätigkeit für Betroffene erhalten habe, widersprechen dieser Behauptung.

Die Menschen, die sich mit den Zeugen zu einem sogenannten Heimbibel-Studium einlassen, sind dem Versuch der Beeinflussung bzw. der Beherrschung ausgesetzt. Diese sogenannten Studien sind kein Studium im Sinne des Begriffes. Sie sind ein Auswendiglernen der vorgegebenen Wachtturm-Lehre. Im Sinne dieser Lehre gibt es nur ein Annehmen oder Ablehnen der Lehrinhalte. Man unterwirft sich und wird Zeuge oder man lehnt ab und gehört weiter zu den Menschen, die sich noch nicht ändern wollen, aber schließlich und endlich doch die Lehre annehmen. Oder man erweist sich als absoluter Gegner und wird deshalb in Harmagedon vernichtet werden.

„An ihren Früchten werdet ihr sie erkennen"

An diesem Vers 20 aus dem 7. Kapitel des Matthäusevangeliums wird in der Literatur, die die Zeugen herausgeben und millionenfach lesen, immer wieder der Unterschied zwischen der Tätigkeit der Kirchen und den Zeugen Jehovas festgemacht. Die „faulen Früchte" sind natürlich die Kirchen oder sogenannten „falschen Religionen", denen die „guten Früchte" Zeugen Jehovas gegenüberstehen.

Besonders wird von der Organisation das *„weltweite von Jehova gesegnete Wachstum seiner Organisation"*, die *„brüderliche Einheit und Frieden unter dem seit 1914 regierenden himmlischen Königreich Jehovas und dessen König Jesus Christus"*, und *„ des Predigens der göttlichen Botschaft der Endzeit, durch Jehovas Zeugen gemäß Matth. 24 Vers 14"* hervorgehoben.

Ist weltweites Wachstum etwa ein Zeichen des Segens Gottes? Weltweites Wachstum können sich viele Religionsgemeinschaften und Sekten auf ihre Fahnen schreiben.

Für das Jahr 1998 wird im Jahrbuch 1999 in puncto weltweites Wachstum die Zahl 316 092 und für Deutschland 4 979 angegeben. Um diesen Zuwachs zu erreichen, wurden weltweit 4 302 852 und in Deutschland 59 635 sogenannte Bibelstudien durchgeführt. Bei diesen „Studien" wird im Durchschnitt mit einer Familie oder einer Person einmal wöchentlich mindestens 1 Stunde ein Buch der Wachtturm-Gesellschaft „studiert", und das über den Zeitraum von einem Jahr. Von diesen so „Betreuten" werden im Laufe des Jahres ca. 7−8 % zur Taufe als Zeugen Jehovas geführt.

Was passiert mit den anderen 92–93 %, die mit den Thesen und Lehren der Wachtturm-Prediger berieselt werden?

Seit dem Erscheinen meines Buches „Ich war Zeuge Jehovas" 1961 erreichten mich bis heute einige Tausend Briefe von Menschen, die selbst von den Zeugen betreut wurden oder in deren engerem Familien- oder Bekanntenkreis solche „Studien" durchgeführt wurden. Hinzu kommen Tausende von Gesprächen mit Betroffenen.

Die ständige Rede der Zeugen Jehovas von der Verderbtheit dieser Weltordnung und ihrer bevorstehenden Vernichtung hat bei einer großen Zahl dieser Menschen nicht nur Unsicherheit und Zweifel, die vielleicht schon vor der Bekanntschaft mit den Zeugen vorhanden waren, vertieft, sondern auch neue hervorgerufen.

Allzu oft wurde und wird zwischen Lebenspartnern Mißtrauen dadurch hervorgerufen, daß dem einen Partner, der mit den Zeugen „studiert", angeraten wird, dem anderen vorerst das „Studium" zu verschweigen, bis man selbst „reifer und fester in der Wahrheit geworden ist". Viele Ehen sind daran zerbrochen, und viele Familien durch das „Predigtwerk zerstört".

Einige wenige aber typische Briefauszüge der letzten zwei Jahre sollen diese Erfahrungen und Ängste veranschaulichen:

„... Unsere Tochter ... hatte vor 2 Jahren schon mal mit einer Schulfreundin, die Bibel der Zeugen Jehovas angefangen zu studieren. Plötzlich wollte sie von unserer Kirche, wir sind katholisch, nichts mehr wissen. Jetzt studiert sie wieder mit den Zeugen und sagt, sie läßt sich von keinem mehr was reinreden."

„... Ich habe eine Freundin, 13 Jahre deren Mutter sich scheiden ließ, seitdem sind sie Zeugen Jehovas. In letzter Zeit ist sie ... eine

andere geworden. Ständig wird sie beobachtet und bewacht. Außerdem zeigt sie keine Freude und Trauer mehr. Sie ist wie hypnotisiert."

Eine junge Witwe mit zwei Kindern erzählt von ihren Erfahrungen: *„Ein Ehepaar führte mit mir ein Heimbibelstudium durch. Ich kann nichts Nachteiliges über diese Zeugen sagen. Wir waren sogar befreundet und sie halfen mir über schwere Zeiten hinweg. Das erste Jahr war ich Feuer und Flamme für die Lehre der Bibel, die ich bis dahin nur aus evangelischer Sicht kannte. Ich war nicht mehr auf das gesellschaftliche Leben ausgerichtet. Ich habe mir alles angenommen und versucht dem Typus der Zeugen zu entsprechen ... Unmerklich kamen mir vor einigen Monaten Zweifel. Ich fand es unsinnig, daß die Zeugen und Interessierten so in ihren Dienst eingespannt waren. In der wenigen Zeit, die der Mensch so wie so schon besitzt, nun noch die vielen anderen Verpflichtungen. Es störte mich, daß jeder Besuch von Zeugen, darunter eine junge Pionierin, abgerechnet wurde. Ich löste mich langsam innerlich ... Mich plagten heftige Angstgefühle vor dem Zorn Gottes, wenn ich den Schutz der Organisation verließe. Das wurde mir freundlich aber sicher die ganze Zeit eingebleut ... Als ich meinen Kindern das Buch mit biblischen Kindergeschichten durchgenommen habe, hatten sie Angst und litten unter Alpträumen. Meine Angst ist jetzt gewichen. Ich finde langsam wieder zurück, muß mich wieder mit meiner eigenen Gegenwart und Zukunft beschäftigen."*

„ ... In diesem Jahr werden es 30 Jahre, daß ich verheiratet bin. Wir haben einen Sohn. Seit ... gehen beide zu den Zeugen. Schon ein halbes Jahr später war jeder normale Verstand weg. Fanatiker, aufgeben der Verwandschaft ist eingetroffen. Ich sitze 5 mal in der Woche allein zu Hause. Ein Familienleben haben wir schon lange nicht mehr... Und die Veränderungen die in beiden vorgegangen

sind, merkt keiner besser als ich ... Schließlich bin ich auch aus der Kirche ausgetreten. Denn man muß sich wirklich ernsthaft fragen, was die Kirche mit Staat, Armee, Politik u. a. zu tun hat. Das die Zeichen der Zeit auf Sturm stehen, sieht ja jetzt fast der Letzte schon.

Meine Frau versucht immer, mich zu überzeugen, daß ich mitgehe. Aber ich sage dann immer: „Zwei Spinner in der Familie genügen, da muß ich nicht auch noch mitmachen; einer muß wenigstens einen klaren Kopf behalten."

„ ... Meine Frau fing mit den Zeugen zu studieren an. Zuerst erfuhr ich zu wenig davon. Bald begann auch ich in der Bibel zu lesen. Mit den Auslegungen der Zeugen kam ich nicht zurecht. Die Zeugen verteidigten sich immer mit Argumenten, die sich immer wieder als falsch erwiesen. Doch meine Frau konnte ich nicht überzeugen. Auch auf unsere Töchter hatte ich immer weniger Einfluß. So wurden alle getauft. Die Töchter heirateten Zeugen Jehovas und eine wurde Missionarin.

Unsere älteste Tochter kam eines Tages und sagte uns, daß sie mit den Zeugen nichts mehr zu tun haben will. Sie sagte die Religionen haben der Menschheit nur Schlechtes gebracht. Ihr Mann wollte von den Zeugen nicht weg. So scheiterte auch ihre Ehe. Doch später ist er auch von den Zeugen weg. Doch er glaubt noch an einen Gott. Mit der jüngeren Tochter, der Missionarin, haben wir keinen Kontakt mehr."

„ ... Unsere beiden Töchter haben sich den Zeugen Jehovas zugewandt. Sie haben sich in dem Maße von uns abgewandt, wie sie sich der neuen Sache zuwandten. Den Schluß unserer Beziehungen bildete jeweils ein erschreckend verächtlicher Brief, in dem sie uns unsere menschlichen Schwächen als grobe satanische Verstöße in überspitzter Form auflisteten."

„ ... Wir haben die Bekanntschaft mit den ZJ gemacht und schlimme Erfahrungen erlebt. Zum Glück sind wir nur leicht beschädigt davon gekommen. Es ist wirklich eine gefährliche Sekte. Meinen Mann sagen nun die Freisinnigen zu, weil er in seinem Denken frei sein will und sich nichts mehr vorschreiben lassen will."

Diese Auswahl ist typisch für die meisten Zuschriften Betroffener. Es gibt auch Zuschriften, die von Haßgefühlen geprägt sind, aber das ist eine verschwindende Minderheit.

Aufschlußreich sind die zahlenmäßig weit geringeren Zuschriften von Zeugen Jehovas selbst. Auch hieraus einige typische Beispiele:

„Ich habe es getan! Ich habe es wirklich getan! Ich habe mich ausschließen lassen. Und dann schreibe ich auch noch einem Abtrünnigen. Meine beste Freundin in der Versammlung ist ausgeschlossen worden . Wie kam ich dazu? Treue Seele wurde ich genannt. Das Ehepaar mit denen ich studierte wuchs mir ans Herz, zumal meine Familie mir den Kampf ansagte. Ich hielt stand, kein Geburtstag, kein Weihnachten, dann Taufe. Jetzt hatte ich die Wahrheit, konnte Gott Dankbarkeit erweisen und brauchte keine Angst mehr vor der Zukunft zu haben.

Ewig in einem Paradies leben. Nur ich litt, daß mein Mann und meine geliebten Eltern nicht zur „Wahrheit" kamen. Aber ich hatte ja meine Ersatzfamilie. Meine „Studiereltern" verließen die Versammlung gaben alles auf und gingen nach Selters zu arbeiten. Und was mir heute auffällt, daß fast alle aus dem Buchstudium ausgeschlossen oder träge geworden sind.

Straßendienst war mir unangenehm und peinlich. Es fing schon früh an zu bröckeln. Doch ich wollte nicht aufgeben, schließlich wollte ich doch im Paradies leben. Schwangerschaft, wenig oder kein Dienst, Depression. Ein Kreisaufseher kam, sagte ich hätte lange keinen Dienst mehr getan, las mir eine Bibelstelle vor, daß ich so Jehova nicht lieben kann und ging. Ich war den Tränen nah, das durfte doch nicht wahr sein. Jetzt habe ich einen Brief an die Versammlung geschrieben und um Ausschluß gebeten ... Sie kann ich nicht verstehen, daß sie der Kirche beigetreten sind."

„Vor kurzer Zeit kaufte ich Ihr Buch „Ich war Zeuge Jehovas" und las es mit großem Interesse; auch weil ich Ihre Ansicht oder Erfahrungen kennenlernen wollte.

Ich bin zwar noch eine Zeugin Jehovas aber dabei mich von der Gemeinschaft zu lösen. In meinem Fall ist es mehr das „menschliche und so nächstenliebende" Verhalten der Zeugen, als die eigenartigen Wachtturmlehren. Ich habe die Erfahrung gemacht daß die „Brüder" gar nicht so lieb und nett zueinander sind. Man wird überwacht und bespitzelt − es ist leider so ... In einem Programmpunkt der Dienstzusammenkunft wurde gesagt, daß ich Schwester .. gesehen wurde, als sie eine „weltliche" Zeitschrift gekauft hat (es war ein Strickheft) ; es gäbe doch so viele gute Literatur von der Wachtturmgesellschaft da braucht kein Zeuge weltliches zu lesen.. Mit der Zeit waren die Bemerkungen und auch die ständigen Kontrollen und Anrufe schon mehr als lästig. Auch darf man als Zeuge auf keinen Fall selbstständig denken oder gar etwas entscheiden ohne die Ältesten zu fragen.

Ihr Buch hat mir unwahrscheinlich geholfen die Dinge klarer zu sehen und mich in meiner Entscheidung gestärkt nach 10 Jahren die Gemeinschaft der Zeugen Jehovas zu verlassen."

„Ich bin heute 20 Jahre alt. Von meiner Geburt an als Zeugin erzogen. Als ich 14 Jahre war wurden meine Eltern geschieden. Diese Religion hat meine ganze Familie zerstört. Diese Tatsache und die negativen Ereigniss sind sicher mit ein Grund für meine Depressionen."

„Als jemand, der auch einmal dabei war, habe ich mit viel Interesse auch Ihr Buch zum Thema gelesen. Ihr Buch ist sehr gut und aufschlußreich. Was für mich jedoch geradezu unbegreiflich ist (entschuldigen Sie bitte den Ausdruck) und was mich dazu bringt Ihnen zu schreiben, ist, daß Sie nun in der katholischen Kirche sind."

„Ihr Buch „Ich war Zeuge Jehovas" habe ich vom Weltbild-Verlag bekommen. Ich hatte noch garnicht richtig angefangen zu lesen, als mir gesagt wurde, daß Sie unglaubwürdig sind, weil Sie versucht haben an die VVN-Rente Ihrer Mutter zu kommen. Somit taugt Ihr Buch von vornherein nichts und wird auch nicht gelesen."

In fast allen Zuschriften finde ich das Unverständnis dafür, daß ich zur katholischen Kirche konvertierte, die im übrigen oft auch direkt von Nicht-Zeugen als „Hure Babylons" bezeichnet wird. Für alle möglichen anderen Entscheidungen bis hin zum Atheismus hätte man „Verständnis" gezeigt, aber für die Hinwendung zur katholischen Kirche nicht.

Jede Verdächtigung oder Unterstellung, und sei sie noch so absurd, wird benutzt, um die *„Wachtturm-Abtrünnigen"*, ob in den USA Raymond Franz oder Jerry Bergmann, oder in Schweden Olaf Persson oder in Deutschland Gerd Wunderlich und mich als unglaubwürdige" Zeitzeugen hinzustellen.

Wie tief seit Rutherfords Kirchenhaß die Ablehnung, die Diffamierung und die Gehässigkeit insbesondere gegenüber der katholischen Kirche unter den Zeugen verwurzelt sind, zeigt eine Begebenheit anläßlich der Einweihungsfeierlichkeiten des neuen Deutschen Wachtturm-Zentrums in Selters. Der damalige Präsident der Wachtturm-Gesellschaft, Brooklyn N.Y., Frederik Franz, hielt am 21. April 1984 die Hauptansprache zur Einweihung des neuen „Bethel" (Haus Gottes) mit seinen Druckereianlagen.

Er zeichnete ein Bild der Verfolgung der Zeugen durch die Geistlichkeit seit der Zeit Russells und Rutherfords. Eben diese Geistlichkeit wäre auch verantwortlich gewesen für die Inhaftierung Rutherfords und seiner Genossen 1918/19. Rutherfords Reaktion auf die zwanzigjährige Haftstrafe wegen „unamerikanischer Umtriebe" schilderte Frederik Franz seinen ausgewählten Zuhörern im Königreichsaal Selters so: *„ Sie wurden öffentlich als Kriminelle oder Verbrecher gebrandmarkt. Und ich erinnere mich, daß bei einer Gelegenheit in seiner Gefängniszelle Bruder Rutherford die Eisenstäbe an der Tür in die Hände nahm und zum Himmel aufblickte, und er sagte: '- ich eine Verbrecher - ein Verbrecher!* (Franz Stimme wird schrill) *Gott, wenn du mir die Gelegenheit gibst, verspreche ich dir, das Schwert Babylon der Großen, so tief in den Bauch reinzujagen, daß sie es nie wieder heraus bekommt.* (Gelächter der Zuhörer) *Hat er sein Wort gehalten?* (Beifallklatschen der Zuhörer) *Er hat es nicht nur in die Gedärme hineingestossen, sondern hat es auch herumgedreht, damit sie mehr Schmerzen hätte* (Gelächter der Zuhörer) *und er tat es, indem er sehr furchtlos gegen die Institutionen der falschen Religion sich äußerte."*[2]

Diese „Frucht" der Wachtturm-Lehre, also der Kampf gegen die Kirchen, hat alle Krisen der über hundertjährigen Geschichte der Organisation überlebt.

Die vielversprechenden Buchtittel, wie z. B. „Die Harfe Gottes", (1922), „Millionen jetzt Lebender werden niemals sterben" (1920), „Die Neue Welt" (1942), „Die Wahrheit wird euch frei machen"(1943), „Das Königreich ist herbeigekommen" (1944) oder „Die Wahrheit die zu ewigem Leben führt"

(1958), um nur einige der so „verheißungsvollen" Offenbarungen der sich selbst zum „Sklaven Jehovas" ernannten Brooklyner-Führung zu erwähnen, sind inzwischen Makulatur geworden. Allerdings sind diese Buchprodukte wichtige zeithistorische Dokumente für die „Falschprophezeiungen", Spekulationen und Widersprüche dieser *„Brooklyner Herrlichkeiten".*

Trotz des Bekenntnisses zu dem *„ relativen Gehorsam gegenüber den weltlichen Obrigkeiten"* predigen die Zeugen nach wie vor die baldige Vernichtung dieser Obrigkeiten durch den *„Feldmarschall Jehovas, Jesus Christus".* Welche politische Herrschaftsform die Nationen auch haben mögen, ob Demokratie, Monarchie oder Diktatur, sie alle werden in der Schlacht von *„Harmagedon"* endgültige Vernichtung erfahren. Allerdings – so werden die Wachtturm-Anhänger glauben gemacht – werden die politischen Herrscher sich vor ihrer Vernichtung gegen die Religionen wenden und diese ausrotten.

Dieses grausige Endzeitszenario wird im Namen Gottes weltweit Millionen von Menschen Tag für Tag als Hoffnung für die Unglücklichen und als Drohung für die Glücklicheren gepredigt.

Die *„Frucht der weltweiten geistigen Einheit"* der Zeugen gleicht einer *„Entmündigung"* von Millionen eigentlich vernunftbegabter Geschöpfe. „Der Wachtturm" belehrt: *„Gern nehmen wir die geistige Speise an, die Jehova durch den „treuen und verständigen Sklaven" zur Verfügung stellt. Diese einheitliche Belehrung hilft uns, weltweit die Einheit zu bewahren. Was ist, wenn es uns persönlich schwerfällt einen bestimmten Gedanken zu verstehen oder zu akzeptieren?"*[3]

Es wird empfohlen, zu beten und in den Wachtturm-Veröffentlichungen nachzuschlagen oder mit einem Ältesten der Versammlung zu sprechen. Hat man dann immer noch nicht verstanden, wird folgendes geraten: " *Sollten wir den Gedanken dann immer noch nicht verstehen, ist es möglicherweise das beste, die Angelegenheit nicht weiterzuverfolgen. Vielleicht wird später einmal zusätzlicher Aufschluß zu dem Thema veröffentlicht der unser Verständnis vertieft. Es wäre allerdings verkehrt, wollten wir andere in der Versammlung davon überzeugen, sich unserer eigenen abweichenden Meinung anzuschließen. Auf diese Weise würden wir Zwietracht säen und nicht dazu beitragen, die Einheit zu bewahren. Wieviel besser ist es doch in der Wahrheit zu wandeln, ... Seien wir daher dankbar für die Wahrheit, die uns der 'treue Sklave' vermittelt hat. Und seien wir dankbar, daß Jehova uns durch seinen Organisation führt.* "[4]

Seitdem Russell die Führung der Organisation übernommen hatte, taumelte der „ *Treue Sklave* " von Irrtum zu Irrtum, von falscher Voraussage zu falscher Voraussage. Als Rutherford sich und die Bibelforscher wegen seiner nichteintreffenden Endzeitprophezeiung von 1925 lächerlich gemacht hatte, bemühte er den Jesajatext 43,12, der da lautet: „ *Ihr seid meine Zeugen spricht Jehova, daß ich Gott bin* " (Elberfeld-Übersetzung der Bibel), und benannte die Bibelforscher in Zeugen Jehovas um. Sein Verlagsunternehmen wurde seither „ *Jehovas heilige Organisation* " genannt.

Vortrefflich paßt an dieser Stelle der Text aus 5. Mose 18, 21 aus der „Neue-Welt-Übersetzung" der Zeugen: „ *Wie werden wir erkennen, das Jehova nicht geredet hat? – wenn der Prophet im Namen Jehovas redet, und das Wort trifft nicht ein oder bewahrheitet sich nicht, so ist dieses das Wort, das Jehova nicht geredet hat. Mit Vermessenheit hat der Prophet geredet.* "

Für ihre ständigen Lehränderungen berufen sich die Zeugen immer wieder auf Sprüche 4, Vers 18, der da lautet: *„Aber der Pfad des Gerechten ist wie das glänzende Licht, das heller und heller wird, bis es voller Tag ist."* In Vers 19 geht es dann weiter: *„Der Weg der Bösen ist wie das Dunkel; sie haben nicht erkannt, worüber sie fortwährend straucheln."* Eine wahrlich treffliche Qualifizierung der Wachtturm-Führer und ihrer Lehre.

Die Greise der „Leitenden Körperschaft" und die „Überrestglieder" in Brooklyn wollten eigentlich nicht sterben, bevor sie nicht das Ende der alten Weltordnung erlebt, das Paradies gesehen und zu himmlischer Herrlichkeit verwandelt worden seien. Nach 1987 hieß es:

ALLES IN EINER GENERATION

1914
WELTKRIEGE
GEWALTVERBRECHEN
SCHWERE HUNGERSNÖTE
EPIDEMISCHE KRANKHEITEN
UMWELTVERSCHMUTZUNG
ENDE DIESES SYSTEMS

Nun sterben sie doch vorher aus. Die Lehre wurde entsprechend abgeändert, denn die *„Klasse mit irdischer Hoffnung"* ist gemäß der Lehre nicht dafür bestimmt, die *„geistige Speise"* zu produzieren, sondern dafür sind ausschließlich die *„Brüder Christi"* vorgesehen. Nun werden die Gehilfen aus der „irdischen Klasse" genommen.

Wie lange kann die Wachtturm-Führung ihre Anhänger noch mit dem Hinauszögern des irdischen Paradieses vertrösten? Wie lange lassen sich diese Anhänger noch hinhalten? Wie lange will sich die Wachtturm-Führung noch von ihrer gesellschaftlichen Mitverantwortung distanzieren?

Die Organisation beansprucht zwar weltliches Recht und die geltenden Gesetze, aber die Verantwortung zur Gestaltung dieses Rechtes und dieser Gesetze will sie nicht tragen und hält dementsprechend ihre Anhänger davon ab, in dieser „satanischen Welt" mitzuwirken.

Der Mythos vom erlebbaren Paradies ist zerbrochen. Was immer wieder von Zeugen zu hören ist, ist ihre bange Frage nach ihrer Auferstehung im Paradies. Den Tod jetzt zu erleiden, bedeutet für sie die völlige Auslöschung ihres Seins, die Nichtexistenz. Die Auferstehung ist nach der Wachtturm-Lehre eine „Neuschöpfung" nach dem „Gedächtnismuster", daß Jehova von den „Würdigen" aufbewahrt und sie „neu" erschafft.

Sehr viele Zeugen haben wegen kleiner Verfehlungen gegen die „Ordnung des treuen Sklaven" Sorgen und Ängste, nicht für würdig gehalten zu werden für die „Neuschöpfung" und für immer aus dem Dasein ausgelöscht zu bleiben.

Die 8.756 „Brüder Christi" (Stand 1998) plagen diese Sorgen nicht. Sie schauen voller Hoffnung zum Himmel auf, wo schon ihre seit 1918 „verwandelten" Genossen auf *„goldenen Thronen sitzend und mit weißen Kleidern angetan, auf dem Kopfe goldene Kronen tragend"*, die Wachtturm-Organisation auf der Erde mitregieren.

Diese „Zweiklassentheorie" der Zeugen wird mit aus dem Zusammenhang herausgerissenen Bibeltexten und mittels einer undurchschaubaren biblischen Zahlensymbolik konstruiert. Richtig ist, daß Jesus Christus von zwei Herden sprach. Die eine Herde waren seine Nachfolger aus den Juden resp. den Israeliten, und die anderen stammten von den Heiden. Der Evangelist Johannes gibt die Worte Jesu wieder: *„Ich habe noch andere Schafe, die nicht aus diesem Stall sind; auch sie muß ich führen, und sie werden auf meine Stimme hören; dann wird es nur eine Herde geben und einen Hirten."*[5]

Demnach bildeten alle eine Herde, berufen durch die Worte des auferstandenen Christus: *„ ... und ihr werdet meine Zeugen sein in Jerusalem und ganz Judäa und Samaria und bis an die Grenzen der Erde."*[6] Folgerichtig antwortete Petrus auch dem Hohem Rat: *„ ... und in keinem anderen ist das Heil zu finden. Denn es ist uns Menschen kein anderer Name unter dem Himmel gegeben, durch den wir gerettet werden sollen."*[7]

Paulus schrieb den Korinthern über das zu feiernde Herrenmahl: *„Denn ich habe vom Herrn empfangen, was ich euch dann überliefert habe: Jesus, der Herr, nahm in der Nacht, in der er ausgeliefert wurde; Brot, sprach das Dankgebet, brach das Brot und sagte: das ist mein Leib für euch. Tut dies zu meinem Gedächtnis! Ebenso nahm er nach dem Mahl den Kelch und sprach: Dieser Kelch ist der neue Bund in meinem Blut. Tut dies sooft ihr daraus trinkt, zu meinem Gedächtnis."* Paulus berief sich hier auf Jesu Worte, der außerdem gesagt hatte: *„Wer mein Fleisch ißt und* mein Blut trinkt, hat das ewige Leben, und ich werde ihn auferwecken am Letzten Tage. "[8]

Für Zeit der Nöte, der Verfolgungen, der Drangsale und der Kriege mit all ihren Folgen warnte Christus vor 2 000 Jahren: *„Wenn dann jemand zu euch sagt: Seht, hier ist der Messias, oder: Da ist er!, so glaubt es nicht! Denn es wird mancher falsche Messias und mancher falsche Prophet auftreten, und sie werden große Zeichen und Wunder tun, um, wenn möglich, auch die Auserwählten irrezuführen. Denkt daran: Ich habe es euch vorausgesagt. Wenn sie also zu euch sagen: Seht, er ist draußen in der Wüste!, so geht nicht hinaus; und wenn sie sagen: Seht, er ist im Hause, so glaubt es nicht. "*[9]

Wenn man dieser Aussage die Verkündigung Russells gegenüberstellt, die von der *„Zeit des Endes 1799 und der zweiten Gegenwart Christi 1874"* ausging und die heute geändert wurde in *„Beginn der Zeit des Endes und der zweiten Gegenwart Christi 1914"*, so muß man festhalten, daß beide Prophezeiungen den Worten Jesu Christi widersprechen.

Sehr viele Zeugen Jehovas haben inzwischen gemerkt, daß die Endzeitprophezeiungen nicht eintreten können, wie sonst wäre die Aussage im „Wachtturm" zu verstehen: *„In den letzten Jahren sind jedoch sehr viele aus irgendeinem Grunde abgefallen. "*[10]

Die Wachtturm-Führung stellt diejenigen, die sich als „Abtrünnige" von der Gemeinschaft entfernt haben als Menschen dar, *„die Gott nur aus selbstsüchtigen Beweggründen dienen"*, weil sie nur an einem ewigen Leben im Paradies interessiert seien und eben nicht aus Liebe zu Gott auf die Erfüllung der Prophezeiungen warten könnten. Diese würden nicht mehr an die Botschaft glauben, *„die einerseits von der Rettung und anderer-*

seits vom Strafgericht an dem gegenwärtigen bösen System der Dinge handelt. Diese weltweite Verkündigung bringt die Nationen zum Erbeben – ein Vorzeichen für das zerstörerische Strafgericht, das bald kommen wird".[11]

Das beweist, daß die Wachtturm-Führung nach wie vor an ihrer These der Vernichtung aller Nicht-Zeugen durch den *„Scharfrichter und Urteilsvollstrecker"*, Jesus Christus, festhält. Allen *„vernichtungsreifen"* Nationen wird ein *„zerstörerisches Strafgericht"* angedroht. Rutherfords Idee aus dem Jahr 1937, *„des Feindes eigene Mittel gegen ihn selbst zu gebrauchen"* wird offensichtlich bis heute angewandt.

Ich hoffe, daß weiterhin viele Zeugen Jehovas über ihre Verantwortung nachdenken, sich wirklich bewußt werden über die Lehre, die sie verkündigen und sich aus der Organisation befreien können. Die Wachtturm-Botschaft kennt keine Barmherzigkeit und widerspricht der Botschaft des Evangeliums und den Worten des Apostel Paulus, der an Timotheus schrieb: *„Vor allem fordere ich zu bitten und Gebeten, zu Fürbitte und Danksagung auf, und zwar für alle Menschen, für die Herrscher und für alle, die Macht ausüben, damit wir in aller Frömmigkeit und Rechtschaffenheit ungestört und ruhig leben können. Das ist recht und gefällt Gott, unserem Retter; er will, daß alle Menschen gerettet werden und zur Erkenntnis der Wahrheit gelangen."*[12]

Ausblick oder Der Kampf geht weiter

Die Greise der Leitenden Körperschaft sterben einer nach dem anderen weg. Ob diese Gruppe aus der alten Männerschar der „Heiligen des Allerhöchsten" – wie sie sich im neuen „Danielbuch" von 1999 nennen – allerdings noch „leiten", ist sehr fraglich. Laut dem neuesten „Jahrbuch der Zeugen Jehovas" 1999 gab es weltweit noch 8 756 weitere Mitglieder der gesalbten Gedächtnismahlteilnehmer oder „Heilige des Allerhöchsten". Obwohl sie nach der Wachtturm-Lehre alle „Brüder Christi" sind, und eigentlich berufen wären, in die „Leitende Körperschaft" aufzurücken, hatten und haben sie mit der Lehre und Leitung der Gesellschaft nichts zu tun, zumal die meisten dieser „Heiligen" weiblichen Geschlechts sind. Seit Russell seine Frau 1896 aus der Leitung der Wachtturm-Gesellschaft entfernt hatte, hat nie mehr eine Frau eine lehrende oder leitende Position eingenommen. Erst nach ihrem „irdischen" Tod, werden sie zu geistigen Geschöpfen verwandelt, womit auch ihre Geschlechtlichkeit endet. Wenn man sich die Bilddarstellungen von den Verwandelten ansieht, haben sie genaugenommen eine Geschlechtsumwandlung durchgemacht, denn sie tragen alle Bärte.[1] So regieren heute vom Himmel her auch ehemalige Frauen die irdische Organisation der Zeugen Jehovas mit.

Das Erbe, das die Nachfolger von Russell und Rutherford angetreten haben, wiegt schwer, insbesondere im Hinblick auf die immer wieder fehlgeschlagenen Endzeitberechnungen. Gemäß der Russellschen Lehre begann das „Millennium" – nach heutigem Sprachgebrauch der Zeugen das „Tausendjahrreich Jesu Christi" oder „Paradies" – 1874 mit der unsichtbaren Wiederkunft Christi.[2]

Nach einigen Zeitverschiebungen kam dann 1966 die „neue Erkenntnis" im Buch „Ewiges Leben in der Freiheit der Söhne Gottes", daß das „Paradies", das Tausendjahrreich von 1975 bis 2975 dauern würde.[3]

Für Hunderttausende ist das ständige Verschieben des „Endes dieser alten Weltordnung" und das Warten auf das Paradies hoffnungslos geworden. In vielen Ländern stagniert das Wachstum. In Mitteleuropa weisen die Berichte starke Verluste auf. Der Bericht im „Königreichsdienst" (Juli 1999) für den Monat März zeigt für 1998 eine Differenz von fast 4 000 Predigern auf. Doch offensichtlich bringt das die Schreiber in Brooklyn nicht in Verlegenheit. Munter wird weiterhin „neues helleres Licht" ausgestrahlt, wie z. B. im neuen Buch „Die Prophezeiung Daniels Achte darauf!".

In dieser Publikation wird der bestehenden demokratischen Weltordnung, die aus der Sicht der Zeugen der „König des Südens" ist, erneut die baldige plötzliche Zerstörung angedroht. Allerdings hat sich der „Nordkönig" den Zeugen-Lehrern noch nicht offenbart. Nachdem ihnen nach den „Nordkönigen" Napoleon, Kaiser Wilhelm, Hitler und den kommunistischen Diktatoren ein neuer „Nordkönig" verlorengegangen ist, *„muß sich der neue Nordkönig noch erheben".*[4]

Nun werden nicht wie bisher gelehrt, die beiden Könige miteinander kämpfen und der „Nordkönig" den „Südkönig" vernichten. Die „neue Erkenntnis" sagt: *„Der letzte Feldzug des Nordkönigs richtet sich nicht gegen den König des Südens. Daher kommt der König des Nordens nicht durch seinen großen Rivalen zu seinem Ende. Und auch der Südkönig wird nicht von dem*

König des Nordens vernichtet, sondern „ohne (Menschen)Hand",
durch Gottes Königreich (Daniel 8;25). Ja, in der Schlacht von
Harmagedon werden alle irdischen Könige durch Gottes König-
reich beseitigt werden..." [5]

Alle Versuche des Satans seit 1914, Gottes Königreich aufzuhalten und gegen es zu kämpfen, wären fehlgeschlagen.

Was hat der Teufel nicht schon damals alles versucht?
„EINE ganz kleine wehrlose Gruppe wird von einer Weltmacht hef-
tig angegriffen. Sie überlebt und erfährt sogar eine innere Erneue-
rung, was aber nicht ihrer eigenen Kraft zuzuschreiben ist, sondern
Jehova Gott der sie schätzt." [6]

Diese „kleine wehrlose" Gruppe bestand aus Rutherford
und seinen sieben mitinhaftierten Genossen, die angeblich
schon von Daniel als die „Heiligen des allerhöchsten" prophezeit wurden. Die Buchschreiber fragen: *„Haben wir die*
„Heiligen des Allerhöchsten" ausfindig gemacht und uns mit ihnen
verbunden?" [7]

Es wird gemahnt, daß *„Michael der große Fürst jetzt zur Tat*
schreitet" und als „Jehovas Haupturteilsvollstrecker dem gesamten
bösen System der Dinge ein Ende machen" wird. Darum sollen
sich die Menschen, die Frieden und Sicherheit genießen und
keinen Schaden erleiden wollen, diesem „Heiligen des Allerhöchsten" anschließen. *„Selbst wenn sie dann noch sterben soll-*
ten, bevor diese ‚Zeit der Bedrängnis‘ kommt, befänden sie sich im
grenzenlosen Gedächtnis Jehovas in Sicherheit." [8]

Die ganze Prophezeiung Daniels gipfelt darin, daß diese
selbsternannten „Heiligen des Allerhöchsten" der gottge-
wollte Rettungsanker aller ehrlichen und gutwilligen Menschen sind.

Wenn sich Jehovas Zeugen heute auch noch so sehr

bemühen, „Menschen wie du und ich" zu sein, mit dieser Lehre können sie es nicht werden.

Nach wie vor ist die Welt, in der wir leben, in den Augen der Zeugen Jehovas nicht mehr zu retten. Allerdings beteiligen sich Jehovas Zeugen auch nicht daran, zur Verbesserung der Verhältnisse beizutragen, denn sie ist in ihren Augen nichts anderes als vernichtungswürdig. Ihre Verheißung auf die Paradieseswelt wird sich wiederum als falsche Prophezeiung erweisen.

Die Berichte der Kongresse 1999, die unter dem Motto „*Gottes prophetisches Wort*" abgehalten wurden, zeigen deutlich, daß die Wachtturm-Gesellschaft intern mit großen Schwierigkeiten zu kämpfen hat. Auf diesen dreitägigen Kongressen wurden jeweils vier Referate den „Abtrünnigen" und der „Abtrünnigkeit" gewidmet. Diese Thematisierung verweist eindeutig auf die Probleme, die vor allem ältere, langjährige Anhänger haben, weil sie mit den fortwährenden Zeitverschiebungen und ständigen Lehränderungen nicht mehr zurechtkommen. Die Abtrünnigen sind nicht für alle Zeugen das Böseste des Bösen oder gar die Verkörperung des Antichrists, wie es die Führung gerne sehen würde. Das Wachstum der Gesellschaft ist dennoch in Gefahr. Die materielle Basis ist nach dem jahrzehntelangen, weltweiten Immobilienerwerb und Neubau von Zentren gesichert, auch wenn die Anhängerzahlen rückläufig werden.

Die Berichterstattung der Medien über die aktuellen Kongresse war ziemlich zurückhaltend und weist auf die wirkliche Bedeutung dieser religiösen Randgruppe in unserer Gesellschaft hin. Dieses Image wären die Zeugen gerne los, davon zeugen die aufwendigen Propagandamaßnahmen.

Die Früchte, die die „Wachtturm-Ideologie" in sich trägt, ist nicht zu unterschätzen und wird weiterhin Tausende von Leichtgläubigen in ihren Bann ziehe. Von einem ehemaligen Sonderpionier-Ehepaar wurden die Konsequenzen, die sich aus einer langjährigen Zugehörigkeit zur Organisation der Zeugen Jehovas so formuliert: *„Jetzt habe ich durch diese Gesellschaft meinen Glauben endgültig verloren."*

Ich hoffe, daß zu dieser Erkenntnis möglichst wenige Menschen kommen und bete, daß auch Menschen mit verhärtetem und versteinertem Herzen sich öffnen und zum Glauben an Christus und Gott zurückfinden.

Anmerkungen

Vorwort

1 „Die Welt" vom 25. Januar 1999.
2 Gerhard Besier, Die neuen Inquisitoren, Bd. 2, Zürich 1999.
3 „Der Wachtturm" vom 1. Mai 1999, S. 15–18.

Wiederbegegnung 1996

1 Jerusalemer Bibel.

Die Macht der Liebe

1 „Trost", Sondernummer Sept./Oktober 1941, S. 3.
2 Ebd., S. 3–4.
3 „Neue Welt", S. 104–105.

Unter Beobachtung –
Der „Informationsdienst" der Zeugen Jehovas

1 „Bulletin", August 1925, S. 3; Oktober 1925, S. 4.
2 Eilbrief vom 13. März 1996 an alle Ältestenschaften der deutschen Versammlungen.
3 „Jehovas Zeugen. Antworten auf häufig gestellte Fragen", S. 3.

Zeugen Jehovas – Menschen wie Du und Ich?

1 „Jehovas Zeugen – Menschen aus der Nachbarschaft. Wer sind sie?", S. 3.
2 „Der Wachtturm" vom 1. April 1986, S. 31.

3 „Erkenntnis die zu ewigem Leben führt", 1995, S. 182–183.

4 Ebd., S. 120–121.

5 Interne Dienstanweisung, „Gebet acht ...", S. 137–138.

Die Anfänge der Zeugen Jehovas

1 Bd. 7 der Ausgabe Barmen 1919, S. 38–40; „Zion's Wacht=Turm" 1907, S. 66.

2 Ebd., S. 40.

3 Extra Edition Vol. XV., No. 8, Zion's Watch Tower, April 1925, 1894, A CONSPIRACY EXPOSED und von „Zions Wacht= Turm", Elberfeld-Allegheny April 1907.

4 Extra Edition, S. 93.

5 Bd. 7, 1919, S. 38.

6 „Der Wachtturm" vom 1. Mai 1923, S. 140.

7 „Jehovas Zeugen verkünden weltweit", S. 626.

8 „A great battle in the ecclesiastical Heaven", Vorwort und S. 8.

9 Ebd., S. 36.

10 Aus der Ansprache „Temple of God", 1913.

11 Ebd.

12 Der Schriftforscher, Brooklyn-Pittsburgh, Barmen, Zürich, No. 29, 1919.

13 Ebd.

14 Ebd.

15 „Der Bibelforscher", 6. Jhg., No. 6, auf deutsch im Herbst 1914.

16 Schriftstudien Bd. 2., Ausg. 1914, S. 165.

17 „Der Krieg von Harmagedon", S. 21.

18 Studie 7, S. 127.

19 Ebd., S. 9.

20 „A great battle in the ecclesiastical Heaven", S. 8.

21 „Der Wachtturm" vom 1. Februar 1916, S. 38.

Rutherford tritt Russells Nachfolge an

1 „Der Tag der Rache", Bd. IV der Schriftstudien, 1906, S. 318, 323, 325.
2 Brief an alle Versammlungen vom 25. Juli 1956.
3 Marley Cole, Jehovas Zeugen – Geschichte und Organisation einer Religionsbewegung, S.88–89.
4 Ebd., S. 87.
5 „Rüstung", 1933, S. 114.
6 „Der Wachtturm" vom 15. Januar 1932, S. 25.
7 „Der Wachtturm" vom Februar 1917, S. 23.
8 Ebd.
9 „Jehovas Zeugen in Gottes Vorhaben", 1960, S. 64.
10 „Der Wachtturm" vom Mai 1917, S. 90.
11 „Der Krieg von Harmagedon", Barmen 1919, S. 209.
12 Miesbacher Anzeiger v. 19. Oktober 1919.
13 „Der Weg zum Paradies", 1924, S. 218–221.
14 „Die Harfe Gottes", 1922, S. 309, Abs. 608.
15 „Der Weg zum Paradies", S. 222.
16 „Der Wacht=Turm" vom März 1922, S. 43.
17 Millionen-Broschüre, Zürich 1922, S. 88.
18 „Der Wachtturm" vom Januar 1923, S. 15.
19 „Der Wachtturm" vom 1. Juli 1923, S. 208.
20 „Der Wachtturm" vom 15. September 1925, S. 279, Abs. 33.
21 „Die Harfe Gottes", Magdeburg 1929, S. 220–21.
22 „Der Wachtturm" vom 15. Juni 1931, S. 192.
23 „Das Goldene Zeitalter" vom 15. Februar 1932.
24 „Rüstung", 1924, S. 171–173.
25 „Der Wachtturm" vom 15. Januar 1932, S. 25.

Des Volkes Freund – Rutherford richtet die Welt!

1 „Der Wachtturm" vom 1. April 1925, S. 98.
2 William J. Schnell, Falsche Zeugen stehen wider mich – Dreißig Jahre Sklave des Wachtturms, 1959, S. 49–50.
3 Ebd., S. 50.

4 „Trost für das Volk", 1925, S. 7–8.
5 „Freiheit für die Völker", 1927, S. 13.
6 Gert Raeithel, Geschichte der Nordamerikanischen Kultur, Bd. 2 u. 3, 1992/1995, S. 375.
7 Gericht der Richter..., 1929, S. 32.
8 Fünfte Kolonne (engl. Ausgabe), 1940, S. 19.
9 „Licht", Bd. 1, S. 323.
10 „Jehovas Zeugen in Gottes Vorhaben", S. 138
11 Ebd.

Eine „Welt" voller Feinde, Dämonen und Teufel

1 „Regierung", 1928, S. 10.
2 Ebd., S. 13ff.
3 „Jehova", S. 97ff.
4 Ebd., S. 51–52.
5 „Der Wachtturm" vom 15. Juli 1929. S. 211.
6 Ratschläge für Missionsarbeiter 1926.
7 Ebd.
8 „Der Wachtturm" vom 1. August 1928, S. 239–240.
9 Spezial=Bulletin, Vorschläge für Arbeiter, Juli 1929, S. 9.
10 „Freiheit für die Völker", 1927, S. 13.
11 „Der Wachtturm" vom 15. Januar 1927, S. 32.
12 „Der Wachtturm" vom 1. März 1927, S. 80.
13 „Regierung", S. 86 ff.
14 „Der Wachtturm" vom 15. November 1927, S. 339.
15 Jahrbuch 1974, S. 107.

Der Verfolgungswahn des „Präsidenten" Rutherford

1 „Das Goldene Zeitalter", 1932, S. 247.
2 Ebd.
3 Ebd.
4 William Schnell, Falsche Zeugen, S. 96.
5 Ebd., S. 97.

Deutschland 1933 und der „Berliner Kongreß"

1 „Jehovas Zeugen in Gottes Vorhaben", S. 130.
2 Ebd.
3 „Der Wachtturm" vom 15. Dezember 1934, S. 372, Abs. 3.
4 Jahrbuch 1974, S. 111.
5 „Jehova", 1934, S. 98.
6 Ebd., S. 98−99.
7 „Der Wachtturm" vom 1. Dezember 1933, S. 355.
8 Ebd.
9 Ebd.
10 „Der Wachtturm" vom 1. Dezember 1933, S. 356.
11 Ebd.
12 Ebd., S. 357.
13 Ebd.
14 Ebd.
15 Ebd., S. 359.
16 Ebd., S. 360.
17 Ebd., S. 361−62.
18 Ebd., S. 361.
19 Ebd., S. 361.
20 Ebd.
21 Ebd., S. 362.
22 Ebd.

Die Situation in einer Versammlung 1933

1 „Jehovas Zeugen − Antwort auf häufig gestellte Fragen", S. 4.

Einigkeit im Verhalten gab es nicht

1 Das „andere Deutschland", 1994, S. 218.
2 „Das Goldene Zeitalter" vom 1. Mai 1933, S. 143.

Von Anfang an protestiert? –
Aufklärung einer Legende

1 „Der Wachtturm" vom 1. Dezember 1934, S. 355.
2 Ebd., S. 365.
3 Ebd.
4 Jahrbuch 1934, S. 39.
5 „Der Wachtturm" vom 1. Dez. 1934, S. 365.
6 „Reichtum", S. 243.
7 Jahrbuch 1937, S. 40–42.
8 „Feinde", S. 138.
9 Ebd., S. 141.
10 Ebd.
11 Ebd., S. 160–161.
12 Ebd., S. 204.
13 Ebd., S. 217.
14 Ebd., S. 227.
15 „Der Wachtturm" vom 1. Januar 1995, S. 6.
16 „Feinde", S. 348.
17 Ebd., S. 237.
18 „Faschismus oder Freiheit", S. 3.
19 Ebd., S. 64.
20 Ebd., S. 15–16.
21 Ebd., S. 19.
22 Ebd., S. 23.
23 Ebd., S. 26.
24 Ebd., S. 27.
25 Ebd., S. 31.
26 „Der Wachtturm" vom 1. Dezember 1939, S. 357.

Hetzkampagne in „Consolation"

1 „Consolation" vom 17. Mai 1939, S. 4.
2 „Consolation" vom 31. Mai 1939, S. 21.
3 „Consolation" vom 23. August 1939, S. 21.

4 „Consolation" vom 13. Dez. 1939, S. 5.

5 „Consolation" vom Oktober 1939, S. 17.

„Fünfte Kolonne" – Gefahr für die Freiheit in den USA

1 Judge Rutherford uncovers Fifth Column, S. 4–5.

2 Ebd., S. 6–7.

Rutherfords letzte Rachefeldzüge

1 „Conspiration", S. 64.

2 „Der Wachtturm" vom 15. November 1939, S. 340–341.

3 Religion, 1940, S. 121.

Religion stammt vom Teufel

1 Feinde, 1937, S. 66.

2 „Der Wachtturm", 1938, S. 201, Abs. 31.

3 „Der Wachtturm", 1938, S. 214, Abs. 13.

Eine Villa für die „Genossen" aus vorchristlicher Zeit

1 „Das Goldene Zeitalter" vom 15. September 1930, S. 283.

2 „Der Wachtturm" vom 15. April 1937, S. 117.

3 Ebd., S. 118.

4 Ebd.

5 „Rettung", S. 326.

6 Edmond C. Gruss, Jehovah's witnesses – their monuments to false prophecy, S. 50–51.

7 Ebd.

8 Moyles original Letters, 21 July 1939.

9 „Feinde" 1937, S. 44 ff.

10 „Die Neue Welt", S. 104.

Die Haßkampagne der Zeugen Jehovas gegen „Babylon, die große Hure"

1 „Der Wachtturm" vom 1. April 1989, S. 3.
2 „Der Wachtturm" vom 15. April 1989, S. 10ff.

Die Endzeitchronologie der Zeugen Jehovas

1 „Der Wachtturm" vom 15. September 1998, S. 19.
2 „Der Wachtturm" vom 1. Februar 1999, S. 19.
3 „Der Wachtturm" vom 1. Juli 1972, S. 389.
4 Deuteronomium, 5. Mose 18,22; Jerusalemer Bibel.

Die Reaktion der Wachtturm-Führung auf kritische Anfragen

1 „Unser Königreichdienst", Februar 1968, S. 3.
2 „Our Kingdom Ministry", Mai 1974, S. 3.
3 „Der Wachtturm" vom 1. Januar 1967, S. 20.
4 „Der Wachtturm" vom 1. August 1968, S. 464–65.

Ist die Religionsfreiheit wirklich bedroht?

1 „Erwachet" vom 8. Januar 1999, S. 3.
2 Ebd., S. 7.
3 Ebd., S. 8.
4 Ebd.
5 „Der Wachtturm" vom 1. Juli 1959, S. 399.
6 „Der Wachtturm" vom 1. August 1956, S. 474.
7 „Der Wachtturm" vom 1. Oktober 1938, S. 302.
8 „Der Wachtturm" vom 1. November 1980, S. 11–22.
9 „Der Wachtturm" vom 15. November 1981, S. 18.
10 „Der Wachtturm" vom 1. Juli 1994, S. 12.

Kritik am Wachtturm ist Bedrohung der Religionsfreiheit

1 Raymond Franz, Der Gewissenskonflikt. Menschen gehorchen oder Gott treu bleiben? Ein Zeuge Jehovas berichtet, München 1988, S. 282.
2 Raymond Franz, In Search of Christian Freedom, 1991, S. 436.
3 Brief der Wachtturm-Gesellschaft vom 25. Oktober 1990.
4 Brief vom 3. Dezember 1990.

Umgang der Zeugen Jehovas mit „glaubensfeindlicher Literatur"

1 „Trost" vom 15. Januar 1946, S. 11.
2 „Der Wachtturm" vom 15. Juli 1996, S. 17, Abs. 7.
3 „Der Wachtturm" vom 11. Juli 1959, S. 399.
4 „Der Wachtturm" vom 15. August 1984, S. 27.

Was biblische Wahrheit ist, bestimmt Brooklyn

1 Gebet acht, S. 95.
2 Ezechiel 28,2; Jerusalemer Übersetzung.
3 „Erwachet" vom 8. Januar 1999, S. 7.

Ablenken vom „endlosen Endzeitwarten"

1 „Erwachet" vom 22. August 1995, S. 6.
2 „Das Goldene Zeitalter", vom 15. Oktober 1929, Nr. 20, S. 316.
3 Brief an Hitler vom 25. Juni 1933.
4 „Der Wachtturm" vom 1. und 15. Juli 1929.
5 „Der Wachtturm" vom 1. Mai 1992, S. 11.
6 „Neue Himmel und eine Neue Erde", S. 326.
7 Ebd.
8 „Babylon die grosse ist gefallen", 1990, S. 634.

9 1 600 Stadien sind etwa 300 Kilometer.

10 „Weltweite Sicherheit", 1986, S. 158–59.

11 Ebd., S. 86.

12 Ebd., S. 160.

13 „Der Wachtturm" vom 1. Mai 1996, S. 10–12.

14 „Der Wachtturm" vom 15. Oktober 1962, S. 637.

15 „Der Wachtturm" vom 1. Mai 1996, S. 14.

16 „Der Wachtturm" vom 1. Juli 1929, S. 201, Abs. 43.

17 „Der Wachtturm" vom 15. Juli 1929, S. 217.

18 Ebd., S. 212.

19 „Der Wachtturm" von 1954, S. 474.

20 „Der Wachtturm" vom 15. Juli 1929, S. 216.

21 „Der Wachtturm" vom 1. Dezember 1933, S. 360.

22 „Erwachet" vom 8. Juli 1951, S. 8.

23 Besier, Die neuen Inquisitoren, S. 233–234.

„Nieder mit der alten Welt"

1 „Der Wachtturm" vom 15. März 1959, S. 165.

2 Ebd., S. 166.

3 „Das Goldene Zeitalter" 1926, S. 240.

4 „Das Goldene Zeitalter" 1923, S., 256.

Angewandte Kriegslist im Kampf mit der satanischen Welt

1 „Der Wachtturm" vom 1. Juli 1957, S. 413.

2 „Der Wachtturm" vom 1. September 1987, S. 14.

3 „Der Wachtturm" vom 1. Juli 1957, S. 413.

4 „Einsichten über die Heilige Schrift", S. 236–237.

5 „Der Wachtturm" vom 1. August 1960, S. 479–480.

6 „Der Wachtturm" vom 1. Juli 1957, S.413–414.

7 „Harmagedon", 1958, S. 305ff.

8 Ebd., S. 287.

9 „Jehovas Zeugen Verkünder des Königreiches Gottes", S. 716.

Vor falschen Propheten zu warnen ist christliche Pflicht

1 Bericht über die Tätigkeit des Informationsdienstes, in „Tübinger Zeitung", 13. Dezember 1998.
2 Ebd.
3 „Der Wachtturm" vom 15. Januar 1953, S. 63.
4 Margarete Huber, Mißbraucht, benutzt und weggeworfen im Namen Jehovas, 1997.

Die „Früchte" der Wachtturm-Lehre

1 „Lehrbuch für die Königreichsdienstschule", S. 23.
2 „Erwachet" vom 22. Mai 1979, S. 13.
3 Ebd., S. 14.

Jehovas Zeugen – ein eigenes Staatsvolk?

1 „Lehrbuch für die Königreichsdienstschule (ksX 81) für die reisenden Aufseher und Versammlungsältesten", S. 135.
2 „Erwachet" vom 22. Mai 1979, S. 12–15.
3 „Der Wachtturm" vom 15. April 1979, S. 4–5.
4 „Der Wachtturm" vom 15. Juni 1984, S. 10.
5 Das Leben – Wie ist es entstanden?, S. 230.
6 Dienstanweisung für die Ältesten 1991, S. 144.
7 „Lehrbuch für die Königreichsdienstschule (ksX 81)", S. 135.
8 Ebd., S. 135.
9 „Der Wachtturm" vom 1. August 1956, S. 474.
10 „Unser Königreichdienst", August 1998, S. 1.
11 „Der Wachtturm" vom 1. Juli 1959, S. 399.

Die Tätigkeit der Zeugen Jehovas –
Gesetzestreues Bildungswerk?

1 Anerkennungsverfahren der Religionsgemeinschaft der Zeugen Jehovas in Deutschland 1990–1997, S. 9.

„Standhaft trotz Verfolgung"

1 Bericht vom 6. Februar 1997.
2 Ebd.

Sind die Zeugen Jehovas eine Sekte?

1 „Antwort auf häufig gestellte Fragen", S. 5.
2 „OFFENBARUNG! Ihr großartiger Höhepunkt ist nahe", S. 45, Abs. 15.
3 „Der Wachtturm" vom 15. Februar 1994, S. 4–5.
4 Ebd.
5 Ebd.
6 Ebd.

„An ihren Früchten werdet ihr sie erkennen"

1 Tonbandmitschnitt aus dem Wachtturm-Archiv, übersetzt von W. Pohl.
2 „Der Wachtturm" vom 15. Juli 1996, S. 17.
3 Ebd.
4 5. Joh 10,16; Einheitsübersetzung.
5 Apgsch. 1,8; Einheitsübersetzung.
6 Apgsch. 4, 12; Einheitsübersetzung.
7 1. Korinther 11.

8 Mt 24, 23–26.
9 „Der Wachtturm" vom 15. Juli 1999, S. 9, Abs. 2.
10 Ebd., S. 11, Abs. 6.
12 1. Timotheus 2, 2–4.

Ausblick oder der Kampf geht weiter

1 „Die Offenbarung", S. 203.
2 Schriftstudien, Bd. 7, Barmen 1919, S. 346.
3 „Ewiges Leben in der Freiheit der Söhne Gottes", S. 31–36.
4 „Die Prophezeiung Daniels Achte darauf", 1999, S. 284.
5 Ebd., S. 285.
6 Ebd., S. 286.
7 Ebd., S. 288.
8 Ebd., S. 290.

Gesellschaften der Zeugen Jehovas (international und national)

Watch Tower Bible and Tract Society of Pennsilvania, gegr. 1884; Inhaberin des Copyrights aller Wachtturm-Literatur.

Watchtower Bible and Tract Society of New York, Inc.

International Bible Students Association, Brooklyn, New York.

Wachtturm Bibel- und Traktat-Gesellschaft, Deutscher Zweig e. V., Selters/Taunus.

Religionsgemeinschaft der Zeugen Jehovas in Deutschland, Berlin.

Glossar

Abtrünnige Getaufte Anhänger, die aus Glaubens- und Gewissensgründen die Organisation der Zeugen Jehovas verlassen haben bzw. ausgeschlossen wurden. Oft werden diese auch als Ausgeschlossene bezeichnet aufgrund ihrer Verfehlungen gegen die Wachtturm-Moral.

Ägypten Die Gesamtheit der weltlichen Staaten mit ihren Regierungen, die unter der Oberherrschaft Satans stehen und in → Harmagedon vernichtet werden. Ägypter sind Weltmenschen der verschiedensten Nationalität und keine Zeugen Jehovas.

Alte Welt → Ägypten

Älteste Die verantwortlichen Leiter verschiedener Organisationsebenen. In der Regel gibt es in einer Ortsversammlung 6 Älteste, davon einen vorsitzführenden Aufseher sowie für einfache Dienste sogenannte Dienstamtsgehilfen.

Andere Schafe Anhänger mit irdischer Hoffnung auf ewiges Leben im Erdenparadies, die auch Menschen guten Willens oder Untertanen des Königreichs genannt werden; Gehilfen der Zeugen Jehovas.

Auferstehung bedeutet nach der Zeugenlehre neue Schöpfung. Da nach dem Tode des Menschen nichts mehr von ihm existiert, erschafft Gott den Verstorbenen nach dem Bilde in seinem Gedächtnis neu. Die Unsterblichkeit der Seele wird von den Zeugen Jehovas abgelehnt.

Aufseher → Älteste

Babylon, die große Hure Bezeichnung der Zeugen Jehovas für alle „falschen" Religionen, die unter der Leitung Satans gegen Jehova und seine Getreuen kämpfen. Mit „Hure Babylon" sind vor allem die christlichen Kirchen gemeint, aber auch sämtliche nichtchristliche Religionen und das Judentum. Mit „Großbabylon" ist die Gesamtheit der Christen gemeint.

Bethel, Bibelhaus Haus Gottes. Die zentrale Verwaltung sowie die Wohn- und Arbeitsstätten der Wachtturm-Bibel- und Traktat-Gesellschaft werden als Bethel bezeichnet.

Bibelforscher, ernste Bezeichnung der Zeugen Jehovas bis zum Jahre 1931. Danach Umbenennung in „Zeugen Jehovas" (engl. Jehova's Witnesses). In Deutschland war die Bezeichnung auch nach dem Zweiten Weltkrieg noch im Sprachgebrauch der Zeugen üblich.

Bibelstudium Im Sinne des Wortes gibt es kein Studium bei den Zeugen Jehovas. Diese Bezeichnung steht für das Durcharbeiten der Wachtturm-Literatur und das Erlernen der Wachtturm-Lehre. Vergleiche mit anderen Texten werden nur von einzelnen Zeugen vorgenommen. Die Lehraussagen sind als reine Wahrheit anzunehmen.

Brüder Christi → Nachfolger Christi, → Geistgesalbte, → Herrliche, → Heilige des Allerhöchsten, → Überrestglieder; Anhänger der Wachtturm-Lehre mit himmlischer Berufung, deren Zahl buchstäblich auf 144 000 beschränkt ist und bei den Aposteln beginnt bis ca. 1935. Danach werden nur noch Einzelne ausgewechselt durch diejenigen, die der Wachtturm-Lehre untreu geworden sind.

Cäsar Bezeichnung für die weltlichen Regierungen im Unterschied zur himmlischen Regierung der Zeugen Jehovas. Himmlischer König der Zeugen Jehovas ist seit 1914 Jesus Christus.

Christen Die Zeugen Jehovas sehen sich selbst als die einzig wahren Christen an.

Christus Als Logos erschaffener erster Sohn Gottes. Nach Daniel 12.1, Fürst und Erzengel Michael. Mensch geworden, um das durch Adams Sünde verlorengegangene, vollkommene menschliche Leben wieder zu erwerben. 1914 von Jehova als König im Himmel auf den Thron erhoben, um gegen seinen Bruder Satan, ehemals Luzifer, im Himmel Krieg zu führen. 1918 siegreich den Krieg beendet und den Satan und seine Dämonen in den Luftkreis der Erde geworfen. Seither herrscht er vom Himmel her über das Volk Gottes, die Zeugen Jehovas. In Harmagedon als Scharfrichter und Feldmarschall Gottes Anführer der himmlischen Kampftruppen gegen die außerirdische und irdische Satansorganisation. Neue Erkenntnis im „Danielbuch" 1999: Das Aufstehen Michaels war nicht 1914 – so wie es bisher gelehrt wurde –, sondern liegt in einer noch ungewissen Zukunft.

Dämonen Böse Geister, die Satan in seiner Weltherrschaft unterstützen und deshalb besonders die Zeugen Jehovas bekämpfen. 1918 wurden die Dämonen zusammen mit Satan aus der Gegenwart Gottes im Himmel verbannt und in den Luftkreis der Erde gestürzt.

Endzeit, Zeit des Endes Bei Russell war die Endzeit von 1874 bis 1914: Heute umfaßt es die Zeit von 1914 bis zum Ende der Welt und dem Beginn des Tausendjahresreiches Jesu Christi.

Erwachet! Zeitschrift der Zeugen Jehovas, die im Wechsel mit „Der Wachtturm" zweimal im Monat erscheint (Auflage: 19 Mill. Exemplare). Der Unterschied zwischen den beiden Zeitschriften liegt im wesentlichen darin, daß „Erwachet!" einen eher illustrativen Charakter hat und mehr über Kultur, Pflanzen und Tiere berichtet.

Fürsten Ursprünglich nur auf die alttestamentlichen Gestalten, wie z. B. Abraham, Isaak usw., angewandt. Seit 1950 werden auch die Amtsträger der verschiedenen Ebenen so genannt.

Geistgesalbte → Brüder Christi

Gileadschule Ausbildungsstätte für die hauptamtlichen Missionare, die sich bereits als Vollzeitdiener bewiesen haben.

In den USA befindet sich die Schule in Patterson, für den europäischen Raum ist sie in Selters/Taunus angesiedelt.

Goldenes Zeitalter Paradies oder Tausendjahrreich; früher Titel der heute als „Erwachet" bekannten Zeitschrift; erschien bis 1933 alle zwei Wochen, Auflage 800 000 Ex.

Harmagedon Endschlacht auf der Erde, in der der Scharfrichter und Feldherr Jehovas, Jesus Christus, mit seinen himmlischen Engelsscharen und den schon seit 1918 Verstorbenen sowie den zu himmlischer Herrlichkeit verwandelten Gesalbten Zeugen Jehovas alle Feinde Gottes, die unter Satans Führung stehen, vernichtet, die nicht zur Organisation gehören. Bis Oktober 1995 waren die Zeugen der Meinung, daß diese Schlacht beginnt, wenn noch Menschen leben, die das Jahr 1914 erlebt haben. Heute ist der Beginn für diesen Endkampf wieder offen.

Heilige des Allerhöchsten → Brüder Christi

Herrliche → Brüder Christi

König des Nordens Zu Zeiten Russells und Rutherfords waren dies Napoleon, Hitler und der Nationalsozialismus, Stalin und der Kommunismus und die jeweils mit ihnen verbundenen diktatorischen Mächte. Zur Zeit gibt es einen solchen König nicht mehr, und man hält Ausschau nach einem neuen.

König des Südens Damit ist das anglo-amerikanische Welt-reich, die demokratischen Staaten, gemeint. Sie werden vor → Harmagedon vom König des Nordens zerstört.

Kriegslist, theokratische Verbergen von Tatsachen oder Verschweigen der Wahrheit vor Personen, die nicht das Recht haben, die Wahrheit zu erfahren. Ablenkung von den Tat-sachen und Auslegen von falschen Fährten. Gesetze und Mittel des Feindes werden instrumentalisiert und gegen ihn eingesetzt.

Leitende Körperschaft Seit 1975 ist die „Leitende Körper-schaft" die oberste Instanz mit Sitz in Brooklyn/New York. Sie setzt sich zur Zeit aus 10 Männern zusammen, die sich als Sprachrohr Gottes verstehen und alle Veröffentlichungen der Organisation überwachen.

Michael, Erzengel → Christus

Nachfolger Christi → Brüder Christi

Neue-Welt-Übersetzung Die Zeugen Jehovas haben eine eigene Bibelübersetzung, die mit dem Anspruch antritt, sich genau an den Urtext zu halten und in einer verständlichen Sprache geschrieben zu sein. Es gibt zahlreiche Abweichungen von den allgemein anerkannten Übersetzungen, und viele Textstellen sind entsprechend der Wachtturm-Lehre verändert.

Paradies In der Vorstellung der Zeugen Jehovas wird am Ende der Welt ein 1000jähriges Friedensreich anbrechen, in dem es keine Krankheiten, Kriege und Katastrophen mehr geben wird. Alle Getreuen werden 1000 Jahre im Paradies leben, wohingegen diejenigen, die Jehova und seine weltliche Organisation abgelehnt haben, vorher in Harmagedon den ewigen Tod erleiden werden.

Pioniere Anhänger der Wachtturm-Gesellschaft, die sich quasi halbtags dem → Predigtdienst verschrieben haben, mit dem Ziel, im Jahr über 1000 Stunden zu predigen. Sogenannte Sonderpioniere, die hauptberuflich für die Gesellschaft tätig und dabei besonders erfolgreich sind, erhalten von der Organisation eine geringe monatliche Zuwendung und dürfen keiner „weltlichen" Arbeit nachgehen.

Predigtdienst Bei seiner Taufe verpflichtet sich der Zeuge Jehovas, die „Gute Botschaft" zu verkündigen. Aufgrund dessen wird von der Organisation erwartet, daß jeder Verkündiger aktiven Predigtdienst leistet, indem er u.a. die organisationseigenen Zeitschriften an verschiedenen Stellen anbietet.

Religion Bis in die sechziger Jahre wurde Religion als Täuschungsmittel Satans angesehen, mit dem er die Menschen von Gott wegbrachte. Die Zeugen Jehovas unterscheiden heute zwischen falscher und wahrer Religion.

Satan Als Sohn Gottes Luzifer (Glanzstern) und Bruder des Logos erschaffen. Rebellierte gegen Gott und zieht in die Rebellion Engel mit hinein und schließlich auch die vollkommenen Menschen Adam und Eva. Luzifer wird zum Widersacher Gottes, zu Satan und Teufel und die mitrebellierenden

Engel zu Dämonen. Adam und Eva verloren ihr ewiges paradiesisches Leben für sich und ihre Nachkommen. Bis 1914 war Satan im Himmel und unbeschränkter Herrscher über die Erde. Nach einem dreieinhalbjährigen Krieg wurde Satan 1918 im Himmel von Michael besiegt und aus dem Himmel geworfen. Seither ist er in den Luftkreis der Erde verbannt, herrscht über die Nationen und bekämpft insbesondere Zeugen Jehovas.

Sklave, treuer und verständiger Sklave Früher wurde Russell so bezeichnet, heute ist damit die → Leitende Körperschaft in Brooklyn gemeint.

Spende Um zu verhindern, daß die Wachtturm Bibel- und Traktat-Gesellschaft als gewerbliches Unternehmen eingestuft und besteuert wird, werden seit 1991 in vielen Ländern die Publikationen der Gesellschaft kostenlos abgegeben. Die Anhänger werden aufgefordert, möglichst viele Spenden der Gesellschaft zukommen zu lassen, um den Ausbau, den Unterhalt sowie die Literaturherstellung der Gesellschaft finanziell abzusichern.

Tempelklasse Zu Rutherfords Zeiten eine beliebte Bezeichnung für die Bibelforscher-Organisation.

Teufel → Satan

Theokratie, theokratische Organisation Bezeichnung für die Herrschaftsform, unter der die Zeugen Jehovas leben. Jehova und Christus sind die himmlischen Könige und herrschen durch die Leitende Körperschaft über die Zeugen-Theokratie, also Gottesherrschaft auf Erden.

Überrestglieder → Brüder Christi

Unser Königreichdienst Früher unter „Bulletin" und „Informator" bekannt; interne Informations- und Dienstanweisung, die alle getauften Zeugen Jehovas monatlich erhalten. Hier werden Anweisungen gegeben, welche Publikationen in welchen Monaten vertrieben werden sollen.

Versammlung Kleinste Organisationseinheit der Gesellschaft. Bis zu 150 getaufte Verkündiger bilden eine Versammlung, die unter der Aufsicht eines → Ältesten stehen und sich mehrmals in der Woche im Königreichssaal versammeln.

Verwandlung zu himmlischer Herrlichkeit Leiblicher Tod eines Gesalbten oder Bruder Christis sowie Einnahme seines goldenen Thrones im Himmel. Das menschliche Geschlecht ist im Himmel aufgehoben, auch die Frauen werden offensichtlich männlich, da alle Engel und verwandelten Gesalbten im Himmel in den Abbildungen mit Bärten dargestellt werden.

Wachtturm, der Zeitschrift der Wachtturm-Gesellschaft, die halbmonatlich in 131 Sprachen erscheint (Gesamtauflage ca. 22 Mill. Ex.) und jeweils zwei Artikel enthält, die im wöchentlichen Studium gemeinsam gelesen werden. In Deutschland wird die Zeitschrift kostenlos abgegeben.

Wahrheit, gegenwärtige Die zur jeweiligen Zeit gültige Wachtturm-Lehre, die durch „Neue Erkenntnis" zu vergangener Wahrheit wird.

Watch Tower Society Wirtschaftlicher Zweig der Gesellschaft, der die Druckereien unterhält, in denen die Publikationen hergestellt werden. In der Weltzentrale der Watch Tower Society arbeiten ca. 5100 Menschen.

Weltende Vernichtung aller Nationen und Menschen, die nicht der Gesellschaft angehören, in Harmagedon.

Zweite Gegenwart des Herrn Unter Russell und den Anfängen Rutherfords begann die Gegenwart 1874, danach wurde ab 1914 gerechnet.